五十音さくいん

あ……6	い……15	う……30	え……36	お……39
か……56	き……70	く……78	け……83	こ……85
さ……95	し……105	す……116	せ……122	そ……124
た……126	ち……143	つ……145	て……148	と……150
な……161	に……169	ぬ……173	ね……173	の……173
は……177	ひ……185	ふ……189	へ……197	ほ……198
ま……204	み……211	む……222	め……226	も……227
や……231		ゆ……241		よ……241
ら……245	り……246		れ……247	ろ……247
わ……247				

「本書を利用するに当たって」

・見出し語は、50音順に配列してあります。長音(ー)は、順序からはずしました。
・人名の前にある*印は、本巻「第19巻〜第36巻」で採りあげた重要人物です。より詳しい生涯は、本巻をご覧ください。
・人名の後にある数字は、(生年〜没年)を示しています。生没年に異説がある場合(/)、不明な場合(?)、あいまいな場合(頃)としました。
・本巻19巻の「中大兄皇子」は、「天智天皇」をご覧ください。
・251ページに「改訂新版ご利用に当たっての注意事項」を記しました。

日本
人名事典

いづみ書房

会津八一（あいづやいち）(1881−1956)

大正・昭和期の歌人、書道家、美術史家。新潟県に生まれ、早稲田大学を卒業、のちに母校の教授となった。東洋美術史の研究にうちこみ、奈良の古寺や美術をふかく愛した。また、正岡子規のつよい影響をうけ『万葉集』に学んで清くすがすがしい短歌をよみ、すぐれた歌人として知られた。さらに書にもひいでた力をもち、明治以後におけるもっとも特色ある書家とされている。歌集に『南京新唱』、随筆集に『渾斎随筆（こんさい）』がある。

*青木昆陽（あおきこんよう）(1698−1769)

江戸前期の蘭学者。江戸のさかな屋に生まれ、伊藤東涯に儒学を学ぶ。外国からわたってきたサツマイモが、じょうぶで作りやすい作物なのに目をつけ、さいばい法の『甘藷之記（かんしょのき）』をあらわした。そのために甘藷先生（かんしょ）とあだ名された。また将軍吉宗の命令でオランダ語をおさめ、西洋の科学的な考え方をとりいれた。昆陽の習ったオランダ語の単語は、のちに前野良沢らが『解体新書』をほんやくするときに役だった。

青木繁（あおきしげる）(1882−1911)

明治後期の洋画家。福岡県に生まれ、上京して小山正太郎や黒田清輝などに学んだ。いっぽうでは神話・伝説にしたしみ、ロマン主義的な作風を確立した。1904年に『海の幸』、1907年に『わだつみのいろこの宮』を発表し、みずみずしい感覚、美しい色彩、文学的な空想にあふれた作品は、天才的といわれた。しかし、ほんとうの理解者にはめぐまれなかった。人間関係がもとで放浪し、結核にたおれて短い生涯を終えた。

赤染衛門（あかぞめえもん）(11世紀頃)

平安中期の女流歌人。36歌仙のひとり。若いときからすぐれた歌人として知られ、つねに和泉式部とくらべられる。しかし、作風は正反対で、式部のはげしく情熱的な歌にたいして、衛門の歌は、妻として母としての生活と感情をおだやかにうたったものである。個人の歌集に『赤染衛門集』があり、『後拾遺和歌集』などの勅撰集にもおさめられている。また、藤原道長をたたえた『栄華物語』の作者ともいわれる。

*芥川龍之介 (1892－1927)
あくたがわりゅうのすけ

　大正期の小説家。東京帝国大学英文科に在学中から小説を書きはじめ、1916年に発表した『鼻』が夏目漱石に認められて文壇にでた。みがきぬかれた文体と、するどい心理描写で、鬼才とうたわれた。日本の古い物語に、近代的な心理解釈をくわえた『芋粥』などの作品から、現実にぴったりとそった生活をえがく作風にかわると、現実と芸術とがかみあわないことに苦しみぬいて自殺した。代表作に『歯車』『河童』などがある。

明智光秀 (1528－1582)
あけちみつひで

　戦国・安土桃山期の武将。織田信長につかえ、軍事と政治にすぐれていた。近江国（滋賀県）の坂本、丹波国（兵庫県・京都府）亀山の城主となる。1582年、毛利氏をせめていた豊臣秀吉の応援を命じられると、京都の本能寺に信長をおそって自殺させた「本能寺の変」。しかし、いそいでひきかえした秀吉にやぶれ、逃げるとちゅう農民に殺された。城ぜめをとくいとした武人であったが、茶道などもたしなむ教養人でもあった。

浅井忠 (1856－1907)
あさいちゅう

　明治期の洋画家。江戸に生まれ、はじめ日本画、ついでイタリア人のフォンタネージに洋画を学び、かっ色を基調とした叙情味あふれる写実画を確立した。1900年、フランスに留学し帰国してからは関西にうつって洋画をひろめた。日本画の技法をもちいて、東洋的な詩情をたたえる水彩画も発展させた。物まねにはじまった日本の洋画を、日本の風土にうつしかえ、梅原龍三郎ほかの後進を育てた。代表作『グレーの秋』。

朝倉文夫 (1883－1964)
あさくらふみお

　明治・大正・昭和期の彫刻家。大分県に生まれる。東京美術学校卒業後、文展に入賞して認められ、すぐれた技術と真にせまる写実的な作風で、彫刻界の第一人者となった。長いあいだ母校で教授をつとめ、また、自宅に塾を開いて後進を指導するなど、美術教育家としても知られた。対象をあるがままに表現して、肖像彫刻にすぐれ、代表作に『墓守り』『大隈侯の像』などがある。1948年、文化勲章をうけた。

浅沼稲次郎 (1898−1960)

　昭和期の政治家。東京都に生まれ、早稲田大学在学中から社会運動にくわわり、1936年以後、衆議院議員に9回当選。敗戦後は日本社会党の創立に参加し、1960年には執行委員長となって、日米安全保障条約改定の反対運動の先頭にたった。10月、日比谷公会堂で立会演説中、17歳の右翼の少年に刺されて死亡。つねに社会主義の各派のまとめ役として活躍。行動的で庶民的なひとがらに人気があり、ヌマさんの愛称でしたしまれた。

浅野総一郎 (1848−1930)

　明治・大正期の実業家。越中国（富山県）に生まれる。上京して石炭商をいとなむうちに、ガスを作るときにできるコークスのセメント製造への利用を思いついた。これが渋沢栄一に認められ、1881年、渋沢の援助で官営の深川セメント工場の払い下げをうけ、浅野セメントを設立した。のち、海運、炭鉱、ビールなどおおくの事業をてがけて浅野財閥をきずいた。また、東京湾の埋め立てをおこなって、京浜工業地帯の発展に貢献した。

＊足利尊氏 (1305−1358)

　室町幕府第1代将軍。鎌倉幕府につかえたが、後醍醐天皇が北条氏討伐の兵をあげる「元弘の乱」と、天皇側について六波羅探題を滅ぼした。1333年、幕府がたおれ、公家中心の建武の新政がはじまると、武士政権の再建をはかって挙兵、1336年、光明天皇（北朝）をたて、建武式目を定めた。1338年、征夷大将軍に任命されて、京都に室町幕府を開いた。また、夢窓疎石に帰依し、後醍醐天皇の冥福を祈るため、天龍寺を建てた。

足利直義 (1306−1352)

　南北朝期の武将。足利尊氏の弟。尊氏とともに鎌倉幕府をたおす大きな力となり、相模守に任命されて関東を治めた。1335年、北条氏のまき返しに敗れて逃げるとちゅう、尊氏と対立して鎌倉幽閉中の護良親王を殺し、後醍醐天皇にそむいて室町幕府成立に努力した。幕府では、よく尊氏を助けたが、尊氏の執事高師直と対立して出家。南朝方について師直を殺したことから、尊氏に毒殺された「観応の擾乱」。

足利義昭(あしかがよしあき)(1537－1597)

　室町幕府第15代将軍。出家していたが、兄の第13代将軍義輝が殺されると還俗(げんぞく)し、織田信長をたよって京都に入り、将軍職についた。しかし、信長と不和になり、武田信玄などの反信長勢力を結集して兵をあげたが敗れて京都を追われ、1573年、室町幕府は滅びた。そのご、毛利元就(もとなり)をたよって備後(広島県東部)へおちのびて幕府の再興をはかったが実現しなかった。1587年豊臣秀吉の保護をうけ、翌年ふたたび出家した。

＊足利義政(あしかがよしまさ)(1436－1490)

　室町幕府第8代将軍。14歳で将軍となったが政治的には無力で、ききんなどで苦しむ民衆を無視し、風流の世界に逃避した。弟の義視を後継ぎとしたところ、妻の日野富子が義尚を生んだため後継者争いがおこり「応仁の乱」をひきおこした。そのご政治に興味を失い、義尚に将軍職をゆずると京都東山に山荘造営をくわだて、銀閣を建てた。この山荘を中心に、伝統文化と宋(中国)の文化が一体となった東山文化が栄えた。

＊足利義満(あしかがよしみつ)(1358－1408)

　室町幕府第3代将軍。山名氏清、大内義弘などの有力な守護大名を滅ぼし、幕府の権力を確立した。1392年、南北朝合一をなしとげ、50年あまりつづいた戦乱をおさめた。将軍職を子の義持にゆずると、出家して京都北山に別荘を開き、金閣を建てた。そのため、この時代の文化を北山文化という。出家後も政治の実権ははなさず、1401年、明(中国)との国交を開き、勘合貿易をおこなって、ばく大な利益をあげた。

芦田均(あしだひとし)(1887－1959)

　昭和期の政治家。京都府に生まれ、東京帝国大学卒業後、外交官をへて衆議院議員となる。敗戦後は幣原(しではら)内閣の厚生大臣、民主党総裁となって片山内閣の外務大臣につき、1948年、芦田内閣を組織した。経済のたてなおしをはかったが、占領軍の命令に忠実で、イエスマン内閣と批判された。なかでも公務員のスト権を奪ったことは、労働運動に大きな問題をのこした。昭和電工疑獄事件に連座して、半年後に総辞職した。

アダムズ (1564−1620)

江戸前期のイギリスの航海士。日本名は三浦按針。1598年、オランダの東洋探検船隊に水先案内人として乗りくみ、1600年、ヤン・ヨーステンらと乗っていたリーフデ号が豊後国（大分県）に漂着。徳川家康に外交顧問として重くもちいられた。以後、キリスト教布教をともなうスペイン、ポルトガルにかわって、貿易だけをのぞむイギリス、オランダから優遇されるようになった。のちに三浦に所領をあたえられたが、平戸で病死した。

阿仏尼 (？−1283)

鎌倉中期の女流歌人。『十六夜日記』の作者。藤原定家の子で歌人の藤原為家の側室となり、夫の死後出家して阿仏尼といった。為家の正妻の子（二条）為氏と実の子（冷泉）為相とが、領地の相続で争ったとき、幕府に訴えるために鎌倉に下った。このときの紀行文が母性愛にあふれる『十六夜日記』である。晩年は、和歌の正統を為相に継がせることに力をつくし、自作の歌も「後拾遺和歌集」などにおさめられている。

安部磯雄 (1865−1949)

明治・大正・昭和期の社会主義運動家。筑前国（福岡県）に生まれる。同志社大学で新島襄に教えをうけてクリスチャンとなり、アメリカ留学では神学を学び、キリスト教にもとづいた社会主義を身につけて帰国した。1901年、貧乏と失業から国民を救うことをねがって幸徳秋水らと社会民主党を結成したが、すぐ解散させられた。日露戦争では非戦論をとなえ、戦後は早稲田大学で教育に専念し、野球部を創設、学生野球の父といわれる。

阿部次郎 (1883−1959)

大正・昭和期の思想家、評論家。山形県生まれ。東京帝国大学在学中から夏目漱石の門下となり、ヨーロッパ留学後、東北帝国大学で美学を教えた。いっぽう新カント派哲学の立場から、理想主義、人格主義を強く主張した。著書に『三太郎の日記』『人格主義』『倫理学の根本問題』などがある。なかでも『三太郎の日記』は知的な青年の内面生活をえがき、大正デモクラシー時代の自我にめざめつつあった青年に強い共感をあたえた。

阿部知二（1903−1973）

昭和期の小説家、評論家。岡山県生まれ。東京大学英文科在学中から小説、評論を書きはじめ、雑誌『文学界』同人となって発表した小説『冬の宿』で、作家としての地位をかためた。その後も知性的な批判性を持った作風で、知識人に愛読された。代表作に『風雪』『黒い影』『おぼろ夜』、評論集に『主知的文学論』などがある。また、1953年、メーデー事件特別弁護人となったのをはじめとして、平和運動にも活躍した。

＊阿倍仲麻呂（698−770）

奈良期の遣唐留学生、唐（中国）の役人。唐名朝衡。717年、吉備真備、玄昉らと唐にわたり、玄宗皇帝につかえて愛され、高い官職についた。また、文学の才能にあふれ、当代の代表的詩人の李白、王維らと親交があった。たびたび帰国しようとしたが難破して果たせず、唐の朝廷につかえたまま長安で死んだ。帰国しようとしたときによんだ「天の原ふりさけみれば春日なる三笠の山に出でし月かも」は、百人一首におさめられている。

阿倍比羅夫（7世紀後半）

奈良初期の水軍の武将。『日本書紀』によれば、658年、斉明4年に、越（北陸地方）の国守として、180隻の水軍を率いて東北地方日本海側の蝦夷を討った。津軽（青森県）あるいは北海道までも征服したという。のち天智天皇のとき、唐（中国）の朝鮮侵攻にさいして、百済救援のため兵を率いて、唐と新羅の連合軍と戦ったが、663年、白村江の戦いで敗れた。このとき、百済が滅んだ。のちに大宰帥（大宰府の長官）となる。

阿部正弘（1819−1857）

江戸末期の政治家。備後（広島県）福山藩主。水野忠邦のあとをうけて老中首座となり、幕末の難局にあたった。1853年、アメリカ使節ペリーが来航して通交を求めたのに対し、正弘は朝廷や諸大名に意見を聞き、開国を決意した。翌年、アメリカなどと和親条約をむすんだ。幕府の独裁を改め、禁じられていた大船建造を解いて海軍をつくり、西洋文化をとりいれるために洋学所を創設するなど、進歩的な政策をおしすすめた。

安倍能成(あべよししげ) (1883-1966)

　大正・昭和期の教育者、哲学者。愛媛県の生まれ。東京帝国大学哲学科を卒業。ヨーロッパ留学ののちは、旧制一高の校長となった。第2次世界大戦後は文部大臣をつとめ、教育基本法の制定など教育制度の改革をおこなった。また学習院院長となり、学校の経営にあたった。カント哲学のすぐれた研究家で、著書に『西洋古代中世哲学史』などがあり、夏目漱石門下のエッセイストとしても知られている。

*天草四郎(あまくさしろう) (1623頃-1638)

　江戸初期のキリスト教徒。本名は益田四郎時貞、肥後国(熊本県)に生まれた。長崎で入信して洗礼名をジェロニモといい、顔かたち、才智にすぐれていたという。1637年、島原藩のきびしい年貢とりたての不満から農民たちが起こした島原の乱の総大将となった。時に16歳。農民、キリスト教徒をひきいて原城にたてこもり、幕府の大軍とよく戦ったが、90日におよぶ籠城のすえ敗死した。

天野貞祐(あまのていゆう) (1884-1980)

　大正・昭和期の哲学者、教育者。神奈川県生まれ。京都帝国大学でカント哲学を学び、母校の教授となった。著書『道理の感覚』で軍国主義的風潮を批判し、学生、知識人から強く支持された。しかし、軍部の圧力によって絶版となった。敗戦後は第3次吉田内閣の文部大臣となり、レッド・パージ、愛国心・道徳教育の強調を主張して、知識人からきびしい非難をあびた。文相辞任後、独協大学学長をへて独協学園長をつとめた。

*新井白石(あらいはくせき) (1657-1725)

　江戸中期の儒学者、政治家。江戸に生まれ、浪人しながら学問にはげみ、木下順庵に朱子学を学ぶ。6代将軍家宣(いえのぶ)につかえ、貨幣の改良、儀礼の簡素化などをおこなった「正徳の治」。政治をはなれてからは著作、研究にうちこんだ。合理主義的、独創的な学者で、歴史、地理、宗教、経済など幅広い研究に成果をあげ、また漢詩人としてもすぐれた作品をのこした。著書に『読史余論』『古史通』『西洋紀聞』『折焚(おりた)く柴の記』など。

荒木貞夫（1877－1966）

　大正・昭和期の軍人、政治家。陸軍大学校卒業後、日露戦争に従軍し、1918年、シベリア出兵にさいしては参謀となり、反革命軍を援助した。1931年には犬養毅内閣の陸軍大臣となり、天皇を中心にした軍国主義国家の成立をめざす皇道派の中心となって、戦争の準備をすすめた。1938年、近衛内閣の文相となると、徹底的な軍国主義の教育をおこなった。敗戦後、極東軍事裁判で終身刑の宣告をうけたが、のち病気で釈放された。

荒畑寒村（1887－1981）

　明治・大正・昭和期の社会主義者。神奈川県生まれ。高等小学校を終えて造船所の見習工となり、幸徳秋水らの日露戦争反対運動を知って、社会主義にめざめた。1904年、社会主義協会に入り、平民社にも参加、足尾鉱毒事件で住民とともに闘う田中正造にであって『谷中村滅亡史』を書くなど幅広い運動をおこなった。日中戦争に反対して検挙されたが、信念をつらぬきとおし、敗戦後も社会主義運動の長老として活躍をつづけた。

＊有島武郎（1878－1923）

　大正期の小説家。札幌農学校に在学中キリスト教に入信し、アメリカ留学中には社会主義に近づいた。また、現実社会の矛盾とたたかい、自分の農場を小作人に解放するなど注目をあびた。雑誌『白樺』の同人としてさかんに著作活動をおこない、生命の源にもとづく本能的な生活を肯定し、真実の生活を求めつづけた。しかし、思想的にいきづまり軽井沢で心中した。代表作に『カインの末裔』『生まれ出づる悩み』『或る女』がある。

有間皇子（640－658）

　7世紀中期の皇族。孝徳天皇のただひとりの皇子であったが、父の死後斉明天皇が即位し、いとこの中大兄皇子は皇太子の地位にとどまっていた。有間皇子は、気が狂ったふりをして、政治の争いにまきこまれることをさけたが、658年、中大兄皇子の策略により蘇我赤兄のすすめでむほんをくわだてて捕えられ、紀伊国（和歌山県）の藤白坂で処刑された。護送されるとちゅうでよんだ歌2首は『万葉集』におさめられている。

有馬晴信 (1567－1612)
あり ま はるのぶ

安土桃山期のキリシタン大名。肥前(長崎県)有馬城主。宣教師ワリニャーニから洗礼をうけ、1582年には大友宗麟、大村純忠とともに、4人の少年使節をローマへ派遣した。はじめ豊臣秀吉につかえ、のち関ヶ原の戦いでは徳川家康についた。1609年、ポルトガル船を焼き打ちしたが、岡本大八の虚偽のうったえによって甲斐に流され切腹。大八もキリシタンだったため、この事件が幕府のキリシタン取締り令のきっかけとなった。

在原業平 (825－880)
ありわらのなりひら

平安初期の歌人。六歌仙のひとり。平城天皇の孫。ひたむきで感じやすく、情熱にあふれた美男子であり、人間の真実と愛情の美しさを和歌にうたいあげた。作品は『古今和歌集』などに多くおさめられている。また『伊勢物語』は、業平の人間像と歌を中心にかたちづくられた歌物語で、のちの文学に大きな影響をあたえた。業平は貴族の理想像とされ、謡曲や絵画などの題材にも広くもちいられている。

安藤昌益 (1703頃－1762)
あんどうしょうえき

江戸中期の思想家、医者。明治期に著書が発見されるまでは名前すら知られず、不明なことが多い。昌益は、その著書『自然真営道』のなかで、人間は本来みな平等であると説き、各人が農耕して自給生活する理想の社会をえがいた。聖人や君主が人びとを支配すると、その地位を保つため身分差別を生みだし、悪のはびこる社会が生まれたのだとして、武士が支配する封建社会をするどく批判した進歩的な思想家であった。

安藤信正 (1819－1871)
あんどうのぶまさ

江戸末期の老中。磐城国(福島県)平藩主。大老井伊直弼の暗殺後、老中筆頭となって幕政にあたる。幕府の権力を強めるために、軍制の改革とあらたな経済政策をすすめた。さらに、幕府を倒そうともくろむ尊王攘夷派の気勢をそぎ、政局の安定をはかるため、孝明天皇のいもうと和宮(かずのみや)を第14代将軍家茂(いえもち)の夫人に迎えようと考え、1862年、成功した。しかし、尊攘派のいかりをかい、登城のさいにおそわれて「坂下門外の変」辞職した。

*安藤広重（あんどうひろしげ）（1797－1858）

　江戸後期の浮世絵師。江戸の生まれ。火消役人をつとめるいっぽう、歌川豊広の弟子になって浮世絵を学び、のち画業に専念。はじめ美人画をおもにえがいたが、東海道を旅して風景の美しさにうたれ、西洋の遠近法をとりいれた傑作『東海道五十三次』を発表した。おだやかな自然をすなおにえがき、北斎、歌麿とならぶ浮世絵の大家となった。また、ヨーロッパの近代画家にまで大きな影響をあたえた。

*井伊直弼（いいなおすけ）（1815－1860）

　江戸末期の大老。彦根藩（滋賀県）藩主。ペリー来航をきっかけに困難な時期に幕府の大老となり、幕府独裁の政治をおしすすめた。まず、紀伊（和歌山県）の徳川慶福（よしとみ）を第14代将軍家茂（いえもち）とし、1858年には朝廷のゆるしをまたずに開国、日米修好通商条約をむすんだ。さらにこれに反対する尊王攘夷派を弾圧し、吉田松陰、橋本左内などおおくの志士を処刑した「安政の大獄」。このため1860年3月、江戸城桜田門外で暗殺された。

生田万（いくたよろず）（1801－1837）

　江戸後期の国学者。上野国（群馬県）館林藩士の家に生まれ、藩校に学んだがあきたらず、江戸に出て平田篤胤の門に入った。藩にもどって藩政改革の意見書を提出したがうけいれられず、追放された。1836年、越後国（新潟県）柏崎で塾を開くとともに、「天保のききん」に苦しむ民衆の救済をくわだて、翌年、柏崎の代官所をおそったが敗れて死んだ。「大塩平八郎の乱」に応じ、社会的な不正にたいして行動で抗議したのである。

池田菊苗（いけだきくなえ）（1864－1936）

　明治・大正・昭和期の化学者。京都生まれ。東京帝国大学を卒業、ドイツへ留学ののち、母校の教授となる。1907年、コンブのうま味の研究に着手して、翌年それがアミノ酸の一種のグルタミン酸塩であることを発見、鈴木三郎助の協力をえて工業化した。これが世界の調味料「味の素」である。1917年の理化学研究所の設立にも努力し、一生を物理化学と工業化学の発展につくした。

池田成彬（いけだしげあき）(1867−1950)

明治・大正・昭和期の実業家。米沢藩（山形県）の藩士の家に生まれ、慶応義塾に学んだのちハーバード大学へ留学。帰国後、三井銀行へ入り、やがて常務取締役に就任して三井銀行を金融界のトップへおしあげ、いくつもの恐慌をのりこえて三井財閥を独占的な金融資本とした。1933年、三井合名会社の理事となり、団◯磨暗殺後の三井財閥のリーダーとして活躍。のち、日本銀行総裁、第1次近衛内閣の蔵相兼商工相をつとめた。

池田勇人（いけだはやと）(1899−1965)

戦後の政治家。広島県に生まれ、京都帝国大学卒業後、大蔵省に入り要職を歴任。1948年、退官して政界に入り、翌年、第3次吉田内閣の蔵相となる。以後、吉田、石橋、岸内閣の蔵相、通産相をつとめ、強力な財政政策をすすめて戦後日本の資本主義発展のきそをきずいた。吉田茂の直系として自民党内での地位をかため、1960年に内閣を組織し、国民の批判をさけるために低姿勢をとり、高度経済成長政策を強引におしすすめた。

池田光政（いけだみつまさ）(1609−1682)

江戸前期の大名。備前国（岡山県）岡山の藩主。播磨国（兵庫県）から1632年に岡山へ国替になり、藩政の改革に着手した。まず、陽明学者の熊沢蕃山をめしかかえ、花畠教場の閑谷学校を設立して教育に力をいれた。また、治水事業、新田開発などにより農民の保護と育成にもつとめた。みずからも学問を好み『三書要語解』を編集、書道、茶道、謡曲などをたしなんで学問、文化を広めた。江戸時代初めの名君として名高い。

池大雅（いけのたいが）(1723−1776)

江戸中期の南画家。京都の生まれ。柳沢淇園などに絵を学び、明、清の絵や画論を研究して、与謝蕪村とならぶ、日本的な南画の大成者となった。中国の文人の生き方を理想として、金銭にとらわれず、教養をふかめる一生をつらぬき、画技を高めることに努力した。このために奇人とうけとられた。代表作に『山水人物図襖絵』や蕪村と合作の『十便図十宜図』などがある。妻の池玉瀾も自由な生活に生きた画家として知られている。

伊沢修二（いざわしゅうじ）（1851－1917）

明治期の教育家。大学南校を卒業して文部省に入り、1875年にアメリカに留学して音楽、教育学を学ぶ。帰国して東京師範学校長、音楽取調掛の所長などを歴任。留学中の恩師メーソンをまねき、日本で最初の音楽学校を創立。これにより、日本の音楽教育のきそをつくって西洋音楽を根づかせる大きな役割をはたした。雅楽の調べをとり入れて文部省唱歌も作曲。晩年は、吃音（きつおん）の矯正事業に力をつくした。

石井漠（いしいばく）（1886－1962）

大正・昭和期の舞踊家。秋田県に生まれ、文学をこころざして上京したが、帝劇で音楽と舞踊をならった。帝劇でかずかずのオペラに出演して踊りに興味をもち、創作舞踊の研究にうちこんだ。浅草で公演をつづけて「浅草オペラ」として成功をおさめたがあきたらず、1922年にはヨーロッパにわたって自作の舞踊を発表した。帰国後、研究所をつくってフリー・ダンスの研究と後進の指導にあたった。モダンダンスの草分けである。

石井柏亭（いしいはくてい）（1882－1958）

大正・昭和期の洋画家。東京の生まれ。本名は満吉。はじめは日本画家の父に絵を学び、やがて洋画にうつって浅井忠に師事、東京美術学校に入学して黒田清輝、藤島武二に教えをうけた。1914年に二科会、1936年には一水会を創立。あっさりした色彩と、写実的で軽快な筆づかいの日本画調の画風でしたしまれ、代表作に『ドイツの女』『姉妹』がある。文筆にもすぐれ『浅井忠』『日本絵画三代志』などの著書をのこしている。

石井桃子（いしいももこ）（1907－2008）

児童文学者、翻訳家、評論家。1947年に創作『ノンちゃん雲に乗る』が、日本のあけぼのと脚光をあびてベストセラーとなった他、ミルン『クマのプーさん』、ポター『ピーターラビット』シリーズなど200冊にものぼる翻訳作品群は戦後児童文学史そのものと評価される。自宅に「かつら文庫」を開き、その活動を記録した『子ども図書館』は、草の根文庫活動の教科書とされている。『日本少国民文庫』などの編集者としても有名。

*石川啄木（いしかわたくぼく）(1886−1912)

　明治期の歌人、詩人。岩手県に生まれ、文学を志して上京をくり返し、最初の詩集『あこがれ』を出版、明星派詩人として歌壇に登場。帰郷し小学校代用教員ののち北海道各地で新聞記者をしたが、ふたたび上京、新聞社の校正係となった。病気と貧乏と失意の生活のなかから、3行書き口語体の新鮮な短歌集『一握の砂』を発表して注目されたが、結核のため27歳で死んだ。幸徳秋水らの大逆事件で、社会主義にも近づいた。

石川達三（いしかわたつぞう）(1905−1985)

　昭和期の小説家。秋田県の生まれ。ブラジルに移民する貧しい農民をえがいた小説『蒼氓（そうぼう）』で、1935年に第1回芥川賞をうけ、以後も『日陰の村』『生きてゐる兵隊（い）』など社会的な問題に題材をとった作品を発表した。『結婚の生態』はベストセラーになり、戦後も『望みなきに非ず』『風にそよぐ葦』、流行語となった『四十八歳の抵抗』や『青春の蹉跌（さてつ）』など、話題作をのこした。社会評論家としてもひろく問題を提起している。

石川千代松（いしかわちよまつ）(1860−1935)

　明治・大正・昭和期の動物学者。生物学をわかりやすく説いて、日本に初めて進化論を紹介した。江戸の生まれ。東京開成学校在学中は、アメリカの動物学者モースの教えをうける。その後ドイツに留学して、ワイスマンのもとで動物学を学び、帰国後、東京帝国大学の教授をつとめた。日本の動物学の基礎を確立したひとりであり、おもな著書に『動物学講義』『進化新論』などがある。琵琶湖の小アユを河川に放流したことは有名である。

*石田梅岩（いしだばいがん）(1685−1744)

　江戸中期の心学の創始者。丹波国（京都府）の農家に生まれ、呉服商に奉公しながら神道、儒学を学び、人の手本になろうとはげんだ。1729年、京都の自宅に講座を開き、町人の教育をはじめた。この石門心学はわかりやすい人生哲学で、とくに商業活動の意義を積極的に認め、低くみなされていた町人もまた人間であることを強調して、町人層にひろまった。著書に『都鄙問答（ひ）』『斉家論（せいか）』などがあり、門人には手島堵庵（とあん）がいる。

* **石田三成**（いしだみつなり）(1560−1600)

　安土桃山期の武将。近江国（滋賀県）に生まれる。幼いときから豊臣秀吉につかえ、すぐれた才智を愛されて五奉行のひとりとなった。秀吉の全国統一事業では中心となって、太閤検地などの計画、実施にあたった。1595年には近江国佐和山城主となり、19万4000石を領有した。秀吉の死後、毛利輝元らと組んで豊臣秀頼をもりたて、徳川家康と対抗して関ヶ原で戦ったが敗れ、捕えられて殺された。

石橋湛山（いしばしたんざん）(1884−1973)

　大正・昭和期のジャーナリスト、政治家。日蓮宗の僧侶の子として東京に生まれ、早稲田大学哲学科を卒業して新聞社に入り、自由主義の立場から軍隊の規模縮小など軍部への批判をつづけた。敗戦後は自由党に加わって衆議院議員となり、第1次吉田内閣の大蔵、3次にわたる鳩山内閣の通産の各大臣をつとめ、1956年には石橋内閣を組織して首相となった。しかし病気のため、わずか2か月あまりで辞任した。

石原莞爾（いしはらかんじ）(1889−1949)

　昭和期の軍人。山形県生まれ。陸軍大学校卒業。1928年、関東軍参謀となり、1931年、謀略によって満州事変のきっかけをつくった。莞爾の考えは、『世界最終戦論』にくわしく記され、日本を中心とした東洋と、アメリカを中心とした西洋とが、人類最後の大戦争をおこし、そのあと平和がおとずれるというものであった。日中戦争の拡大には、まだ準備不足として反対し、東条英機と衝突して、1941年に現役をしりぞいた。

石原純（いしはらじゅん）(1881−1947)

　大正・昭和期の物理学者。東京生まれ。東京帝国大学物理学科を卒業し、ドイツに留学。スイスではアインシュタインの指導をうけた。留学前より理論物理学の第一線にあって、海外からも注目をあびていたが、帰国後は相対性理論の一般化につとめ、今日、世界のトップレベルにある日本の理論物理学の基礎をかたちづくった。教職を去ってのちは、自然科学知識の普及に力を入れ、自由主義の立場から軍国主義と戦い、批判した。

泉鏡花（いずみきょうか）(1873—1939)

明治・大正期の小説家。石川県金沢の生まれ。本名鏡太郎。小説家を志して上京し、尾崎紅葉の門下生となる。1895年に発表した『夜行巡査』『外科室』で認められ、翌年、新聞に連載した『照葉狂言（てりは）』で独自の神秘的ロマン主義の作風を確立、以後、自然主義文学の流れに対抗して、日本の伝統をふまえた物語作家として活躍した。代表的作品には『高野聖（ひじり）』『婦系図』『歌行燈（あんどん）』などがあり、新派の舞台で上演されたものもおおい。

和泉式部（いずみしきぶ）(10世紀頃)

平安中期の女流歌人。はじめ和泉守橘道貞に嫁いだので和泉式部とよばれた。情熱的な性格をもち、冷泉（れいぜい）天皇の皇子の為尊（ためたか）・敦道（あつみち）の両親王と恋におちいり、道貞と別離。のちに一条天皇の中宮、上東門院彰子（しょうし）につかえ、藤原保昌と再婚したが別れた。この自由奔放な愛情生活から、つややかで感情に富む歌をおおく生みだし、平安女流歌人の代表となった。歌集に『和泉式部集』がある。娘の小式部内侍（ないし）も歌人として有名。

＊出雲の阿国（いずものおくに）(16、17世紀頃)

安土桃山期の女性芸能者、歌舞伎の創始者。出雲国（島根県）に生まれ、出雲大社の巫女（みこ）だったともいわれている。京にのぼって念仏踊りをはじめ、民衆はもちろん公家、武士のあいだでも大変な人気となった。狂言師の協力もえて、女性が男性の姿をして踊り、芝居も演じ、阿国かぶきとよばれて歌舞伎のもとになった。全国巡業ののち、1607年に江戸城で興行をしてから以後の消息はわからない。

石上宅嗣（いそのかみのやかつぐ）(729—781)

奈良期の文人、貴族。藤原仲麻呂を倒そうとして失脚したが、のち復帰して770年には光仁（こうにん）天皇を擁立、780年に大納言となった。781年、位も正三位（しょうさんみ）まであがったが、その年に没した。詩文にすぐれ、淡海三船と並び称された。作品は『経国集』におさめられている。宅嗣は、自宅を阿閦寺（あしゅく）という寺にして、その一部に書籍をあつめ、芸亭（うんてい）とよび、好学の人びとに開放した。これは日本最初の公開図書館として有名である。

*板垣退助（1837−1919）

明治期の政治家。土佐藩（高知県）藩士。幕末維新に倒幕論をとなえ、戊辰戦争では官軍の参謀として活躍、明治政府の参議となった。しかし、征韓論にくみして敗れ、参議を辞して愛国公党を組織。自由民権運動の口火をきった。1881年、自由党結党と同時に総理となったが、翌年、遊説中に凶漢におそわれて負傷、このとき「板垣死すとも自由は死せず」と叫んだことは有名。1898年、日本最初の政党内閣を大隈重信と組織した。

市川左団次（初代）（1842−1904）

明治期の歌舞伎俳優。大坂に生まれ、江戸にでて4代目市川小団次の養子となった。いちじ舞台を離れていたが、河竹黙阿弥のひきたてで復帰し、1870年、黙阿弥作『慶安』の丸橋忠弥役で大当りをとり、名優市川団十郎、尾上菊五郎とともに団・菊・左と称され、明治の3名優のひとりとなった。子の2代目左団次は、小山内薫とともに自由劇場を創設し、西洋近代劇を上演して、演劇史上に大きな足跡をのこした。

市川団十郎（9代）（1838−1903）

明治期の歌舞伎俳優。7代目団十郎の5男として生まれ、河原崎権之助の養子となった。1874年、市川家に復帰して9代目団十郎を襲名、史実を重んじ歴史上の風俗をそのまま表す活歴劇に力をそそいだ。しかし、高尚な歌舞伎を志向した活歴劇が民衆にはうけ入れられないとさとると、ふたたび、伝統的な歌舞伎本来のはなやかな芸風にたちかえった。とくに、時代物に本領を発揮、5代目尾上菊五郎とともに劇聖と称された。

市川房枝（1893−1981）

大正・昭和期の女性運動家、政治家。愛知県立第二師範学校女子部を卒業。小学校教員、新聞記者をへて、1919年に日本労働総同盟婦人部に入り『友愛婦人』を編集。翌年、平塚らいてうと新婦人協会を設立した。以後、婦人参政権獲得のために力をつくし、ねばり強い運動をつづけた。戦後は、日本婦人有権者同盟の会長として活躍、参議院選挙で当選をかさねた。生涯、理想の政治をめざして情熱をそそいだ。

一条兼良（いちじょうかねら）(1402－1481)

室町期の公家、学者。関白一条経嗣（つねつぐ）の子として生まれ、摂政、太政大臣（だいじょう）、関白などを歴任し、藤原一族のたばね役である氏長者となった。南北朝の内乱をへて、貴族の力が衰えていく時代に生きて、従来からの公家の地位を保つのに努力した。このため、朝廷での儀式や習慣などを学び、古典文学、仏教なども研究して、五百年来の学者と称された。著書に『樵談治要（しょうだんちよう）』『花鳥余情』『日本書紀纂疏（さんそ）』など多数。

＊一　休（いっきゅう）(1394－1481)

室町中期の禅僧。後小松天皇の皇子といわれる。華叟宗曇（かそうそうどん）について禅を修行し、一休の号をさずかった。師の死後、一生のほとんどを旅にすごし、みずから狂雲子と号した。形式化し堕落した禅宗と僧侶をきびしく批判し、世間的な常識に真っこうから対立する奇行と、人間味にあふれた狂詩で世を風刺した。住みついた山城（京都府）の庵には、連歌の宗長、茶の湯の村田珠光などが参禅し、のちの文化に大きな影響をあたえた。

一　遍（いっぺん）(1239－1289)

鎌倉期の僧侶。時宗の開祖。伊予国（愛媛県）の御家人の子に生まれ、出家して天台・浄土宗を学ぶ。紀伊国（和歌山県）の熊野権現で悟りをひらき、命あるすべてのものを救おうと決心した。念仏を唱えつづければ、阿弥陀仏を信じる者も信じない者も、すべて成仏できると説いて全国をくまなくまわり、念仏を刷った札をくばり歩いた。元（蒙古）軍の襲来やききんの不安におびえる民衆に信者を得て、のちの時宗へと発展した。

伊藤圭介（いとうけいすけ）(1803－1901)

江戸末・明治期の植物学者。名古屋に生まれ、はじめ本草（ほんぞう）学を学び、京にでて蘭学をおさめた。ついで長崎でシーボルトに師事し、チュンベリの『日本植物誌』を贈られ、それをもとに、1828年に『泰西本草名疏（めいそ）』を書いた。のち、幕府の蕃書調所につとめ、維新後、1877年に東京大学の員外教授となり、小石川植物園で研究をつづけた。1888年、日本最初の理学博士となった。日本の近代植物学にのこした業績は大きい。

伊東玄朴（1800−1871）

　江戸末期の蘭方医。肥前国（佐賀県）の農家に生まれ、佐賀藩士伊東家の養子となる。漢方を学んで開業ののち、長崎でシーボルトから西洋医学とオランダ語の教えをうけた。江戸にでて塾を開き、名声を博した。1858年、江戸の蘭方医と相談して神田に種痘所を設けた。のちに、これは幕府の西洋医学所となり、さらに東京大学医学部へと発展して、日本の西洋医学の基礎のひとつとなった。

伊藤左千夫（1864−1913）

　明治期の歌人、小説家。上総国（千葉県）に生まれ、上京してはじめ政治家を志したが、正岡子規の『歌よみに与ふる書』に感激して門下生となり、牛を飼う生活のかたわら歌をよみはじめる。子規の死後、雑誌『アララギ』を創刊して、伝統的な古今調を排し、力強い万葉ぶりを評価した子規の主張をうけついだ。歌風は豊かで甘美な万葉調に富み抒情的である。また、子規から学んだ写生文から『野菊の墓』などの小説も書いた。

伊藤若冲（1716−1800）

　江戸中期の画家。京都に商人の子として生まれる。幼いころから、絵のほかにはなにひとつ興味をしめさなかった。はじめ狩野派を学ぶがあきたらず、宗元画や尾形光琳の装飾画などを写生、さまざまな技法を身につけた。写実性と装飾性とをみごとに調和させた独自の作風を確立、御物『動植綵絵』30幅は若冲の最大作である。また、鶏画にもすぐれ、西福寺の『群鶏図』襖絵6枚などの傑作をのこしている。

伊藤仁斎（1627−1705）

　江戸前期の儒学者。古義学派の創始者。はじめ朱子学を学んだ。しかし、朱子学には仏教などの説がまじっていることに気づき、真の儒学を修めるためには、孔子と孟子の原典『論語』と『孟子』を学ばなくてはならないと考えた。そのために文献研究をすすめ、成果を実生活に生かすようにつとめた。孔子と孟子の真意は仁であると考え、号を仁斎と変えて講義と研究にうちこみ、生涯を清貧のうちにおえた。

伊藤整(いとうせい)(1905－1969)

昭和期の小説家、評論家。本名は整(ひとし)。北海道生まれ。東京商科大学中退。1926年、詩集『雪明りの路』を自費出版。1928年に上京し、詩、小説、評論、翻訳など多彩な活動をおこなった。1950年、ロレンスの『チャタレイ夫人の恋人』を翻訳、わいせつ文書として起訴され、有罪となった。しかし、この間に記録文学『裁判』を発表して表現の自由を主張、また『女性に関する十二章』などを書き、伊藤整ブームをまきおこした。

伊藤東涯(いとうとうがい)(1670－1736)

江戸中期の儒学者。伊藤仁斎の長男。幼いころから父について勉学にはげみ、つねに父の研究をたすけた。父の死後は、その思想をうけつぎ、遺稿の出版に専念した。よく古義堂を守り、古義学派を大成させた。思想的には独創的なものはないが、継承者としてすぐれ、また考証学の面で、父にはなかった新しい分野を開拓した。中国法制史を研究した『制度通』13巻は、こうした面で注目される。ほかに『古学指要』などがある。

*伊藤博文(いとうひろぶみ)(1841－1909)

明治期の政治家。周防国(すおう)(山口県)の生まれ。尊王攘夷運動をへて維新後、新政府に入り、1881年、大隈重信をしりぞけ、最高権力をにぎった。その後、内閣制度をつくって初代の総理大臣となり、天皇中心の体制をかためる明治憲法を制定した。また、不平等条約を改正して日本の地位をひきあげ、さらに外国侵出をはかって韓国統監となり、日韓併合の一歩をふみだした。このため韓国人に暗殺された。

伊東マンショ(いとうマンショ)(1570頃－1612)

天正遣欧少年使節のひとり。本名は祐益、洗礼名ドン・マンショ。豊後国(大分県)に生まれ、キリスト教にはいる。キリシタン大名大友宗麟の使者にえらばれ、1582年、3人の少年とともにポルトガル船で長崎を出航した。インド、ポルトガル、スペインをへてイタリアに到着し、ローマ法皇に謁見。帰国後は、豊臣秀吉によるキリスト教の弾圧が強まるなかで、新知識を十分に生かすことができないまま、布教をつづけるうちに死んだ。

伊東巳代治（いとうみよじ）(1857−1934)

　明治・大正・昭和期の政治家。肥前国（長崎県）の生まれ。伊藤博文に認められ、1882年、伊藤の憲法調査のためのヨーロッパ視察に同行した。帰国後、井上毅らとともに大日本帝国憲法制定の事業に参画。伊藤内閣では、書記官長、農商務大臣をつとめた。1899年、枢密顧問官となり、みずから憲法の番人と称して、しばしば政府や議会と対立した。政界の舞台裏から、大きな影響をあたえ、協調外交を非難して中国への侵略を主張した。

稲村三伯（いなむらさんぱく）(1758−1811)

　江戸後期の蘭学者、因幡国（鳥取県）鳥取藩医。日本で最初の蘭（オランダ）日辞書をつくった。大槻玄沢に蘭学を学び、オランダ語の研究をひろめるため、辞書編さんを思いたった。宇田川玄真らの協力により、オランダ人ハルマの蘭仏辞書から約8万語をぬきだして、1796年に『ハルマ和解』を30部刊行した。のち、藩医をしりぞき、晩年は京都で蘭学を教え、門人の育成にはげみ、のちの京での蘭学の隆盛をもたらした。

＊犬養毅（いぬかいつよし）(1855−1932)

　明治・大正・昭和期の政治家。備中国（岡山県）に生まれる。薩摩、長州、土佐、肥前の出身による藩閥政治に強く反対し、全国民の代表による立憲政治をめざした。とくに、1913年に尾崎行雄とともに憲政擁護運動をおこして桂内閣をたおし、尾崎とならんで憲政の神さまといわれた。普通選挙法が実現すると政界からしりぞいた。満州事変下の難局にあたって復帰し、首相となったが、青年将校に暗殺された「5・15事件」。

井上馨（いのうえかおる）(1835／36−1915)

　江戸末・明治・大正期の政治家。周防国（すおう）（山口県）に生まれ、尊王攘夷運動ののちイギリスに留学、西洋文明にふれて開国論に転じた。維新後は新政府にくわわり、財政的基礎がためにつとめた。1885年、第1次伊藤内閣の外務大臣となり、条約改正のために外国人をまねいて舞踏会をひらくなどヨーロッパ風俗をとり入れ、鹿鳴館時代をもたらした。世論の激しい非難をあびて辞職、その後も内相、蔵相などをつとめ伊藤博文に協力した。

井上毅(いのうえこわし) (1843−1895)
　明治期の官僚、政治家。肥後国（熊本県）の生まれ。司法省に入り、司法制度の調査のためヨーロッパへ留学。帰国後、岩倉具視、伊藤博文に認められて「大日本帝国憲法」の起草にくわわり、その制定に中心的な役割をはたした。また、長く日本の教育の基本となった「教育勅語」の作成にもかかわり、明治政府の基礎をくみたてたひとりとされている。1893年には伊藤内閣の文部大臣をつとめ、実業教育の振興に力をつくした。

井上準之助(いのうえじゅんのすけ) (1869−1932)
　明治・大正・昭和期の財政家、政治家。帝国大学卒業後、日本銀行に入った。1913年、横浜正金銀行の頭取、1919年には日本銀行総裁に就任。第1次大戦時の金融と不況対策にたずさわり、関東大震災のときには、大蔵大臣として経済のたてなおしにつとめた。浜口内閣でも蔵相をつとめ、緊縮政策をとり、1930年、金解禁をおこなった。しかし世界恐慌のため不況は深刻になり、政策は失敗した。1932年、血盟団事件で暗殺された。

井上ひさし(いのうえ) (1934−2010)
　作家、劇作家。上智大在学中から劇場の喜劇役者の台本書きをし、卒業後NHKの人形劇『ひょっこりひょうたん島』で人気を呼ぶ。その後、劇作家として奇抜なストーリーと言葉のセンスが光る完成度の高い戯曲を次々に発表。小説では、1972年に『手鎖心中』で直木賞を受賞したのをはじめ、長編小説『吉里吉里人』では日本SF大賞をとるなど、笑いを誘いながら人間の本質を考えさせる異色の作風で人気を博す。

井上靖(いのうえやすし) (1907−1991)
　昭和期の小説家。北海道に生まれ、静岡の祖母のもとで育つ。京都帝国大学を卒業。1950年に『闘牛』で芥川賞をうけ、新聞に連載した『氷壁』がベストセラーとなり、いちやく流行作家となった。西域に題材をもとめた『敦煌(とんこう)』や奈良時代を書いた『天平の甍(いらか)』のほか現代ものなど、作品は多彩。運命に押し流されていく孤独な人間、夢と深い虚無とをいだきつつ行動する人間をえがいて、幅広い読者をもっている。

*伊能忠敬（いのうただたか）（1745－1818）

江戸後期の測量学者。上総国（千葉県）に生まれ、大地主で商家の伊能家の養子となる。家業にはげむとともに、名主として村民のためにつくし、苗字帯刀をゆるされた。50歳で隠居し、幕府天文方の高橋至時（よしとき）に西洋の天文測量術を学んだ。1800年、蝦夷地（北海道）の測量を皮切りに、以後17年間、日本全国を測量してあるき、科学的で正確な日本最初の実測地図『大日本沿海輿地（よち）全図』の編さんにあたった。死後3年たってようやく完成。

伊波普猷（いはふゆう）（1876－1947）

大正・昭和期の歴史家、言語学者、民俗学者。沖縄県那覇に生まれる。東京帝国大学で言語学を学び、卒業後帰郷して県立図書館初代館長となり、沖縄史の史料収集と研究に没頭した。研究専念のためふたたび上京、古代の沖縄を知る有力な手がかりである「おもろ」の研究をはじめとして、言語、歴史、民族、宗教、芸能など研究の幅をひろげ、沖縄の真の姿を明らかにしようとした。このため「おもろ」と沖縄学の父といわれている。

*井原西鶴（いはらさいかく）（1642－1693）

江戸前期の俳人、浮世草子作家。大坂の町人の子に生まれ、俳諧を学んで即吟を得意とした。1682年に『好色一代男』を発表、浮世草子作家として活躍した。『好色五人女』などの好色物や『日本永代蔵』などの町人物などおおくの作品がある。寛文から元禄期の商業資本の確立の時代を背景に、現実主義的な町人の姿をえがき、人間性の解放を主張した町人・市民文学を確立した大作家であった。

井伏鱒二（いぶせますじ）（1898－1993）

昭和期の小説家。広島県に生まれ、早稲田大学在学中から小説を書きはじめ、1930年、作品集『夜ふけと梅の花』で作家として認められた。小説『多甚古村』『駅前旅館』『ジョン万次郎漂流記』などのほかに随筆集も多い。つねに冷静にあたたかく、しかも鋭い目で人間を見つめ、独特のユーモアとペーソスがあふれる作風は一貫して変わらない。郷里広島の原爆被爆者をえがいた『黒い雨』は、多くの人びとに鮮烈な感動をあたえた。

今井宗久（いまいそうきゅう）(1520－1593)

安土桃山期の豪商、茶人。大和国（奈良県）今井に生まれたが、堺にうつり、武野紹鷗に茶の湯を学んだ。紹鷗の女婿となり、家財茶器をゆずりうけた。1568年、織田信長が自由都市堺に矢銭2万貫を課したとき、むしろこれに応じようと反対派をおさえ、紹鷗伝来の松島の茶器と茄子の茶入れを信長に献上した。その功によりさまざまな特権があたえられた。また、豊臣秀吉にもつかえて千利休、津田宗及とならんで三宗匠といわれた。

今川義元（いまがわよしもと）(1519－1560)

戦国期の武将。駿河国・遠江国（静岡県）の守護今川氏親の三男に生まれ、1536年、兄の死により家をついだ。織田氏、吉良氏を破り、ついで武田信玄、北条氏康と和睦して、駿河、遠江、三河3国を支配下におさめた。また禅僧太原雪斎の補佐をうけて、検地や商業の保護などにより、領国支配を強化し、東海地方の大勢力となった。1560年、上洛のため大軍をひきいて尾張の織田信長を攻めたが、桶狭間で奇襲され敗死した。

岩倉具視（いわくらともみ）(1825－1883)

江戸末・明治期の公家、政治家。はやくから尊王攘夷論者として開国に反対したが、外国の侵略をおそれて国内統一をはかり、開国論者となる。薩摩藩（鹿児島県）の大久保利通らと協力して、倒幕運動をおこない、1867年に王政復古をはたした。新政府では要職を歴任し、1871年には特命全権大使として欧米におもむいた。天皇の絶対的権威の確立を一貫してめざし、親政の強化、富国強兵政策を主張した。

*岩崎弥太郎（いわさきやたろう）(1834－1885)

明治前期の実業家、三菱財閥の創始者。土佐の郷士の家に生まれ、土佐藩が開設した商社に入る。維新後、藩と共同で土佐開成館（九十九商会）を結成して藩の海運の全権をにぎった。1873年、三菱商会と改称して岩崎個人の会社とした。佐賀の乱、台湾出兵をきっかけに政府に近づき、大隈重信の援助もあって、汽船の払いさげ、低利の巨額資金の借りうけなど政府の手厚い保護をうけて、日本沿岸航路を独占する海運業者となった。

岩崎弥之助（1851－1908）

　明治期の実業家。岩崎弥太郎の弟。三菱財閥の２代目。1872年、アメリカに留学し、帰国後、三菱会社の副社長となる。1885年、弥太郎の死後は社長となり、三井財閥の共同運輸会社とはげしい勢力あらそいをしたが、政府の仲介で合併、日本郵船会社を設立した。そのほか鉱山、銀行、造船など事業を拡張して三菱財閥を確立した。1893年、弥太郎の子久弥に事業をゆずって引退、1896年には日本銀行総裁となった。

岩佐又兵衛（1578－1650）

　江戸初期の画家。織田信長の家臣荒木村重の子。1579年、村重が信長に謀反して失脚。又兵衛は難をのがれて母方の岩佐姓を名のり、京で育ち、信長の次男織田信雄に小姓としてつかえるうちに絵で認められた。のち、福井にうつり、1637年には将軍徳川家光にまねかれて江戸に住んだ。古典的な題材を好み、浮世又兵衛とよばれたほど風俗画にすぐれていた。代表作に、個性的な風刺に富む『三十六歌仙絵額』などがある。

岩波茂雄（1881－1946）

　大正・昭和期の実業家。長野県の生まれ。東京帝国大学を出て、神田高等女学校の教師を務めたが、３年後に退職。1913年、神田で古本屋岩波書店を開業した。その後、友人の安倍能成、阿部次郎らの協力で、夏目漱石の『こころ』を刊行、出版業にのりだした。1927年には岩波文庫を創刊し、よい本を安く販売して国民に高い教養文化を普及することにつとめた。1946年、出版人として最初の文化勲章をうけた。

岩野泡鳴（1873－1920）

　明治・大正期の小説家、詩人。兵庫県淡路島に生まれ、明治学院、専修学校などで学ぶ。1901年、詩集『露じも』を自費出版し、翌年、東京にでて詩人として活躍。しかし、小説家に転じ、作者がかならず主人公となって事件や人生をえがかなければならないとする、一元描写論をとなえた。これは泡鳴五部作といわれる『放浪』『発展』『憑き物』などで実行されている。生涯で３度、妻をかえるなど、波乱にとんだ人生を送った。

巌本善治（いわもとよしはる）(1863-1942)

明治・大正期の女子教育者。但馬国（兵庫県）の生まれ。農学者津田仙に師事し、クリスチャンとなった。キリスト教主義から女性解放を主張。1885年創刊の婦人雑誌『女学雑誌』を主宰し、婦人の地位の向上にながく貢献した。のちに、この雑誌から北村透谷、島崎藤村らの文学雑誌『文学界』が生まれる。1887年、明治女学校の教頭となり、野上弥生子、羽仁もと子らのすぐれた女性を育てた。

巌谷小波（いわやさざなみ）(1870-1933)

明治・大正期の児童文学者、小説家。東京の生まれ。はじめ医学を学んだが、のち、尾崎紅葉らの硯友社にくわわり、小説家となる。1891年、日本の創作童話のはじまりである『こがね丸』を発表して大評判となり、児童文学に専念した。以後『少年世界』『少女世界』などの主筆となり、日本や外国に昔から伝わるおとぎばなしを紹介した作品に『日本お伽噺』『世界お伽噺』などがある。児童文学界の第一人者として活躍した。

隠　元（いんげん）(1592-1673)

江戸前期に渡来した明（中国）の禅僧。黄檗宗（おうばく）の開祖。29歳で出家して臨済宗をきわめた。1654年、長崎に在住の中国僧のまねきで来日、幕府や朝廷に重んじられた。1662年、山城国（京都府）宇治に黄檗山万福寺（おうばく）を建てて布教につとめ、日本の仏教に新風をふきこんだ。いっぽう、書、絵画など明の文化を伝えることにも力をつくし、江戸文化の発展に大きな役割をはたした。死の直前、朝廷から大光普照国師の号をおくられた。

植木枝盛（うえきえもり）(1857-1892)

明治期の政治家、思想家。土佐国（高知県）に生まれ、福沢諭吉らの西洋の近代思想の普及活動に目を開いて自由民権論者となる。1877年、板垣退助の立志社に参加して自由党結成に努めた。自由民権運動の理論的指導者として活躍、普通選挙による一院制議会の開設、基本的人権の擁護、婦人の解放、国民の合意による憲法の制定などをとなえた。1890年の第1回総選挙に当選したが、35歳の若さで死んだ。

上杉景勝（1555－1623）

安土桃山・江戸初期の武将。叔父上杉謙信の養子。謙信の死後、同じ養子の上杉景虎と家督をあらそい、勝って謙信のあとをつぎ、越後、越中、佐渡、能登を支配した。豊臣秀吉につかえて重くもちいられ、1590年に小田原征伐、1592年の朝鮮の役にも参加し、1597年には五大老のひとりとなった。翌年、会津若松120万石をあたえられた。関ヶ原の戦いでは石田三成とともに徳川家康に敵対して敗れ、米沢30万石にうつされた。

＊上杉謙信（1530－1578）

戦国期の武将。越後国（新潟県）の守護代長尾為景の子に生まれる。幼名は景虎。父の死後、兄の晴景とあらそって家を継ぎ、出家して謙信と称した。北条氏康に追われた関東管領上杉憲政を助けて北条氏を攻め、武田信玄に領地をうばわれた信濃の村上義清にかわって、川中島（長野県）で信玄と戦った。のち越中、能登、加賀を平定、織田信長と対立したが、病死した。すぐれた戦術家で、熱心な仏教信者でもあった。

上杉憲実（1410－1466）

室町前期の武将。1419年、関東管領になり、鎌倉公方足利持氏を補佐した。将軍足利義教と持氏との対立をやわらげるために努力したが、やがて持氏と不和になり、1438年、上野（群馬県）へしりぞいた。持氏は憲実追討の兵をあげた「永享の乱」。持氏を破ったのち、憲実はいちじ関東の政務をとる。まもなく出家して引退、諸国をまわりあるいた。戦乱の世にあっても学問を好み、足利学校の再興につとめた。

上杉治憲（1751－1822）

江戸後期の米沢藩主。号は鷹山。1767年に藩主となり、おおがかりな藩政の改革を断行して名君といわれた。まず財政のたてなおしのために、クワ、コウゾ、ウルシなどの栽培をすすめ、京都などから職人をまねいて米沢織をつくりだした。また、農民に質素倹約をすすめ、災害やききんにそなえて村むらに倉をつくった。教育のたいせつさを感じて藩校興譲館をおこし、人材の養成にも力をいれた。

ウェストン (1861−1940)

イギリスの宣教師、登山家。ケンブリッジ大学を卒業後、宣教師になり、明治中期に3回にわたって、キリスト教の布教のために来日した。このとき神戸、横浜などに滞在、日本各地の山に登った。当時の日本には、たのしみを目的に山に登る習慣がなかったため、地元の協力が得られなかったが、槍ヶ岳をはじめ日本アルプスのおおくを征服。小島烏水たちに説いて日本山岳会を組織、日本の近代登山の発展に大きく貢献した。

*上田秋成（うえだあきなり） (1734−1809)

江戸後期の小説家、国学者。大坂（大阪）に生まれ、俳諧や和歌にうちこんだ。のちに医学を学び、かたわら古典にしたしんだ。1776年に『雨月物語』を刊行した。これは中国や日本のむかし話をもとにした、亡霊・化身などが登場する怪談であるが、たんなる怪奇談におわらず、すぐれた文学性をもったものである。また、日本の古代を研究して本居宣長に論争をいどみ『伊勢物語』や『万葉集』の研究にもうちこんだ。

上田万年（うえだかずとし） (1867−1937)

明治・大正・昭和期の国語学者。東京の生まれ。近代国語学の生みの親である。イギリスの言語学者チェンバレンに学んだ。ドイツに留学し、ヨーロッパの言語学を研究、帰国後は東京帝国大学の教授をつとめた。ヨーロッパの比較言語学などの理論を国語学にとりいれ、科学的な国語学を確立した。古代日本では、ハ行音がP音であり、そののち時代とともに、P→f→hと変化したとする『P音考』は有名である。

上田敏（うえだびん） (1874−1916)

明治期の詩人、評論家。東京の築地で生まれる。ヨーロッパへ行った経験をもつ叔父や叔母の感化をうけ、幼いころから外国に興味をいだいた。第一高等学校に在学中『文学界』の同人となった。東京帝国大学では小泉八雲やケーベルに学び、のち夏目漱石とともに東大の講師になった。ヨーロッパ文学の紹介につとめ、1905年にはフランスの象徴詩を訳した『海潮音』を発表、美しいひびきの名訳で、近代詩に大きな影響をあたえた。

上村松園（うえむらしょうえん）（1875－1949）

明治・大正・昭和期の女流画家。京都市に生まれ、京都府画学校をへて、鈴木松年に学んだ。のち、竹内栖鳳に師事。1890年、第3回内国勧業博覧会に『四季美人図』を出品して才能を認められ、以後、文展などで受賞をかさねた。数多くのすぐれた美人画をのこし、きめこまかな格調高い作風で、美人画を芸術的な絵画に高めた。代表作『夕暮』『母子』『焔（ほのお）』など。1948年、女性として最初の文化勲章をうけた。

植村直己（うえむらなおみ）（1941－1984）

登山家、冒険家。1966年欧州のモンブラン、アフリカ大陸キリマンジャロ、1968年南米大陸アコンカグア、1970年世界最高峰エベレスト、北米大陸マッキンリーの登頂に成功し、世界初の5大陸最高峰登頂者となる。1978年には犬ゾリによる単独北極点到達にも成功、1984年世界初のマッキンリー冬期単独登頂後に消息を絶った。たくさんの著書、記録映像が残され、人々の感動を呼ぶ。1984年に国民栄誉賞受賞。

宇喜多秀家（うきたひでいえ）（1572－1655）

安土桃山期の武将。宇喜多直家の子。父の死後、豊臣秀吉に養われ、秀吉の養女で前田利家の娘と結婚、美作国（みまさか）（岡山県）を領地とした。秀吉の四国、九州、小田原征伐に参加して、1598年には五大老のひとりとなった。朝鮮出兵でも活躍、秀吉の信任があつかった。秀吉の死後、1600年には石田三成にさそわれて、関ヶ原の戦いの西軍の総大将にかつぎだされた。敗れて、八丈島に流され、50年後にその地で没した。

宇田川玄真（うだがわげんしん）（1769－1834）

江戸後期の蘭学者、医者。宇田川玄随の養子。伊勢に生まれ、はじめ漢方を学んだ。のち玄随に師事、大槻玄沢について蘭学を学んだ。とくに翻訳にすぐれ、稲村三伯の『ハルマ和解』の編集に協力した。1805年には西洋医学書を翻訳した解剖学の書『医範提綱』を出版、人体についてわかりやすく説いた書として、明治にいたるまでひろく読まれた。この本のなかの図は、亜欧堂田善による日本最初の銅版解剖図としても有名である。

宇田川玄随（うだがわげんずい）(1755−1797)

　江戸中期の蘭学者、医者。江戸の生まれ。桂川甫周、杉田玄白、前野良沢について蘭学、医学を学んだ。甫周のすすめでオランダの医学書を翻訳『西説内科撰要』18巻を1793年に完成した。これは日本で最初のオランダ内科書の出版で、オランダ医学が外科だけでなく内科でもすぐれていることを世に知らせた。のち、この本の校訂補注は、子の玄真によって完成され、蘭学の発展に大きく貢献した。

歌川豊国（うたがわとよくに）(1769−1825)

　江戸後期の浮世絵師。本名倉橋熊吉。木彫人形師をしていた父の友人歌川豊春に学び、豊国と名のった。はじめは歌麿風の美人画をかいたが、のち、役者絵を多くかいた。役者の特徴や個性を生かした東洲斎写楽とちがい、歌川風とよばれる典型化した作風で大衆にうけ、圧倒的な人気をえて歌川派をもりたてた。肉筆画もすぐれていたが、さし絵なども手がけ、ひじょうに多くの弟子の育成にはげんだ。晩年は乱作して精彩をうしなった。

宇田川榕菴（うだがわようあん）(1798−1846)

　江戸後期の蘭学者、科学者。宇田川玄真の養子。幼いときから植物学を好み、オランダ語を馬場佐十郎に学んだ。1822年、西洋植物学を経文のようにまとめた『菩多尼訶経（ぼたにかきょう）』を刊行。1826年には幕府の天文方となり、百科全書『厚生新篇』の翻訳にあたった。1837年に出版した大著『舎密開宗（せいみかいそう）』は、イギリスのヘンリーの化学入門書をもとにしたもので、日本で最初の化学書である。また、細胞という語をはじめて使ったのも榕菴である。

内田百閒（うちだひゃっけん）(1889−1971)

　明治・大正・昭和期の小説家、随筆家。岡山県に生まれる。東京帝国大学独文学科入学後、夏目漱石の門に入った。卒業後はドイツ語教官として陸軍士官学校などにつとめた。1922年、処女作『冥途』を発表して芥川龍之介などに推賞されたが、以後、小説家としてはあまりふるわなかった。昭和に入ると、随筆家に転じ、ユーモラスな味で人気を博した。代表作に『百鬼園随筆』『贋作吾輩は猫である』などがある。

* 内村鑑三(うちむらかんぞう) (1861－1930)

明治・大正期のキリスト教思想家。無教会主義の創始者。江戸に生まれる。札幌農学校で学び、新渡戸稲造とともにキリスト教に入信した。アメリカに留学し、帰国後、第一高等中学校の英語教師になった。1891年、キリスト教の教えから、教育勅語に敬礼しなかったので非国民とされ教壇を追われた。その後、『万朝報(よろずちょうほう)』に入社して、足尾鉱毒事件や日露戦争の反戦に筆をふるった。神とともにあった鑑三は正義と平和のために生きた。

宇野浩二(うのこうじ) (1891－1961)

大正・昭和期の小説家。福岡県に生まれ、父を早くうしない、少年時代は大阪で育った。早稲田大学を中退、1919年『蔵の中』で文壇に登場。軽妙な話術とユーモアで好評をえて『苦の世界』『子を貸し屋』などによって認められた。その後、精神病院に2度入院し、しばらく筆をおいたが、1933年に『枯木のある風景』で復活した。それまでの軽妙さは消え、客観的な描写で文体をまったく変え注目された。代表作『思い川』。

* 梅原龍三郎(うめはらりゅうざぶろう) (1888－1986)

明治・大正・昭和期の洋画家。京都の呉服問屋に生まれる。病弱のため中学を中退、浅井忠について絵を学んだ。1908年、フランスへわたりルノアールに師事した。帰国後、白樺社主催の個展で『黄金の首飾』などを発表、注目をあびた。その後、二科会、春陽会の創立にくわわり、のち国画会の中心となった。豊かな色彩と豪快な筆致で独特の作品をえがき、昭和画壇の代表的な画家のひとりである。代表作『紫禁城』など。

梅若万三郎(うめわかまんざぶろう) (1868－1946)

明治・大正・昭和期の能楽の役者。初代梅若実の長男。4歳のときに初舞台をふんだ。実に養子があったため、11歳で分家の梅若吉之丞家をついだ。1920年、弟六郎と梅若流をおこし、初代家元となったが、1933年、家元を弟にゆずり、ふたたび観世流に復帰。華麗で迫力ある演技で名人とうたわれ、能の世界で人格者として尊敬された。1937年、帝国芸術院会員となり1946年には文化勲章をうけた。生涯に演じた能は約3000回。

浦上玉堂（うらがみぎょくどう）(1745-1820)

江戸後期の文人画家。備中国（岡山県）鴨方藩主池田政春につかえた。琴の名手でもあり、明の顧元昭の作で『玉堂清韻』の銘のある七弦琴を手に入れ、以後は玉堂琴士と名のった。1794年、2児をともなって脱藩。玉堂が陽明学を学んでいたため、寛政異学の禁による脱藩とみられている。以後、各地を放浪して文人と交わり、自由な生活を送った。絵は、つねに酒に酔ってかいたといわれる。代表作は『凍雲篩雪図』。

*運慶（うんけい）(？-1223)

鎌倉初期の仏師。康慶の子。早くから仏像の製作にたずさわっていた。父の写実主義をふかめ、男性的な新様式を完成して鎌倉時代の彫刻の第一人者となった。数多くのすぐれた作品を残し、活動を伝える文献も多いが、確かなものは少ない。1203年、重源の命により、快慶とともに東大寺南大門の仁王像を作った。向かって左の『金剛力士像』が運慶の作とされる。ほかに円成寺の『大日如来像』、興福寺北円堂の『無著像』など。

*栄西（えいさい）(1141-1215)

鎌倉期の僧。日本での臨済宗の開祖。備中国（岡山県）に生まれ、はじめは比叡山で天台宗を学んだ。1168年、1187年の2回、宋（中国）にわたり、禅を学び、2回目のとき天台山虚庵懐敞から臨済禅の教えをうけた。帰国してからは九州をはじめ西国に伝道。1199年には鎌倉にくだって、北条政子の信仰をうけ、寿福寺を建てた。1202年には京都に建仁寺を創建、禅の教えをひろめた。また、日本に茶の栽培を紹介したことでも有名。

江川太郎左衛門（えがわたろうざえもん）(1801-1855)

江戸末期の兵学者。伊豆韮山の代官。海岸防備の必要から、洋学にくわしい渡辺崋山に軍事技術を学んだ。高島秋帆からは、西洋砲術を学び、普及にも力をつくした。門人に、佐久間象山、橋本左内、木戸孝允などがいる。また、不正役人のとりしまりや農民の生活改善につとめ、領地で種痘を実施するなど西洋の科学をとり入れた名代官としても名を知られた。海防、外交に活躍した先覚者である。

江崎玲於奈（1925－　　）

昭和期の物理学者。大阪の生まれ。東京大学卒業後、神戸工業に入る。ソニー研究所をへて、1960年に渡米、IBM研究所につとめた。1957年、半導体の実験中にトンネル効果を発見し、エサキダイオードを発明した。このトンネル効果の発見は、トンネル分光学という新分野をひらき、固体物理学の発展に大きな役割をはたした。1865年に学士院賞、1973年にノーベル物理学賞、翌1974年には文化勲章を受賞した。

江藤新平（1834－1874）

明治期の政治家。肥前国（佐賀県）佐賀藩士。尊王攘夷論をとなえて佐賀藩をとびだし、維新にさいしては江戸遷都を主張した。新政府では、文部大輔、左院副議長、司法卿をつとめ、司法卿のときに司法権の独立、警察制度の統一などをおこない、司法制度の確立に力をつくした。1873年、征韓論に敗れた西郷隆盛らとともに辞職。翌年、佐賀で不平士族にすすめられて反乱をおこし「佐賀の乱」政府軍に捕えられて処刑された。

江戸川乱歩（1894－1965）

大正・昭和期の推理小説家。本名は平井太郎。三重県の生まれ。筆名はエドガー・アラン・ポーをもじったもの。早稲田大学を卒業後、いろいろな職業につき、1923年『二銭銅貨』を発表、推理小説家として世にでた。トリックのおもしろさと幻想的な怪奇ロマンとをあわせた作風で、推理小説の草分けとなった。初期の作品に『D坂の殺人事件』など。のち長編を手がけ『陰獣』で頂点に達した。少年向きには『少年探偵団』などがある。

榎本其角（1661－1707）

江戸前期の俳人。江戸の生まれ。姓を宝井ともいう。医者で俳人であった父のえいきょうで、はやくから松尾芭蕉に学んだ。20歳のころ、すでに門人の筆頭となるほど発句の才能にめぐまれていた。蕉風の確立といわれた『虚栗』を、同門の服部嵐雪とともに編さんした。芭蕉の十哲のひとりにかぞえられる。芭蕉の死後は蕉風をはなれ、複雑で難解な俳句をよむようになった。洒落風俳諧のはしりである。

榎本武揚(えのもとたけあき) (1836-1908)

　江戸末・明治期の政治家。旗本の子として江戸に生まれる。長崎の海軍伝習所で学び、オランダに留学。帰国後は海軍副総裁をつとめた。1868年、官軍の江戸入城にあたり、軍艦引きわたしを拒否し、旧幕府海軍をひきいて脱走、北海道の箱館(函館)五稜郭にたてこもった。しかし、翌年、官軍に抵抗したが敗れ、降伏して入獄。1872年、罪を許されて新政府の役人となり、千島・樺太交換条約、天津条約など、外交面で活躍した。

海老名弾正(えびなだんじょう) (1856-1937)

　明治・大正期のキリスト教思想家。筑後国(福岡県)の生まれ。熊本洋学校に学び、L・L・ジェーンズにみちびかれてキリスト教に入信。同志社大学を卒業後、各地で伝道活動をおこない、1897年に上京して本郷教会の牧師をつとめた。雄弁ですぐれた洞察力をもつ説教家としてしられた。1900年に創刊の雑誌『新人』で福音主義の植村正久と論争、神道と調和したキリスト教をめざした。門人に吉野作造、鈴木文治がいる。

円　空(えんくう) (1632-1695)

　江戸初期の臨済宗の僧、仏師。美濃国(岐阜県)に生まれる。19歳ころ仏門に入り、密法をうけた。その後、諸国をめぐりあるいて修業、一生のうちに12万体の仏を彫る祈願をたて、布教をつづけながら、丸木を割った木片にのみひとつで彫刻した。荒けずりであるが素ぼくでしたしみやすく、新鮮で力強い作品は、現代彫刻に大きなえいきょうをあたえた。のみの跡を表面に残し、素材を生かしたこの彫刻は、鉈彫(なたぼり)とよばれる。

円　仁(えんにん) (794-864)

　平安前期の天台宗の僧。下野国(栃木県)に生まれる。15歳で比叡山にのぼり、最澄に師事した。838年、唐(中国)にわたり、五台山大興善寺などで学び、密教や天台学を身につけた。ぼう大な量の書籍をたずさえて847年に帰国。854年には延暦寺第3世天台座主となり、台密(天台宗の密教)のきそをきずいた。円珍の寺門派に対する山門派の祖となり、天台宗はいちじるしく密教化した。主な著書に『入唐求法巡礼行記(ぐほう)』など。

応神天皇（生没年不明）
おうじんてんのう

『日本書紀』によれば、第15代天皇で、仲哀天皇の皇子。母は神功皇后とされる。筑紫（九州）の生まれ。4世紀後半から5世紀前半に活躍した。この時代には、渡来人が多くやってきて、対外交渉がさかんだったとされる。しかし『日本書紀』の記述が事実かどうかは疑わしい。ただ大和朝廷の勢力がいちじるしく発展したことは、応神天皇陵などの大規模な前方後円墳から想像できる。倭王の「讃」が応神天皇であるという説もある。

大井憲太郎（1843−1922）
おおいけんたろう

明治・大正期の政治家。豊前（大分県）に生まれる。はじめ漢学を学び、20歳のときに長崎にでて蘭学をおさめた。さらに、江戸にでて開成所で箕作麟祥にフランスの学問を学んだ。1874年、民撰議院設立の建白書をめぐり、反対派の加藤弘之と論争。1882年には自由党に入り、自由民権運動の中心的な指導者となった。しかし、自由党を批判して1892年に東洋自由党を結成、のちには日本労働協会を設置して社会運動でも活躍した。

＊大石良雄（1659−1703）
おおいしよしお

播磨国（兵庫県）赤穂藩の家老。赤穂義士の首領。通称内蔵助。1701年、藩主浅野長矩が江戸城中で吉良上野介義央に切りつける事件をおこして、長矩は切腹、浅野家は断絶した。良雄は浅野家の再興に力をつくしたがはたせず、浪人となった有志とともに、ひそかに仇討ちを計画した。1702年12月14日、赤穂浪士46人とともに江戸本所吉良邸に討ち入り、吉良を討った。仇討ちの行為は賞賛されたが、幕府の命で切腹。

大内兵衛（1888−1980）
おおうちひょうえ

大正・昭和期の経済学者。兵庫県淡路島の生まれ。1913年、東京帝国大学を卒業。大蔵省をへて1910年に母校の経済学部助教授となった。翌年、大学の機関誌『経済学研究』にのせた森戸辰男教授の論文が政府から弾圧され、編集発行人として退職させられた。のち復帰して教授となったが、1938年の人民戦線事件で、理論的指導者の教授グループのひとりとして検挙された。戦後みたび東大に復帰、法政大学総長もつとめた。

大内義隆(おおうちよしたか) (1507−1551)

戦国期の武将。大内義興の子。周防(すおう)、長門(ながと)、安芸(あき)など6か国の守護。1540年、尼子晴久が安芸(あき)に攻めてきたときに援軍をだし、1542年にはみずから軍をひきいて出陣したが大敗。戦国大名きっての文化人で、日明貿易でさかえた山口に、京都の公家や文化人を集めて保護した。また、1550年にザビエルがおとずれたときも歓迎して布教をゆるした。学問、芸術にひたっていて家臣の陶晴賢(すえはるかた)の謀反(むほん)にあい自殺した。

大江広元(おおえのひろもと) (1148−1225)

鎌倉前期の政治家。大江匡房(まさふさ)のひ孫。京都の下級貴族。1184年、源頼朝にまねかれて公文所の別当となった。頼朝の信任あつく、側近のひとりとして活躍した。1185年、全国に守護・地頭を置くことを考え、1191年には政所の別当も兼ねて、鎌倉幕府のきそをきずくことに力をつくした。頼朝死後は、北条政子を助けて政務をとり、「承久の乱」のときも幕府軍の上洛を主張して勝利をもたらした。

大江匡房(おおえのまさふさ) (1041−1111)

平安後期の貴族、学者。後三条、白河、堀河の3代の天皇につかえた。大江家は学問にすぐれた家柄であり、匡房(まさふさ)も幼いころから漢籍につうじていた。後三条天皇に重くもちいられ、荘園を整理する政策にあたって重要な役割をはたした。のち官位は正二位までのぼって政治にかかわったが、文学でもすぐれた才能を発揮し、当時の最高の学者となった。有職故実(ゆうそく)に通じ、儀式のことを書いた『江家次第』など著作ものこしている。

*大岡忠相(おおおかただすけ) (1677−1751)

江戸中期の幕臣。旗本大岡忠高の子。伊勢の山田奉行をつとめていたときに徳川吉宗に認められ、1716年に吉宗が第8代将軍になると、翌年、江戸町奉行にばってきされた。その後、寺社奉行となる1736年まで、江戸の市政をつかさどり、江戸町火消や小石川養生所をつくったほか、物価の安定にも力をつくした。江戸庶民に尊敬されたことは事実であるが、大岡政談で語られている名裁判官ぶりは、すべてつくりばなしである。

大久保利通 (1830−1878)
<ruby>大久保利通<rt>おおくぼとしみち</rt></ruby>

江戸末・明治期の政治家。薩摩藩士。はじめ朝廷と幕府をひとつにする公武合体をとなえたが、1866年、敵対していた長州と手をむすび「薩長同盟」、西郷隆盛らと倒幕運動を進めた。維新後は、新政府参議などの要職につき、廃藩置県や地租改正などの制度改革につとめた。また、征韓論には反対、西郷らが去ったあとは政府の中心になって新国家の建設に活躍した。しかし、独裁的な政治が反感をかって暗殺された。

大久保長安 (1545−1613)

江戸初期の政治家、財政家。猿楽師の子。甲斐国(山梨県)の生まれ。武田氏につかえたが、1582年、武田氏の滅亡後は大久保忠隣と知り合い、大久保姓を授けられて徳川家康につかえた。1601年には一里塚をつくり、各地で検地をおこない、1603年に石見銀山、佐渡金山の奉行となった。のち伊豆銀山奉行も兼ね、いずれも空前の増産に成功した。家康の代官頭として権勢をきわめたが、死後は、不正があったとして一族が処罰された。

大久保彦左衛門 (1560−1639)

江戸初期の旗本。1576年、遠江国(静岡県)乾(いぬい)の戦いにくわわって以来、兄の忠世に従って活躍、徳川家康につかえた。やがて家康が関東に入ってからは、武蔵国埼玉郡(埼玉県)に2000石の領地をあたえられた。旗本となったのは、のちに三河国(愛知県)2000石の領主に任じられてからである。徳川氏の旗本としては重きをなしたが、天下の御意見番の講談の多くは創作。著書に、徳川氏の興隆を伝える『三河物語』3巻がある。

大隈言道 (1798−1868)

江戸後期の歌人。福岡の商家に生まれ、早くから二川相近に和歌、広瀬淡窓に漢学を学んだ。39歳のときに家業を弟にゆずって歌ひとすじに生き、1857年に大坂(大阪)へでて歌壇で活躍。歌論書『ひとりごち』によると、歌は、自分が生きる時代のことをよみ、古い歌にはこだわらずに自分自身を表現すべきだと主張、現実をみつめた新しい歌をおおくのこした。歌集に『草径集』『続草径集』がある。

* 大隈重信 (1838−1922)

明治・大正期の政治家。佐賀藩の下級武士として生まれ、幕末には尊王攘夷派で活躍。維新後は、外国事務判事、大蔵大輔などをつとめて政府のきそ固めに力をつくし、鉄道、電信の開設にも努力した。1881年に「明治14年の政変」で政府を去ったが、1898年に憲政党を結成して復帰、最初の政党内閣を組織。2度めの首相のときに中国支配をうちだして批判をうけた。44歳のときに、早稲田大学の前身である東京専門学校を創立。

大倉喜八郎 (1837−1928)

明治・大正期の実業家。越後国（新潟県）新発田の豪商に生まれる。17歳のときに江戸にでて商売をはじめたが、のち鉄砲をあつかって戊辰戦争で富をきずいた。1872年、欧米にわたり、翌年、貿易商として大倉組商会を設立した。以後、戦争のたびに大きな利益を得て事業をひろげ、積極的に中国大陸に進出して一代で大倉財閥をきずいた。また、大倉商業学校や大倉集古館の創立など教育、文化にも力をつくした。

大蔵永常 (1768−1860頃)

江戸後期の農学者。豊後国（大分県）に生まれ、若いうちに家をでて各地で農業技術を学んだ。1796年に大坂（大阪）にでたのち、さらに全国をまわって農産物や農具を研究。いっぽうでは、現金収入の増加による農民の富を考えて、稲作よりも工芸作物の栽培を奨励した。一時、浜松藩などにつかえたが、生涯のおおくは民間の著述家として活躍、農民を重労働から解放するための合理的な農業経営を説いた。

* 大塩平八郎 (1793−1837)

江戸後期の儒学者。大坂町奉行の名与力とうたわれた。1830年、上司の町奉行が退職すると、職を養子にゆずって自宅に学塾洗心洞を開き、子弟に儒学を教えた。知行合一をとなえる実践的な陽明学を研究、その考えから幕府の政策を批判した。1837年、天保の大ききんでなんの対策もたてない大坂町奉行に怒り、意見を出したが無視されたことから「大塩平八郎の乱」をおこした。乱に敗れて自殺したが、幕府にあたえた衝撃は大きかった。

凡河内躬恒（生没年不明）
<small>おおしこう ちのみ つね</small>

平安前期の歌人。三十六歌仙のひとり。紀貫之らと『古今和歌集』を編さんした。官位は低く地方の役人を歴任したが、歌人としての活動ははなばなしく、天皇の旅行などの供をして歌をよんだ。『古今集』の60首のほか、勅撰和歌集におさめられている歌は194首にもおよんでいる。即興でよんだ歌が多く、とくに自然の風景の描写にすぐれていた。歌集に『躬恒集』があり、長歌をふくむ432首をおさめている。

大杉栄（1885－1923）
<small>おおすぎさかえ</small>

明治・大正期の無政府主義者。香川県の生まれ。東京外国語学校在学中に、幸徳秋水、堺利彦らの平民社にでいりした。1906年、電車賃値上げ反対運動に参加して検挙され入獄した。以後、赤旗事件などで数回入獄。1912年、荒畑寒村らと『近代思想』を創刊。1914年には月刊『平民新聞』をだして大逆事件後のきびしい状況のなかで社会主義運動をすすめた。のち上海やフランスに密航して活躍。関東大震災の混乱で憲兵に暗殺された。

大田垣蓮月（1791－1875）
<small>おおたがきれんげつ</small>

江戸末期の女流歌人。京都の遊郭三本木で生まれ、生後10日あまりで知恩院につかえる大田垣光古にひきとられた。最初の結婚に失敗し、3人の子にも先立たれた。その後、再婚したが夫は病死し、さらに養父、娘に死なれ、不幸がつづいた。出家して京の岡崎に住み、蓮月と称した。歌をよみ、書をたしなみ、また、和歌を彫った陶器を作った。これは蓮月焼とよばれている。若いころの富岡鉄斎も陶器づくりを手伝っている。

太田道灌（1432－1486）
<small>おおたどうかん</small>

室町中期の武将。関東管領扇谷上杉氏の家臣。江戸城をつくった人として有名である。上杉定正の執事をつとめ、1457年、江戸城をきずいて居城とした。翌年、出家して道灌と号した。扇谷上杉氏と山内上杉氏は関東で勢力を争っていたが、上杉（山内）顕定の家臣が乱をおこしたときに活躍し、扇谷上杉氏の勢力をのばした。両上杉氏の同盟をめざしたが、顕定の陰謀で、定正に殺された。軍法に通じ、和歌にもすぐれていた。

大田南畝(おおたなんぽ)(1749—1823)

江戸後期の狂歌師、文人。江戸の下級幕臣の子。幼いころから学問にはげみ、歌人内山賀邸に学んだ。同門に唐衣橘洲(からころもきっしゅう)、友人に平賀源内がおり、しだいに狂歌の道に進み、1767年に『寝惚(ねぼけ)先生文集』をだした。予想外の好評を得て文筆活動に入り、狂歌のほかに読物なども手がけた。天明文化の中心人物となったが、39歳のときに著作をやめ、以後は役人として活躍。晩年は蜀山人と称して、ふたたび文芸活動をはじめた。

大谷光瑞(おおたにこうずい)(1876—1948)

明治・大正期の宗教家、探検家。西本願寺第22世法主。本願寺宗家に生まれ、1899年に視察研究のためヨーロッパ、インドを旅行。その後、シルクロード探検の世界的なブームにのって、大谷探検隊を結成、1902年、1908年、1910年の3度にわたって、中央アジア、インドを探検した。しかし、この探検によって本願寺の財政ゆきづまりをまねき、責任をとって法主の座をしりぞいた。後半生は、海外放浪の生活を送った。

大槻玄沢(おおつきげんたく)(1757—1827)

江戸後期の蘭医、蘭学者。陸奥国一関(岩手県)の藩医の子。22歳のとき江戸にでて、杉田玄白、前野良沢に学び、長崎にも遊学した。1786年、江戸詰めの仙台藩医となり、私塾芝蘭堂を開いた。蘭学者を数多くそだて、玄白、良沢のあとをうけて、蘭学の発展に力をつくした。1811年には幕府につかえて『厚生新篇』の翻訳をてつだった。著書は300巻にもおよび、なかでも『蘭学階梯』は蘭学の入門書として、ひろく読まれた。

大槻文彦(おおつきふみひこ)(1847—1928)

明治・大正期の国語学者。大槻玄沢の孫。大学南校を卒業し、1872年に文部省につとめた。のち教師として国語を教え、国語学の研究をふかめた。文部省の命で、最初の近代的な辞書とされる『言海』を十数年にわたって編さん、1897年には、長く国文法研究の権威となった『広日本文典』を刊行。また、かな文字の普及にも力をつくして「かなのくわい」の発起人のひとりとして活躍した。晩年は『言海』の増補に没頭した。

大友皇子（おおとものおうじ）（648－672）

　天智天皇の皇子。母は采女（うねめ）（女官）であり、伊賀国（三重県）の地方豪族の娘。博学で才智にすぐれ、父に愛されて671年に太政大臣（だいじょう）となった。当時、天智天皇の弟の大海人皇子（おおあまの）（のちの天武天皇）が皇太弟となっていたため、朝廷の権力は大友皇子と大海人皇子のふたつにわかれた。天皇の死後、吉野にひきこもっていた大海人皇子が兵をあげ、大友皇子はこれに応じて近江朝廷を代表して戦ったが敗れ、自殺した「壬申の乱」。

大伴坂上郎女（おおとものさかのうえのいらつめ）（生没年不明）

　奈良期の女流歌人。大伴安麻呂の娘で旅人の妹。娘の坂上大嬢（おおいらつめ）を大伴家持に嫁がせた。はじめ天武天皇の皇子穂積親王と結婚したが、親王と死別し、のちに藤原麻呂の妻となり、さらに大伴宿奈麻呂（すくなまろ）とむすばれて坂上大嬢（おおいらつめ）を生んだ。大伴氏の家系にはすぐれた歌人が多く、郎女も幼いころから高い教養を身につけ、歌をよんだ。才気豊かで『万葉集』に80首以上おさめられ、女流歌人のなかでもっとも数が多い。

大伴旅人（おおとものたびと）（665－731）

　奈良期の貴族、歌人。720年、九州で隼人の反乱がおきたとき、これを討つため将軍として遠征。帰京後、朝廷の重要な文武官をつとめた。しかし晩年は、大宰府の長官に任じられ、長く九州ですごした。その間、山上憶良としたしくなり、知識人をあつめて筑紫の歌壇を形成した。『万葉集』には70首以上おさめられているが、この筑紫の地でよんだ歌がほとんどである。漢籍にも通じ、歌壇の中心人物であった。任を終え京で没した。

＊大伴家持（おおとものやかもち）（718頃－785）

　奈良期の貴族、歌人。大伴旅人の子。おとろえつつあった名門貴族の代表者として政権争いにまきこまれ、政治的にはめぐまれなかった。国司などの下級役人を歴任、死の直前、藤原種継の暗殺事件に連座して、遺骨は死後20年間もほうむられなかった。『万葉集』におさめられた歌は500首ちかく、17巻以下は家持の日記ともいえるほどである。大伴氏と『万葉集』との関係はふかく、家持は編者であったと思われる。

大友義鎮(おおともよししげ) (1530−1587)

戦国期の武将。豊後国（大分県）の大名。出家して宗麟と号し、一時は、北九州6か国を支配して大友氏の全盛期をつくった。キリスト教を保護して、みずからも洗礼をうけ、キリスト教の布教を利用してポルトガルとの貿易をさかんにした。また1582年には、キリシタン大名とよばれた有馬晴信、大村純忠とともに、ローマへ少年使節を派遣、文化の興隆をはかった。しかし晩年は、島津氏との戦いに敗れて衰退にむかった。

＊太安万侶(おおのやすまろ) (？−723)

安麻呂とも書く。奈良期の学者。711年、元明天皇の命により、稗田阿礼が暗記した『旧辞』を書きしるして『古事記』を完成した。『古事記』は、天皇家の歴史をあきらかにする政治的な目的によって作られた最初の歴史書である。のち、舎人(とねり)親王らと『日本書記』の編さんにもたずさわったといわれている。1979年、奈良市郊外の農家の茶畑から、安万侶の墓誌が発見されて、話題をまきおこした。

大原孫三郎(おおはらまごさぶろう) (1880−1943)

明治・大正・昭和期の実業家、社会事業家。岡山県の生まれ。父は倉敷紡績の創始者大原孝四郎。東京専門学校を卒業して、1906年に父のあとをつぎ、倉敷紡績社長となった。以後、事業を拡大するいっぽう、キリスト教のえいきょうをうけて社会事業にも大きく貢献、1919年には、私財を投じて大原社会問題研究所を設立した。ほかに、大原農業研究所、大原美術館なども創立、美術館は、とくに西洋絵画の殿堂として知られる。

大原幽学(おおはらゆうがく) (1797−1858)

江戸後期の農民指導者。18歳のときに父に勘当され、諸国を放浪した。その間、儒学、易学、仏教、神道など豊富な知識を身につけ、庶民の教育を志した。下総国（千葉県）長部村の名主にまねかれ、定住して農民を指導、農業技術の改良、耕地整理をおこなうなど、荒廃した農村の改造につとめ、また農民組合の先がけとされる先祖株組合をつくった。門人もふえ私塾改心楼を開いたが、幕府に誤解されて弾圧をうけ、挫折して自殺した。

大村純忠 (おおむらすみただ) (1533－1587)

戦国末期の武将。有馬晴純の子。大村純前の養子となり、家督をついだ。熱心なキリスト教徒で、1563年に洗礼をうけ、バルトロメオと称した。日本最初のキリシタン大名である。1570年に領地の長崎を開港して、ポルトガルとの貿易をさかんにおこない、1582年には、有馬晴信らとともにローマに少年使節を派遣した。しかし、領地長崎をイエズス会に寄進したことが発覚して、豊臣秀吉のキリスト教弾圧をひきおこした。

大村益次郎 (おおむらますじろう) (1825－1869)

幕末・維新期の軍政家。近代軍制の創始者。周防国(すおう)(山口県)の医者の家に生まれる。大坂(大阪)で緒方洪庵の適塾に学び、蘭学、医学をおさめた。郷里で医業をひらいたが失敗、兵学を研究し、一時、宇和島藩や幕府につかえた。1860年、木戸孝允のすすめで長州藩士となり、藩の軍制改革を指導。維新後は上野の彰義隊を討ち、新政府の要職について軍の近代化をはかり、徴兵制を計画した。京で反対士族におそわれ、傷をうけて死亡。

大森房吉 (おおもりふさきち) (1868－1923)

明治・大正期の地震学者。東京帝国大学理科大学を卒業、1891年の濃尾大地震のときに余震調査にあたり、以後、地震の研究にうちこむようになった。ドイツ、イタリアに留学、帰国後は、生涯、東大教授をつとめ、海外の地震調査や国際会議におおくでかけて、国際的に名を高めた。大森式地震計、微動計を考案したほか、地震帯の発見や、耐震建築物の研究などにも大きな業績をのこした。火山研究の開拓者としても知られている。

大宅壮一 (おおやそういち) (1900－1970)

大正・昭和期の評論家。中学生のときに賀川豊彦を知り、1918年、米騒動の演説をして中学を退学。検定で第三高等学校に入り、東京帝国大学では新人会にくわわった。日本フェビアン協会の主事になって社会主義運動に参加したが、大学中退後は文壇にでて評論活動をはじめた。やがて、するどい風刺と軽妙な語り口で社会世俗時評をおこなうようになり、人気を博した。造語を生むのが得意で、有名なものに「一億総白痴化」がある。

大山郁夫(おおやまいくお) (1880−1955)

　大正・昭和期の政治学者、社会運動家。早稲田大学を卒業してアメリカ、ドイツへ留学、のち母校の教授となって、吉野作造らとともに大正デモクラシーの思想の普及につとめた。また、大学の自治と学問の自由のために、学生とともにたびたび闘った。1926年には労働農民党を結成し、委員長として多くの労働者からしたわれた。戦争が悪化すると弾圧をさけてアメリカに亡命し、1947年に帰国。戦後は平和運動に力をつくした。

大山巌(おおやまいわお) (1842−1916)

　明治期の陸軍軍人。薩摩藩士の出身。幕末は、いとこの西郷隆盛に従って倒幕運動に参加。維新後は、2度ヨーロッパへ留学して近代兵学を学び、帰国後、軍制の改革につとめて、陸軍大臣、陸軍大将、陸軍元帥となった。日清戦争には第2軍司令官として、日露戦争には満州軍総司令官として出征、世界に名が知られた。1914年には内大臣となったが、軍人は政治にかかわるべきではないと考え、政治権力はのぞまなかった。

*岡倉天心(おかくらてんしん) (1862−1913)

　明治期の美術界の指導者。横浜に生まれ、東京帝国大学を卒業後、文部省へ入った。やがて美術行政にたずさわるうちに、日本美術の振興を考えるようになり、1889年、東京美術学校の創立に成功して初代の校長に就任した。しかし、翌年、学校の紛争で辞職、横山大観、菱田春草らとともに日本美術院を結成した。アジアはひとつという考えのもとに、日本の美術を海外に紹介、名著『茶の本』を書いて、日本文化の本質を世界に示した。

*岡崎正宗(おかざきまさむね) (生没年不明)

　鎌倉期の刀工。相模国（神奈川県）の生まれ。新藤五国光に学び、鉄の鍛練の秘法を身につけた。当時、2回にわたって元の襲来をうけ、それにそなえるため、刀剣の改良が幕府によってすすめられた。この主体となったのが国光および正宗である。正宗は、太刀の丈を長く、幅を広くして厚みは薄く、刃は硬度の高い大乱れ刃を焼いた。これを相州物とよぶ。銘のない短刀が多いが、刀を短く作りなおしたためである。

岡田啓介（おかだけいすけ）(1868−1952)

大正・昭和期の海軍軍人、政治家。福井県に生まれ、海軍兵学校、海軍大学校を卒業して、1924年に、海軍大将、連合艦隊司令長官となった。1930年のロンドン軍縮会議では、軍部の不満をおさえて調印に努力。しかし、1934年に内閣を組織して首相となってからは、軍部の独走をおさえることができなかった。内閣は「2・26事件」のあと総辞職、のち、太平洋戦争が始まると、和平をとなえて、東条英機内閣の打倒に力をつくした。

尾形乾山（おがたけんざん）(1663−1743)

江戸中期の陶工。尾形光琳の弟。京都の富裕な呉服商に生まれる。学問を好み、父の死後、洛北仁和寺（にんなじ）の門前に山荘習静堂を建ててひきこもり、悠々自適の生活を送った。野々村仁清に陶芸を学び、修業を終えると、鳴滝泉谷に窯をきずいた。ここでの作品を鳴滝乾山という。絵付模様に特色をもち、色彩豊かで趣があり、光琳との合作も見られる。のち、江戸の入谷に窯をきずき、このときの作品を入谷乾山という。代表作『花籠図』。

*緒方洪庵（おがたこうあん）(1810−1863)

江戸末期の蘭学者、医者。教育者としてもすぐれていた。21歳のときに江戸にでて蘭学を学んだ。27歳で長崎に遊学、オランダ医について医学をおさめた。1838年、大坂（大阪）で開業し、さらに私塾適塾を開いて蘭学を教えた。適塾から福沢諭吉、大村益次郎、橋本左内、大鳥圭介など、すぐれた人物がでて、医学にとどまらず、あらゆる分野で活躍した。また、種痘の普及にもつとめ、迷信をやぶり、西洋医学の基礎をきずいた。

*尾形光琳（おがたこうりん）(1658−1716)

江戸中期の画家、工芸家。陶工尾形乾山の兄。裕福な呉服商の家に育ったが、父の死後、大名への金貸しの失敗などから生活がゆきづまり、画家を志した。はじめは狩野派の絵を学び、のちには俵屋宗達のえいきょうを強くうけて、豪華で装飾的な作風を身につけ、元禄文化を代表する画家となった。代表作に、『紅白梅図屏風』『燕子花（かきつばた）図屏風』などがあり、陶器の絵付けや、漆器の蒔絵（まきえ）などにも、すぐれた仕事を残している。

岡田三郎助 (1869−1939)

　明治・大正・昭和期の洋画家。佐賀県の生まれ。はじめ、曾山幸彦に師事し、のち、黒田清輝、久米桂一郎と交わってえいきょうをうけた。1896 年、白馬会の創設に参加し、東京美術学校の助教授となった。また、フランスに留学して外光派のラファエル・コランに学び、帰国後は同校の教授となった。明るい繊細な作風で、日本画と油絵の統一をめざした。代表作に『某夫人像』『読書』などがある。1937 年、第 1 回文化勲章を受章。

岡田武松 (1874−1956)

　明治・大正・昭和期の気象学者。東京帝国大学卒業後、中央気象台に入って 1904 年には予報課長となった。1920 年、神戸に海洋気象台を設置して初代台長となり、1923 年から 18 年間は、中央気象台長をつとめた。その間、富士山頂をはじめ各地の山に山頂観測所をもうけ、気象技術官養成所をつくるなど、日本の気象事業の拡大に力をつくした。著書も多く『梅雨論』『日本の気候』などがある。1949 年、文化勲章をうけた。

岡本綺堂 (1872−1939)

　明治・大正・昭和期の劇作家、小説家。東京に生まれる。新聞記者をつとめるかたわら、戯曲を書いた。史劇は、その時代の空気を表すとともに現在の思想を説くものだと考え、それを反映した『修禅寺物語』は歌舞伎座で好評を博した。以後、記者をやめて作家に専念し、市川左団次と提携して新歌舞伎運動の代表的な劇作家となった。1937 年、劇界最初の芸術院会員にえらばれた。随筆や小説も書き『半七捕物帳』は有名である。

岡本太郎 (1911−1996)

　画家、彫刻家。父は漫画家岡本一平、母は作家岡本かの子。1929 年に両親とともにヨーロッパに渡り、パリで 11 年間過ごす。ピカソの影響を受け、抽象美術・シュルレアリスム運動に直接かかわる。第 2 次世界大戦後は、前衛美術の推進者として、絵画・彫刻などを制作するかたわら、縄文時代の美術を再評価するなど、文筆活動も精力的に行う。代表作は、1970 年大阪万博のシンボル『太陽の塔』、壁画『明日の神話』他。

小川芋銭(おがわうせん) (1868—1938)

明治・大正・昭和期の日本画家。東京に生まれ、彰技堂で洋画を学んだ。1888年から『朝野新聞』『平民新聞』『読売新聞』などの時事漫画をかいたが、1906年ごろ漫画から日本画へかわった。河童を得意とし、飄々とした幻想的な独特の画風で、新しい南画の世界をつくった。1915年、平福百穂、森田恒友らの珊瑚会に入り、1917年には認められて日本美術院の同人となった。生涯、農村風景を愛した。代表作に『樹下石人談(ひゃくすい)』など。

小川未明(おがわみめい) (1882—1961)

明治・大正・昭和期の小説家、童話作家。早稲田大学で坪内逍遙に学んだ。処女作『紅雲郷』が逍遙に認められ、新浪漫主義作家として世にでた。1906年、島村抱月のすすめで竹久夢二と『少年文庫』を編集、児童文学への第一歩をふんだ。また、大杉栄と交わって社会主義運動に参加した。1918年の『赤い鳥』創刊以後、すぐれた童話を数多く書き近代童話文学の先駆者となる。代表作に『赤い蝋燭(ろうそく)と人魚』などがある。

荻生徂徠(おぎゅうそらい) (1666—1728)

江戸中期の儒学者。13歳のとき、将軍の侍医をしていた父が処罰をうけて、ともに上総国(千葉県)に移った。1696年に柳沢吉保につかえて学識を認められ、政治の顧問としても活躍。吉保の失脚後は日本橋茅場町に住み蘐園(けんえん)と号した。朱子学を批判し、孔子が継承しようとした周以前の古代こそが研究対象であるとして古文辞学を提唱、のちの国学、実証学に影響をあたえた。門下に太宰春台などすぐれた学者がでた。主著『政談』。

荻原守衛(おぎわらもりえ) (1879—1910)

明治期の彫刻家。長野県生まれ。日本の近代彫刻の創始者。号は碌山(ろくざん)。はじめ画家を志したが、ヨーロッパに留学中、ロダンの『考える人』を見て衝撃をうけ、彫刻家をめざした。ふたたび渡仏、パリのアカデミー・ジュリアンで学び、ロダンにも会い、美は永遠の生命の表現であるとさとった。友人の妻をモデルにした最後の作品『女』は、絶望的な恋をこえ、愛こそ芸術であるという思想がひしひしと感じられる、最高傑作である。

小栗忠順（おぐりただまさ）（1827−1868）

江戸末期の幕臣。上野介。1859年、目付となり、翌年、日米修好通商条約批准書の交換のため、外国奉行新見正興らにしたがってアメリカに渡った。このとき、勝海舟がひきいる軍艦咸臨丸が随行している。帰国後、外国奉行、軍艦奉行を歴任。フランスとむすんで、幕府の洋式軍隊をつくり、財政のたてなおしをはかるなど、徳川慶喜の幕政改革に重要な役割をになった。薩摩、長州と戦い、維新後は官軍に捕えられて殺された。

* 尾崎紅葉（おざきこうよう）（1867−1903）

明治期の小説家。江戸の生まれ。1885年、東京大学予備門の学生仲間の山田美妙、巌谷小波らと文学結社の硯友社をつくり、『我楽多文庫』を創刊した。1889年に発表した『二人比丘尼色懺悔』で認められ、のちに読売新聞に入社してつぎつぎと話題作を書いた。貫一お宮で知られる『金色夜叉』は爆発的な人気をよび、今日までひろく親しまれている。文体は、はなし言葉を文字にする言文一致体をこころみて「である」調をもちいた。

尾崎士郎（おざきしろう）（1898−1964）

大正・昭和期の小説家。愛知県に生まれる。早稲田大学を中退後、時事新報の懸賞小説に『獄中より』が入選して小説家の道へ入った。人間の心の迷いを主題にした『鶺鴒の巣』『河鹿』などを発表したのち、1933年から、強きをくじき弱きを助け義理人情に厚い青成瓢吉を主人公にした長編『人生劇場』を書きはじめ、いちやく人気作家となった。『石田三成』『天皇機関説』『大逆事件』など、歴史に取材した力作を残している。

尾崎秀実（おざきほつみ）（1901−1944）

昭和期のジャーナリスト、評論家。東京帝国大学卒業後、朝日新聞社に入り、上海支局に3年間勤務、この間にドイツ人ゾルゲと知り合った。帰国後は中国問題の権威として文筆活動をおこなう。やがてゾルゲに再会して、情報活動に協力する一方、近衛内閣の中国政策に関与した。しかし、1941年にスパイとして検挙され、ゾルゲとともに処刑。獄中から妻にあてた書簡集『愛情はふる星のごとく』はベストセラーとなった。

*尾崎行雄（おざきゆきお）(1858−1954)

明治・大正・昭和期の政党政治家。号は咢堂（がくどう）。雑誌編集者や新聞の論説委員を経て、立憲改進党創立にくわわる。大同団結運動のときに保安条例で東京を追放され、ヨーロッパを視察。大正期の憲政擁護運動で活躍し、憲政の神さまとよばれた。普通選挙の実現にも力をつくして、戦時中は軍部を批判した。1890年から1952年まで連続で衆議院議員をつとめ、死後、功績をたたえて尾崎記念館が建てられた。

*小山内薫（おさないかおる）(1881−1928)

明治・大正期の劇作家、演出家、小説家。広島県の生まれ。学生時代から演劇に興味をもち、1909年に2世市川左団次と自由劇場を創設。イプセン、ゴーリキー、チェーホフらの作品を上演して新劇運動をはじめた。1920年には松竹キネマに入り、映画も手がけた。1924年土方与志（ひじかた）らと日本で最初の常設劇場である築地小劇場をつくり、実験的な演劇活動を行ないながら俳優の育成につとめ、新劇を確立して演劇界に大きな業績を残した。

大仏次郎（おさらぎじろう）(1897−1973)

大正・昭和期の小説家。横浜市に生まれる。東京帝国大学法学部を卒業。外務省につとめながら翻訳をしていたが、1924年に書き始めた『鞍馬天狗』の連作で認められ、作家生活に入った。時代物はほかに『赤穂浪士』などがあり、現代物では『帰郷』『宗方姉妹』などが代表作。知性的で清新、自由な作風は多くの読者をひきつけ、大衆文学の芸術性をたかめるのに貢献した。晩年は『パリ燃ゆ』絶筆『天皇の世紀』などの史伝を手がけた。

*織田信長（おだのぶなが）(1534−1582)

戦国・安土桃山期の武将。尾張国（愛知県）の生まれ。1560年に桶狭間で今川義元を破り、1568年には足利義昭を将軍にたてて上洛。しかし1573年に義昭を追放し、これにより室町幕府は滅んだ。1575年の長篠の戦いで、はじめて本格的な鉄砲隊を編成、比叡山の焼き打ち、キリスト教の保護、楽市楽座をおこなうなど、古い世界を破る合理的な考えをもっていた。天下統一を目前にして明智光秀の謀反（むほん）により自殺「本能寺の変」。

落合直文(おちあいなおぶみ)(1861－1903)

明治期の国文学者、歌人。陸前国(宮城県)に生まれる。国学者落合直亮の養子。東京帝国大学で国文学を学んだ。1889年、国語伝習所創立に参加。翌年、萩野由之らと『日本文学全書』を刊行し、古典の普及に力をつくした。国文学の研究で知られるとともに、みずから歌もよくよみ、短歌の革新をめざして浅香社を結成。門下に与謝野鉄幹らがいる。温雅な歌風で、長編叙事詩『孝女白菊の歌』は多くの人に愛唱された。号は萩之家。

尾上菊五郎(おのえきくごろう)(1844－1903)(5代目)

明治期の歌舞伎役者。12代市村羽左衛門の子、1868年に菊五郎を襲名。河竹黙阿弥と組んで、庶民の生活を反映した世話物に傑出し、粋で写実的な芸風で人気をさらった。9代市川団十郎とならんで、団菊時代とよばれる明治の歌舞伎の黄金時代をつくった。当り役は『勘平』『髪結新三』など。長男の6代目菊五郎は中村吉右衛門とならぶ名優として活躍、昭和の歌舞伎界の第一人者となった。死後、文化勲章を受章。

尾上柴舟(おのえさいしゅう)(1876－1957)

明治・大正・昭和期の歌人、書家。岡山県の生まれ。東京帝国大学国文科を卒業。落合直文の浅香社に入り、歌を学んだ。金子薫園とともに『叙景詩』を出版し、与謝野晶子らの明星派に対抗した。1905年に車前草社を結成して短歌に自然主義をとりいれようと努力した。門下に若山牧水らがいる。また、書家としてもすぐれ、1923年『平安時代の草仮名の研究』で学位をとり、文学博士となった。今日の仮名書道の基礎を確立。

小野妹子(おののいもこ)(生没年不明)

飛鳥時代の第1回遣隋使。607年、聖徳太子の命により隋につかわされた。『隋書東夷伝』によれば、このとき妹子が隋の煬帝にたてまつった国書は「日出る処の天子、書を日没する処の天子に致す」ではじまり、煬帝を怒らせた。しかし、国交は開かれ、妹子は隋の裴世清(はいせいせい)をともなって帰国。裴世清が隋に帰るのに際し、留学生高向玄理(たかむこのくろまろ)、南淵請安、僧旻(そうみん)らをつれてふたたび隋にわたった。このときの留学生は、帰国後政界で活躍した。

小野小町（生没年不明）

平安前期の女流歌人。仁明天皇の宮廷につかえていた侍女と思われる。『古今和歌集』に18首おさめられている。撰者紀貫之は、その序の中に6人の歌人（六歌仙）をあげたが、そのうちただひとりの女性が小町である。絶世の美人とされ、クレオパトラ、楊貴妃とともに世界的な美女に数えられている。さまざまな伝説が生まれたが、事実とはいいがたい。歌集『小町集』も、小町の死後、伝説にもとづいて作られた歌物語。

＊小野道風（894－966）

平安中期の書家。小野妹子の子孫で、小野篁の孫。中級の役人であったが、書にすぐれ、醍醐、朱雀、村上天皇の3代につかえた。幼いころから能筆で知られ、天皇や貴族に書を依頼され、勅書や詩文、典籍に名筆をふるって書家として活躍した。和様書道の創始者として日本書道史上もっとも重要な人物である。漢字では『屏風土代』が道風の作の基準とされ、仮名では『秋萩帖』が真筆と思われる。三蹟のひとりに数えられている。

小野蘭山（1729－1810）

江戸後期の本草学者。京都の生まれ。松岡恕庵に本草学を学び、恕庵の死後は独学で研究をつづけた。その後、江戸にでて、医学館で本草学を教え、幕府の命令で各地をまわって薬草を採集し、報告書を提出した。1802年に刊行した『本草綱目啓蒙』48巻は、明（中国）の『本草綱目』をもとに、日本産の動・植・鉱物を解説したもので、日本の本草学の集大成である。来日したシーボルトから「東洋のリンネ」といわれた。

折口信夫（1887－1953）

大正・昭和期の国文学者、民俗学者、歌人、詩人、小説家。大阪に生まれる。歌人としては釈迢空と名のった。国学院大学在学中から、早くも根岸短歌会に出席。以後アララギ派に属したが、のちに疎遠となる。『万葉集』の研究にはげみ、民俗学にも興味をもち、柳田国男の『郷土研究』に投稿して認められた。とくに古代信仰に焦点をあて、沖縄の研究に力をそそいだ。小説『死者の書』は信夫のあらゆる分野を結集した小説といえる。

快　慶（生没年不明）

鎌倉前期の仏師。運慶の父康慶の弟子と思われる。運慶とともに活躍したが、運慶が男性的で力強い像を作ったのに対し、快慶は優美で眉目秀麗な面相の像をつくった。制作した仏像に署名することが多かったことから、遺作を数多く伝えている。東大寺の復興に活躍した南無阿弥陀仏重源に帰依し、安阿弥陀仏と号したので快慶の作風を安阿弥様ともいう。代表作にボストン美術館蔵の『弥勒菩薩』、東大寺の『僧形八幡神像』など。

*貝原益軒（1630—1714）

江戸期の儒学者。筑前国（福岡県）の生まれ。はじめ損軒と号したが、晩年益軒とあらためた。1648年、藩主黒田忠之につかえたが、翌年、藩主の怒りをかって浪人、1655年に新しい藩主黒田光之につかえて藩命で京都に遊学。このとき山崎闇斎や木下順庵などと親交を深めた。朱子学に従いながら陽明学にも興味をもち、晩年の『大疑録』では朱子学を批判。『大和本草』や『益軒十訓』などをあらわし、広い分野に業績をのこした。

海北友松（1533—1615）

安土桃山期の画家。父は浅井長政の重臣海北綱親。1573年の浅井家滅亡のときには、友松は東福寺にあずけられていたため生きのびた。海北家の再興をはかったが果たされず、60歳代で本格的に絵をこころざした。狩野派を学んだが、さらに独学で中国の水墨画を研究して、すぐれた障屏画をのこした。武士の激しい気概と、この時代のおおらかさを融合した画風で、画派をつくらず、子の友雪が継承した。作品は建仁寺の襖絵など。

海保青陵（1755—1817）

江戸中期の学者。丹後国（京都府）宮津藩の家老の子。江戸の生まれ。10歳から23歳まで徂徠の学派の宇佐美灊水に師事、一時、蘭学者桂川甫周の家に住んだ。このため、徂徠の影響をうけ、蘭学の合理主義を身につけた。弟に家督をゆずると祖父の海保姓をついで諸国を巡歴。徂徠の復古主義とちがい徹底した重商主義をとなえ、理は利であり、商売こそ社会の根本原理であると考えた。『稽古談』など多くの著書がある。

加賀千代(かがのちよ)（1703−1775）

　江戸中期の女流俳人。千代女ともいう。加賀国（石川県）松任に、表具師の娘として生まれる。幼いころから俳句にしたしみ、17歳のときに各務支考(かがみ)に師事した。結婚については不明な点が多い。『朝顔に釣瓶とられて貰ひ水』の一句で、いちやく有名になった。通俗的な俳風が大衆にうけて、生前『千代尼句集』『松の声』が刊行された。51歳で出家して千代尼とよばれた。頭はよかったが、風雅の説明におちいる傾向があった。

香川景樹(かがわかげき)（1768−1843）

　江戸後期の歌人。桂園派の祖。因幡国（鳥取県）の生まれ。幼いころから和歌にしたしみ、京にでて香川景柄(かげとも)、小沢蘆庵(ろあん)に師事した。『古今和歌集』を手本とし、自然な感情を流麗なしらべでよむべきだと説き、賀茂真淵、本居宣長らの復古主義の国学派と対抗して、桂園派をおこした。京の宮廷にうけいれられ、京都歌壇の中心となった。門人1000人を越え、その歌風は明治に至るまで多くの歌人に影響をあたえた。歌集『桂園一枝』。

賀川豊彦(かがわとよひこ)（1888−1960）

　大正・昭和期のキリスト教社会運動家。兵庫県に生まれ、中学時代に洗礼をうけた。神戸神学校にすすみ、神戸の貧民街で伝道をおこなった。アメリカ留学をへて、ふたたび貧民街で布教。やがて鈴木文治らの友愛会に入って労働運動でも活躍した。さらに農民運動や協同組合運動に力をそそぎ、兄弟愛による理想の社会をめざした。戦時中、弾圧をうけて投獄されたが、戦後は日本社会党の結成に努力した。20世紀の聖者といわれる。

*柿本人麻呂(かきのもとのひとまろ)（生没年不明）

　7世紀後半の宮廷歌人。持統・文武天皇につかえた。人麻呂の生涯を知ることのできる史料はなく、わずかに『万葉集』が手がかりとなるだけである。しかし『万葉集』のなかの最高の歌人であり、日本史上でも屈指の歌人である。皇族の死をいたんだ歌や皇室を権威づける歌をよくよんだが、妻との別れをかなしむ歌など、個人の感情を表現した情熱的な歌が多く、自由で雄大な歌風である。和歌の祖と仰がれた。

景山英子（かげやまひでこ）(1865－1927)

明治期の婦人解放運動家。備前国（岡山県）に生まれる。1882年、岡山で岸田俊子の演説をきいて、婦人解放をこころざした。翌年、母とともに、私塾蒸紅学舎（じょうこう）をはじめたが、集会条例によって閉鎖された。1884年に家出して上京、大井憲太郎らの大阪事件にかかわって投獄。また、夫の福田友作と死別し、以後、婦人の経済的独立をめざして運動した。『世界婦人』を創刊、平民社にも出入りして、足尾鉱毒事件では農民とともにたたかった。

梶原景時（かじわらかげとき）(？－1200)

鎌倉初期の武将。1180年、石橋山の戦いで敵の源頼朝を救い、のち家臣となった。武名高く、和歌にもすぐれ、頼朝の信任をうけて要職についた。源義経と対立し、1185年、頼朝に中傷して失脚させた。1192年には結城朝光を失脚させようとしたが、御家人一同に訴えられて追放される。ただし、源頼家を討つという陰謀を報告しようとして失敗したとする史料もある。景時悪人説は、源氏をたおした北条氏がつくりあげたともいわれる。

春日局（かすがのつぼね）(1579－1643)

江戸前期の大奥の女中。3代将軍徳川家光の乳母。稲葉正成に嫁ぎ、3人の子があったが、1604年、家光の誕生にあたり、正成と別れて乳母となった。家光の父母は、弟の家長をかわいがったので、春日局は駿府にむかい、家康に訴えて家光の将軍継嗣に力をつくした。このため家光に信頼されて、大奥の中心人物として権勢をほこった。京にのぼり、無位無冠で異例の参内をとげ、後水尾天皇から春日局という名をおくられた。

和宮（かずのみや）(1846－1877)

江戸末期の皇女。孝明天皇の妹。6歳のとき、有栖川宮熾仁親王（たるひと）と婚約したが、当時の朝廷と幕府の関係をよくするため、将軍徳川家茂（いえもち）との結婚が計画された。1860年、幕府は、攘夷を実行するという約束で天皇を承認させ、1862年に公武合体のための家茂（いえもち）との結婚が成立した。しかし、かえって尊王攘夷派の志士たちの怒りをかった。家茂（いえもち）と仲よくくらしたが4年後に死別、出家して江戸に残り、維新のときは徳川家存続に力をつくした。

荷田春満（かだのあずままろ）（1669－1736）

江戸中期の国学者。京都伏見稲荷の神官の子。契沖を尊敬し、古典に通じていた。はじめ霊元天皇の皇子につかえたが、1700年に江戸にでて『万葉集』などを門人に教えた。徹底した道徳観をもち、1702年の赤穂浪士の討ち入りにも協力した。しかし『万葉集』『伊勢物語』も、その道徳観で解釈したことに春満の限界があった。復古神道をとなえて、古典研究の基礎をきずく。弟子に賀茂真淵らがいる。

片山潜（かたやません）（1859－1933）

明治・大正・昭和期の社会運動家。美作国（みまさか）（岡山県）の農家に生まれ、アメリカに留学して苦学した。帰国後は労働運動にくわわり『労働世界』を主宰した。1901年に社会民主党、1906年には日本社会党の結成に参加して議会政策を主張、革命をおこそうとする幸徳秋水と対立。大逆事件後、アメリカ亡命中にロシア革命のえいきょうで共産主義者となった。のちソ連でコミンテルン執行委員として日本共産党を指導。モスクワで死去した。

片山哲（かたやまてつ）（1887－1978）

大正・昭和期の政治家。和歌山県の生まれ。母が熱心なクリスチャンだったことから、キリスト教社会主義者の安部磯雄を尊敬し、行動をともにした。東京帝国大学卒業後、いちじ弁護士を開業、労働運動に参加した。社会大衆党を結成するが、1940年に日中戦争を批判した斎藤隆夫の除名に反対して離党。戦後は日本社会党を結成して社会党首班の連立内閣を組閣した。共産主義には反対し、社会民主主義右派の立場をとりつづけた。

*勝海舟（かつかいしゅう）（1823－1899）

江戸末・明治期の政治家。江戸本所の下級旗本勝小吉の子。蘭学を学んで幕府に用いられ、長崎に海軍伝習生として派遣された。1860年、咸臨丸を指揮し、日本ではじめて太平洋を横断。帰国後、幕府の海軍操練所をつくり、身分の別なく広く人材をあつめて育成した。しかし操練所は幕府に誤解され閉鎖。その後は、列藩会議による共和政治をめざして幕府の主流派と対立した。維新には西郷隆盛と会い、江戸無血開城をなしとげた。

* 葛飾北斎 (1760-1849)
　江戸後期の浮世絵師。江戸の生まれ。勝川春章の門に入り、のち狩野派、琳派、土佐派、司馬江漢の銅版画などあらゆる画法を修業した。さし絵や役者絵も書いたが風景画を手がけ、1832年に『冨嶽三十六景』を発表。それまで背景にすぎなかった風景を独立させ、浮世絵の一分野として大成。強烈な個性と知的な画風で89歳まで筆をとりつづけ、みずから画狂人と称した。フランス印象派にも大きなえいきょうをあたえた。

桂太郎 (1847-1913)
　明治期の政治家、軍人。長州藩の出身。1870年、ドイツに留学して軍制を学んだ。帰国後、山県有朋のもとでドイツ式陸軍をつくることにつとめ、1898年以降、陸相を歴任した。1901年、首相となり、日露戦争開戦にみちびいた。以後、西園寺公望と交替で3度、内閣を組織した。2度目のときに韓国を日本に併合、社会主義者にきびしい弾圧を加え、3度目のときには憲政擁護運動がおこって50日で辞職に追いこまれ、同年に死亡した。

加藤景正 (生没年不明)
　鎌倉時代の陶工。通称藤四郎。瀬戸焼きをはじめた人。その生涯についてはほとんどわかっていない。禅僧道元とともに宋にわたって陶法を学んで帰り、瀬戸にかまをきずいて宋風の陶器をつくったといわれている。景正の作を古瀬戸という。代々子孫が景正の名をついで、12代加藤四郎左衛門景正までを藤四郎という。茶入れで藤四郎とよぶときは、2代基道の作の真中古のことをいうとされている。

* 加藤清正 (1562-1611)
　安土桃山期の武将。尾張国（愛知県）の生まれ。幼名は虎之助。豊臣秀吉につかえ、多くの合戦に参加して武功をたてた。1583年の賤ヶ岳の戦いでは、七本槍のひとりとして活躍。1588年には小西行長と肥後国（熊本県）を2分し、熊本城にはいった。朝鮮出兵でも武名をあげたが、秀吉の死後、小西行長、石田三成と対立、関ヶ原の戦いでは徳川家康側で戦った。そののち家康につかえたが秀吉の旧恩は忘れず、遺児秀頼をよく守った。

加藤高明(かとうたかあき)（1860－1926）

　明治・大正期の外交官、政治家。三菱財閥の岩崎弥太郎の長女と結婚、財界をバックにしながら1888年に外務省に入った。駐英公使をへて伊藤博文内閣の外務大臣となり、日英同盟に力をつくした。その後、外相を3度つとめ、大隈内閣のときに対華21か条要求によって中国への権益拡大をはかった。1916年に憲政会を組織して総裁となり、1924年、1925年に組閣、普通選挙法を実現するいっぽう治安維持法を制定した。

加藤千蔭(かとうちかげ)（1735－1808）

　江戸後期の歌人、国学者。江戸の生まれ。橘千蔭ともいう。江戸町奉行与力だったが、寛政の改革がはじまると退職した。賀茂真淵に学び、古典を研究。村田春海らの協力により、注釈書『万葉集略解』を完成、入門書として広くよまれた。また、和歌にもすぐれ、春海とともに江戸派の中心となり、むしろ真淵がきらった新古今調に近い繊細で温雅な歌をよんだ。仮名にすぐれた書家としても知られ、千蔭流といわれた。

加藤友三郎(かとうともさぶろう)（1861－1923）

　明治・大正期の軍人、政治家。広島県の生まれ。海軍兵学校を卒業。日清、日露戦争に従軍後、海軍次官をへて海軍大臣を4度つとめ、1921年のワシントン会議では首席全権として海軍軍縮条約に調印した。1922年に内閣を組織、シベリアからの撤兵や軍備縮小など思いきった政策をとるいっぽう、農民や労働者に対する弾圧法の制定を考えた。しかし、その弾圧法は全国的な反対運動にあって果たせず、首相在任中にガンで死去。

加藤弘之(かとうひろゆき)（1836－1916）

　明治期の思想家、学者。但馬国（兵庫県）の藩士の家に生まれ、江戸にでて佐久間象山に西洋兵学、蘭学を学んだ。維新後は明治政府につかえ、人は生まれながらにして自由平等であるという天賦人権説をとなえた。自由民権運動の思想的指導者となり、明六社にも加わり、西洋の思想を多くの著書で紹介した。とくに日本ではじめて立憲制を紹介した功績は大きい。しかし、のちに考えをかえて『人権新説』で天賦人権説をひはんした。

仮名垣魯文（かながきろぶん）（1829－1894）

江戸末・明治期の戯作者。江戸京橋に生まれる。本名は野崎文蔵。生家の商売がかたむき、丁稚奉公をしながら戯作者花笠文京の門で学んだ。出世作は『滑稽富士詣』。維新後、文明開化の風俗や世相をおもしろおかしく書いた『安愚楽鍋』『西洋道中膝栗毛』を発表、時代の動きをするどくとらえ、即興でこっけいに書くことによって人気作家となった。1875年には『仮名読新聞』を発行、ジャーナリストとしても活躍した。

金子堅太郎（かねこけんたろう）（1853－1942）

明治期の政治家。福岡藩士の子。1871年、藩主にしたがってアメリカに留学し、ハーバード大学法科を卒業。1880年、書記官として元老院に入り、1885年には伊藤博文首相の秘書官となった。井上毅、伊東巳代治らと大日本帝国憲法の調査、起草にあたり、以後、伊藤の直系の政治家として活躍。日露戦争のときには、大統領と親しかったのでアメリカにわたり、世論をやわらげるため工作した。1906年、枢密顧問官となり死ぬまで在職。

金子光晴（かねこみつはる）（1895－1975）

大正・昭和期の詩人。愛知県の生まれ。早稲田大学、東京美術学校、慶応義塾大学をいずれも中退、1919年にヨーロッパへ渡ってフランス象徴詩のえいきょうを受け、帰国後、詩集『こがね虫』を発表した。関東大震災後、東南アジアを放浪して、非人間的な植民地政策に怒りをもやし、そののちは日本の軍国主義に抵抗する反戦詩を書きつづけた。戦後は詩集『人間の悲劇』のほか自伝、エッセーなども著作、抵抗精神をつらぬいた。

懐良親王（かねながしんのう）（？－1383）

後醍醐天皇の皇子。朝廷が南北朝に分かれてあらそっていたとき、南朝側の皇子として戦った。1336年、南朝の征西大将軍に任命され、瀬戸内海から四国をへて、九州にわたった。肥後国（熊本県）の国守菊池氏や宮司の阿蘇氏を味方にひきいれ、九州で南朝方の勢力をかためた。しかし、足利氏が派遣した九州探題今川了俊に攻略されると、親王の勢力はおとろえた。やがて筑後国（福岡県）矢部の奥地にこもり、この地で没した。

*狩野永徳(かのうえいとく) (1543－1590)

安土桃山期の画家。狩野松栄の子で狩野元信の孫。幼いころから祖父元信に絵のおしえをうけ、才能を発揮した。すでに20歳のころに『洛中洛外図屏風』をかいている。1566年、松栄と共同で聚光院の襖絵を制作。そのなかの『山水花鳥図』は大画面構成の新しい画風をうみだした。織田信長、豊臣秀吉につかえ、安土城、聚楽第などに数多くの大作をえがいた。金箔をはった豪華で勇壮な作風は、狩野派の全盛をもたらした。

狩野山楽(かのうさんらく) (1559－1635)

安土桃山・江戸初期の画家。父は浅井長政の家臣。浅井家滅亡後、豊臣秀吉につかえ、画才を認められて狩野永徳の弟子になった。1588年、東福寺の雲竜図を永徳のかわりにえがきあげ、永徳の死後は狩野一門の中心となって活躍。秀吉のもとで大作をえがき、永徳の画風にさらに高い装飾性をくわえた障屏画をかいた。秀吉の死後、徳川家康につかえて京に住み、以後、京狩野としてつづいた。代表作に大覚寺襖絵『牡丹図』など。

*嘉納治五郎(かのうじごろう) (1860－1938)

明治期の教育家。講道館柔道の創始者。摂津(兵庫県)の生まれ。上京して開成学校に入り、柔術もならった。卒業後、下谷永昌寺で講道館柔道をひらき、術から道へと近代柔道の基礎をきずいた。東京高等師範学校の校長を26年間つとめ、体育をおもくみて、体育科を設けた。1911年には日本体育協会を創立、翌年、選手をつれてはじめてオリンピックに参加した。また、日本初のオリンピック委員となり、スポーツの振興に力をつくした。

*狩野探幽(かのうたんゆう) (1602－1674)

江戸初期の画家。狩野永徳の孫。幼いころから画才を発揮し、1617年に元服して幕府の御用絵師となった。探幽が狩野派で主導権をにぎったのは、25歳のころの、二条城の障屏画制作のときである。金碧画と水墨画の分野で、江戸様式の典型ともいえる画風を確立。ぼう大な数の障屏画を手がけ、鑑識家として写生した古画のスケッチも数多くのこしている。狩野派中興の祖。龍や虎をとくいとした。代表作『竹林群虎図』。

狩野芳崖(かのうほうがい) (1828−1888)

明治前期の日本画家。父は長府藩(山口県)の御用絵師。19歳のときに上京して狩野雅信の勝川院画塾で学び、橋本雅邦と画才をきそった。幕末の動乱でいちじ長州にもどったが維新後ふたたび上京。1884年の絵画共進会に出品した『桜下勇駒図』がフェノロサに認められ、ようやく世に出た。岡倉天心のえいきょうをうけ、狩野派の伝統に洋画の技法をとりいれて日本画の近代化をはかった。代表作に『悲母観音像』など。

狩野元信(かのうもとのぶ) (1476−1559)

室町後期の画家。正信の子。正信のあとをうけて狩野派の発展のきそをきずいた。水墨画の和様化をおしすすめ、一部に彩色をほどこし、題材もひろくしたしまれる花や鳥を多くえらび、近代日本画の出発に大きなえいきょうをあたえた。画面も大構成で、スケールの大きい障屛画を手がけ、武将や皇族、寺院など多くの支持を得て、時代に即応する絵を多数の絵師集団を統率して制作した。代表作に妙心寺『花鳥図』。

鏑木清方(かぶらぎきよかた) (1878−1972)

明治・大正・昭和期の日本画家。東京の生まれ。父は、人情本を書き、さらに東京日日新聞を創刊した条野採菊。13歳で浮世絵師水野年方に入門し、2年後に清方の号をもらった。翌年から父の新聞にさし絵をかきながら、本格的な日本画もえがいた。1901年、さし絵画家のグループで「烏合会」を結成して『一葉女史の墓』を発表、名を高めた。その後、文展、帝展で活躍、近代美人画の傑作を数多くのこした。

神近市子(かみちかいちこ) (1888−1981)

大正・昭和期の女性解放運動家。長崎県に生まれる。津田英学塾に在学中、青鞜社にくわわった。東京日日新聞の記者となり、女性解放論をとなえた。1916年、愛情のもつれから大杉栄を葉山日影茶屋で刺し、服役した。この事件は世間をおどろかせ、のち映画も制作されたがプライバシーの侵害で訴え、裁判となった。出獄後は著述をつづけ、戦後、民主婦人協会を設立。代議士を4期つとめ、売春防止法の成立に力をつくした。

亀井勝一郎（かめいかついちろう）（1907−1966）

明治期の評論家。函館に生まれる。東京帝国大学に在学中から「新人会」に入って社会運動に身を投じ、1928年に検挙、投獄された。出獄後、日本プロレタリア作家同盟にくわわって評論家として活躍。やがて左翼思想をすてて文学の世界へ進み、日本の古典および日本人の精神史などを深く見つめるようになった。文学評論、人生論、宗教論などでも人びとに親しまれ、名著に『大和古寺風物誌』がある。

蒲生君平（がもうくんぺい）（1768−1813）

江戸後期の尊王論者。下野国（栃木県）の商家に生まれる。儒学、水戸学を学び、藤田幽谷、林子平としたしかった。天皇を尊敬する心があつく、当時、天皇陵が荒れはてていたのをなげき、調査をおこなった。1808年に『山陵志』が完成。この書は、尊王論の先がけとなるもので、幕末に大きなえいきょうをあたえた。また、国防の必要をうったえて『不恤緯（ふじゅつい）』を書いた。林子平、高山彦九郎とならんで寛政の三奇人といわれた。

鴨長明（かものちょうめい）（1155？−1216）

鎌倉前期の歌人。下賀茂神社の神主の下の位の禰宜（ねぎ）の家に生まれる。歌にすぐれていたので後鳥羽上皇の『新古今和歌集』の編さんに寄人（よりうど）としてえらばれて参加した。父の死後、禰宜となることを望んだが果たせず、挫折して出家。その後、鎌倉に下ったが、天変地異と貴族の没落を目にして、その体験から『方丈記』を書いた。京都の日野の山奥に一丈四方の庵をたてて住んでいたので『方丈記』と名づけた。ほかに『発心集』など。

＊賀茂真淵（かものまぶち）（1697−1769）

江戸中期の国学者、歌人。遠江国（静岡県）浜松の生まれ。京にでて荷田春満の門に入り、国学を学んだ。1738年、江戸にでて塾を開き、また、徳川吉宗の子の田安宗武に認められてつかえた。のち隠居して伊勢に旅行中に本居宣長が入門。『万葉集』を研究し、儒教や仏教にそまる以前の、本来の日本人の道を論じ、復古主義を主張した。歌人としては万葉調の歌を「ますらをぶり」と称してよくよんだ。主著に『万葉考』。

柄井川柳(からいせんりゅう) (1718−1790)

　江戸中期の川柳の点者(評価をする人)。江戸浅草に生まれる。当時たいへん流行した前句付の点者となり、江戸市民の句をあつめて 1757 年に『川柳評万句合』を刊行した。こっけいで生活感があり風刺のきいた前句付を、すぐれた感覚でえらび、名を高めた。この川柳点が、のちに付句として独立した川柳である。呉陵軒可有(ごりょうけんあるべし)の協力で『柳多留(やなぎだる)』を刊行すると、名声はいっそう高まり、川柳の祖といわれるようになった。

河合栄治郎(かわいえいじろう) (1891−1944)

　大正・昭和期の思想家、経済学者。東京の生まれ。東京帝国大学法科大学卒業。1920 年に母校の経済学部助教授にむかえられ、ヨーロッパに留学。社会哲学を学んで帰国後は教授となった。昭和初期のマルクス主義を批判し、ファシズムにも対抗した。大学新聞などで軍部を攻撃し、1938 年に『ファシズム批判』など 4 著が発売禁止となり、裁判で有罪になった。最後まで自由主義の立場をつらぬいたが、終戦を待たずに死亡。

川合玉堂(かわいぎょくどう) (1873−1957)

　明治・大正・昭和期の日本画家。愛知県に生まれる。京都で四条派の絵を学び、1896 年に上京して橋本雅邦に師事した。日本美術院の創立には横山大観らと力をつくし、つぎつぎと作品を発表した。狩野派の力強い骨組みで、詩情あふれるおだやかな風景画をえがき、独自の境地をひらいた。自然を愛し、晩年は奥多摩に定住(現在の玉堂美術館)、1940 年、文化勲章をうけた。代表作に『彩雨』『行く春』など。

河井酔茗(かわいすいめい) (1874−1965)

　明治・大正・昭和期の詩人。大阪の生まれ。少年期から詩をよくつくり、雑誌に投稿していた。雑誌『文庫』の主宰者に認められて上京し、詩の選者となった。以後 13 年間、選者として後進の育成にはげみ、文庫派とよばれる多くの詩人を世にだした。詩集『無弦弓』『塔影』では、七五調の浪漫主義の叙情的な詩をつくったが、のち、口語自由詩運動にくわわった。1937年に芸術院会員。詩人論や随想など著作が多い。

川上音二郎（かわかみおとじろう）(1864-1911)

　明治期の俳優、興行師。九州博多の生まれ。はじめ自由民権運動に加わった。1887年、歌舞伎俳優となり、翌年、浮世亭〇〇の名で、寄席で時代や政治を風刺した漫談をおこなった。やがて、民権運動をもりこんだオッペケペ節で人気を得て、以後は劇団をつくって俳優として活躍、1896年に新派専門の川上座を創設した。しかし俳優としてより、興行師として才能を発揮し、奇抜なアイデアで世間にうけた。妻は女優の川上貞奴。

*河上肇（かわかみはじめ）(1879-1946)

　明治・大正・昭和期のマルクス主義経済学者。山口県に生まれる。東京帝国大学法科大学卒業。1909年、京都帝国大学助教授となり、ヨーロッパに留学。帰国後、教授となった。マルクス主義を研究して、1919年に『社会問題研究』を発刊、マルクス主義の紹介につとめた。職を追われてから実践運動に入り1932年、日本共産党に入党、検挙された。1937年に出獄して、のち著作に専念。主著に『貧乏物語』『自叙伝』がある。

川上眉山（かわかみびざん）(1869-1908)

　明治期の小説家。大阪の生まれ。上京して大学予備門に入り、尾崎紅葉を知って硯友社に加わった。しかし、浪漫的な作風が紅葉らとことなり、しだいに硯友社をはなれて『文学界』の同人や樋口一葉に近づき、えいきょうをうけた。『うらおもて』『書記官』は、社会批判をふくめ、観念小説の代表作となり、名声を高めた。しかし、自然主義をとり入れようとしていきづまり、前途を悲観して自殺した。

*河口慧海（かわぐちえかい）(1866-1945)

　明治・大正・昭和期の仏教学者。日本で最初にチベットに入国した探検家。大阪の職人の家に生まれて『釈迦一代記』を読んで出家を決意。上京して哲学館で学び、仏門に入った。チベット語の経典を手に入れるため2度にわたってチベットに入り、チベット一切経など貴重な資料を日本にもたらした。チベットは他国人の入国をこばんでいたため、この快挙は世界的にも高く評価された。のち、大正大学教授となって研究をつづけた。

河竹黙阿弥（かわたけもくあみ）(1816－1893)

江戸末・明治期の歌舞伎作者。江戸日本橋の商家に生まれ、早くから狂歌、俗曲などを作って遊んでいるうちに劇界に入り、5世鶴屋南北に弟子入りして作者となった。はじめ、4世市川小団次のために『三人吉三廓初買（さんにんきちさくるわのはつがい）』など、町人社会の人情、風俗をえがいた世話物の名作を多く書いた。小団次の死後は、9世市川団十郎らのために活歴物とよばれる歴史劇なども手がけ、江戸歌舞伎を集大成した。作品は360余編をかぞえる。

川端玉章（かわばたぎょくしょう）(1842－1913)

明治・大正期の日本画家。京都の蒔絵師（まきえし）の子。円山派の中島来章に学び、江戸にでてからは高橋由一らとワーグマンに洋画を学んだ。円山派の手がたい写生画で認められ、東京美術学校の教授をつとめた。また、私塾を開き、1909年には小石川に川端画学校を創立して、円山派の写生画を教え、後進の指導にあたった。円山派の伝統に洋画をとりいれ、遠近をくっきりした濃彩を使ってより強く表現した。門人に平福百穂（ひゃくすい）らがいる。

*川端康成（かわばたやすなり）(1899－1972)

昭和期の小説家。大阪の生まれ。幼くして両親、姉、祖母を失い、16歳で祖父と死別して孤児となった。この孤児体験と23歳のときの失恋体験が川端文学の原点を形づくっている。東京帝国大学卒業。菊池寛に認められて『文芸春秋』の同人となり、横光利一と知りあい新感覚派の代表的な作家となった。日本の古典美と西欧の前衛的な手法を融合させて叙情的な作品を書き、ノーベル文学賞を受賞。代表作『雪国』『伊豆の踊子』など。

川端龍子（かわばたりゅうし）(1885－1966)

大正・昭和期の日本画家。和歌山県に生まれる。中学を卒業して上京、白馬会などで洋画を学んだ。1913年にアメリカに渡り、ボストン美術館で日本画を見て感動し、帰国後は日本画に転じて日本美術院同人となった。しかし、1928年に脱退、翌年「青龍社」を創立。それまでの床の間にかざるような日本画を批判し、大作による会場芸術を主張した。洋風描写をとりいれ、大胆な構図で雄大な作品をのこした。代表作『新樹の曲』など。

河東碧梧桐(かわひがしへきごとう)(1873−1937)

明治・大正・昭和期の俳人。愛媛県松山の生まれ。第二高等学校を中退後、正岡子規を知って入門した。高浜虚子とともに子規門下の双璧といわれるが、子規の死後、虚子とわかれて新しい俳句をめざした。五七五の定型をうちやぶり、季題も意識的に使わないで自然に表現する新傾向運動をはじめた。この俳句を自由律という。しかし虚子におされて門人もはなれ、還暦をむかえて引退した。句集のほかにも著作が多い。

*河村瑞賢(かわむらずいけん)(1618−1699)

江戸前期の商人。伊勢国(三重県)に生まれる。江戸に出て荷車引きなどをしたのち材木商となり、1657年の明暦の大火のとき材木を買い占め、巨利を得た。1670年、陸奥国信夫郡(福島県)の米を江戸まで航路で送るように幕府に命じられ、航路をくわしく調査して中継点をきめ、翌年、米を安く江戸に運んだ。これが城米を回送する東回り航路となった。のちに西回り航路も開発し、さらに治水事業でも手腕を発揮して旗本となった。

観阿弥(かんあみ)(1333−1384)

南北朝時代の能役者、能作者。観世流の祖。伊賀国(三重県)の生まれ。大和結崎にでて、大和猿楽4座のひとつとして活躍。田楽、猿楽など、これまでの諸芸能をあわせて、猿楽能という舞台芸能にしあげた。現在の能に通じるもので、音楽性と演劇性をもち、日本文化に演劇という分野を確立した。芸術的なものをめざしながら大衆にもうけ、名人とよばれた。作品に『自然居士(じねんこじ)』『卒都婆小町(そとば)』など。子の世阿弥が能を大成した。

*鑑真(がんじん)(688−763)

中国、唐の僧。日本律宗の開祖。当時、遣唐使にしたがって唐に渡った僧栄叡(えいえい)と普照(ふしょう)の訪問をうけ、来日して律宗を伝えるよう請われた。弟子をつれて渡来をこころみたが、暴風などのため5回も失敗し、その間に失明した。753年、ついに日本に渡り律宗を伝えた。東大寺に戒壇院をもうけ、聖武天皇、光明皇后らに授戒し、さらに759年、唐招提寺を建てた。758年に大和上。鑑真和上像は、現存するわが国最古の肖像である。

蒲原有明(かんばらありあけ) (1875−1952)

明治期の詩人。東京の生まれ。1898年、小説『大慈悲』が読売新聞の懸賞に当選して小説を書きはじめたが、詩に愛着があったため、詩人をこころざした。『帝国文学』『明星』などに詩を発表し、1902年に処女詩集『草わかば』をだした。はじめ島崎藤村らのえいきょうをうけたが、のち象徴詩をめざし、1905年に『春鳥集』を刊行。1907年の『有明集』は、近代象徴詩の代表となる名詩集である。晩年は翻訳に専念した。

*桓武天皇(かんむてんのう) (737−806)

第50代天皇。光仁天皇の皇子、母は渡来系氏族。光仁天皇の皇子にはほかに皇太子他戸(おさべ)親王がいたが、藤原百川の陰謀により、井上皇后とともに失脚。これによって773年に皇太子となった。百川が死ぬと、親政をおこなって新体制づくりにはげんだ。70年ものあいだ栄えてきた平城京をすて、新しい都平安京をつくり、794年に遷都。また、蝦夷征伐もさかんにおこなって軍事の強化をはかり、律令国家のたてなおしに力をつくした。

*菊池寛(きくちかん) (1888−1948)

大正・昭和期の小説家、劇作家。香川県高松に生まれる。京都帝国大学に入り、芥川龍之介らと第4次『新思潮』を発刊して『屋上の狂人』『父帰る』などの戯曲を発表した。しかし注目されず短編小説に転じて創作をつづけ、1918年に『忠直卿行状記』翌年『恩讐の彼方に』などを発表して流行作家となった。のち『真珠夫人』などの通俗小説も多く書き、1923年には文芸春秋社を設立して、ジャーナリズム界に大きな功績を残した。

菊池大麓(きくちだいろく) (1855−1917)

明治・大正期の数学者。蘭学者箕作秋坪(みつくりしゅうへい)の次男で、父の実家菊池氏をついだ。幼いころから洋学を学び、1866年に幕府の命令でイギリスに渡った。維新後ふたたび留学し、ケンブリッジ大学で数学を学び、1877年に帰国。東京帝国大学理学部教授、同学部長、同大学総長などを歴任し、数学の近代化に力をつくした。1901年には桂内閣の文相をつとめ、高等教育制度の改革をおこなった。『初等幾何学教科書』を著わし長く使われた。

岸田国士（1890−1954）

大正・昭和期の劇作家、小説家。東京四谷に軍人の子として生まれ、陸軍士官学校を卒業。しかし父の意にそむいて東京帝国大学にすすみ、フランス文学を学んだ。1919年、パリに渡り、演劇を研究。帰国後、戯曲『古い玩具』を書いて認められ、演劇界にでた。1932年に『劇作』を創刊、1937年には久保田万太郎らと文学座を結成した。すぐれた演劇理論家でもあり、新人の指導育成につとめた。文学座『どん底』演出中に没した。

岸田劉生（1891−1929）

明治・大正・昭和期の洋画家。東京の生まれ。父は岸田吟香。幼いころから絵に興味をもち、白馬会の黒田清輝に学んだ。第4回文展に明るい外光派の作品で入選。しかし、後期印象派の作品にえいきょうされ、さらに北欧ルネサンスのデューラーらの写実をめざして1915年に草土社を創立。のち、東洋の超自然的写実性にめざめ、浮世絵に注目した。娘の麗子をモデルにした連作は有名である。38歳の若さで死んだ。

岸信介（1896−1987）

昭和期の政治家。山口県の生まれ。佐藤栄作の兄。東京帝国大学を卒業して農商務省に入り、有能な革新官僚として知られた。1941年、東条内閣で商工相をつとめ、戦後は戦犯として服役し、1953年に政界に復帰。三木武吉らと自由党と日本民主党を合同させ、1957年には首相となった。日米安全保障条約を改正して、安保闘争がおこり、1960年岸内閣は総辞職においこまれた。合理的国家主義者で国家権力を確立して日本の発展をめざした。

北一輝（1883−1937）

大正・昭和期の国家主義者。佐渡に生まれる。佐渡新聞に論文などを投稿し、1904年に上京。1906年『国体論及び純正社会主義』を自費出版したが発売禁止となった。このころ平民社に近づいて中国革命同盟会にはいり、辛亥革命に参加。アジアの民族の団結をめざしてしだいにファシズムにかたむき『日本改造法案大綱』を発表。この大綱は青年将校にえいきょうをあたえ「2・26事件」の指導者とみられて処刑された。

*喜多川歌麿 (1753−1806)

江戸後期の浮世絵師。出生地は川越とも江戸ともいわれ不明。鳥山石燕に浮世絵を学び、はじめ黄表紙や洒落本のさし絵を書いた。版元の蔦屋重三郎と知りあい、才能を見いだされて援助をうけた。美人画家に転じ、一人の女性の顔を画面いっぱいにえがく大首絵を制作、背景も一色にした優美で個性的な美人画は、東洲斎写楽の役者絵とならんで人気をあつめた。浮世絵における美人画を大成。代表作『寛政三美人』など。

*北里柴三郎 (1852−1931)

明治・大正・昭和期の細菌学者。肥後国（熊本県）に生まれる。東京医学校を卒業後、内務省衛生局に入り、ドイツに留学してコッホに学んだ。1889年に破傷風菌の純粋培養に成功し、さらに血清療法を確立して世界的に高く評価された。帰国後、福沢諭吉の援助をうけて私設の伝染病研究所を設立し、すぐれた研究により、細菌学における世界の3大研究所のひとつとなった。また、香港でペスト菌を発見、1914年には北里研究所を設立。

北畠親房 (1293−1354)

南北朝時代の貴族、武将。後醍醐天皇につかえ、重く用いられた。皇子世良親王を養育したが、1329年、親王の死とともに出家。建武新政のときにふたたびつかえ、陸奥守となった子の顕家とともに義良親王を奉じて東北におもむいた。足利尊氏がそむくと、天皇と吉野にこもり、南朝をたてた。1338年、さらに東国にむかい、南朝の勢力をのばそうとしたが失敗。このとき『神皇正統記』を書いて、南朝が正統であると主張した。

*北原白秋 (1885−1942)

明治・大正・昭和期の詩人、歌人。福岡県柳川の商家に生まれる。少年のころから詩作を始め、早稲田大学在学中に『明星』の同人となった。1909年、処女詩集『邪宗門』を刊行、エキゾチックで色彩豊かな幻想的作風で認められた。同年『スバル』の創刊にも参加。のち、童謡も手がけて児童雑誌『赤い鳥』に発表した。山田耕筰とのコンビによる曲は今でも広く愛唱されている。生涯をとおして詩作のあらゆる分野で活躍した。

北村季吟(きたむらきぎん)(1624-1705)

　江戸前期の俳人、古典学者。近江国（滋賀県）の生まれ。松永貞徳に俳諧を学び、1648年に解説書『山の井』、翌年、随筆『独琴(ひとりごと)』を刊行した。貞徳に認められて貞門の中心となり、貞徳の死後は遺言で飛鳥井雅章に歌道を学び、33歳のときに俳諧の秘伝書『埋木(うめぎ)』を完成。また古典の研究をおこなって『土佐日記抄』『源氏物語湖月抄』など数多くの注釈書をのこした。晩年には幕府の歌学方に任じられた。門人に松尾芭蕉らがいる。

北村透谷(きたむらとうこく)(1868-1894)

　明治期の詩人、評論家。神奈川県の生まれ。はじめ自由民権運動に加わり、政治家をこころざした。しかし大阪事件で挫折、苦悩のうちにキリスト教にはいり、1888年に熱烈な恋愛のすえ結婚した。その翌年『楚囚の詩』を発表、詩人として出発した。また『女学雑誌』に投稿して評論活動をおこなったほか、1893年には島崎藤村らと『文学界』を創刊。自己の内面を追求し、25歳で自殺、その短い生涯は青年たちに強烈な衝撃をあたえた。

義堂周信(ぎどうしゅうしん)(1325-1388)

　南北朝期の臨済宗の僧。夢窓疎石(むそうそせき)のもとで修行し、19歳で禅の道をきわめた。1359年、関東管領足利基氏にまねかれ鎌倉にくだって円覚寺の住職となり、また報恩寺を開いた。22年間、鎌倉に住んで信望をあつめ、尊敬された。1380年、将軍足利義満のまねきで京にのぼり、建仁寺に住んだが、のち等持院をへて南禅寺に移った。学問にすぐれ、絶海中津(ぜっかいちゅうしん)とならんで五山文学を代表する僧のひとりである。

＊木戸孝允(きどたかよし)(1833-1877)

　江戸末・明治初期の政治家。長州藩士。はじめ桂小五郎といった。吉田松陰に師事し、江戸で斎藤弥九郎に剣術、江川太郎左衛門に洋式兵術を学んだ。はやくから尊王攘夷運動をおこない、京で新撰組にねらわれながら、指導的立場をとった。また坂本龍馬のはからいで宿敵の薩摩藩と同盟をむすび、ともに倒幕をめざして協力。維新後は五か条の御誓文をつくり、版籍奉還、廃藩置県を推進したが、西南戦争中に病死した。

紀海音（1663／64－1742）

江戸中期の浄瑠璃作者。大坂（大阪）の生まれ。若いころ出家したが、のち僧籍をはなれて契沖に和歌や国学を学んだ。1703年に豊竹若太夫を中心とする豊竹座ができてからは、その豊竹座のために浄瑠璃を書き、竹本座の近松門左衛門に対抗。近松の奔放で劇的なおもしろさはないが、技巧をこらした作品を書いた。代表作に『お染久松・袂の白しぼり』『傾城三度笠』などがある。のこっている正本は48編にもおよんでいる。

*紀伊国屋文左衛門（1665－1734）

江戸中期の豪商。紀州（和歌山県）の生まれといわれる。江戸で材木商をいとなみ、幕府の御用商人となって上野寛永寺の造営などを請負い、巨利をたくわえた。吉原でのぜいたくな遊びぶりで有名だが、これは、わいろをつかって特権を得るための幕府役人の接待、あるいは自己宣伝が目的だったと考えられる。のち、新井白石の「正徳の治」により打撃をうけて没落した。暴風雨をついて、ミカンを船で江戸に運んだ話は伝説性が強い。

木下順庵（1621－1698）

江戸前期の儒学者。京都の生まれ。松永尺五に朱子学を学ぶ。13歳のときに書いた『太平頌』が後光明天皇に賞賛されたといわれる。京都東山に塾を開いたが、加賀前田家にまねかれて朱子学を講じ、加賀藩につかえた。1682年、幕府に召されて将軍徳川綱吉の侍講となった。国史編修を命じられ、林鳳岡らと『武徳大成記』を編さん。教育者としてもすぐれ、新井白石、室鳩巣ら多くのすぐれた門人を育てた。

木下尚江（1869－1937）

明治・大正・昭和期の社会主義運動家、小説家。長野県に生まれる。東京専門学校を出て、地元の新聞記者となった。1897年松本で中村太八郎らと日本で最初の普通選挙運動をおこない、検挙された。1899年、毎日新聞社に入って、鋭い時事批判を書き、足尾鉱毒事件で活躍。1901年には幸徳秋水らと社会民主党を創立したが即日禁止された。日露戦争では『平民新聞』を支持して非戦論をとなえ、社会主義小説『火の柱』を書いた。

木下杢太郎（きのしたもくたろう）(1885−1945)

明治・大正・昭和期の詩人、劇作家、医学者。静岡県の生まれ。東京帝国大学医学部卒業。1907年に「新詩社」の同人となって北原白秋、吉井勇らと知りあい、翌年、ともに脱退して「パンの会」をはじめた。これは美術家たちをふくめた耽美(たんび)主義者のあつまりである。1909年には『スバル』の創刊に加わり、小説や戯曲を発表。美を追求しながらも理性を失わない作風で、白秋とならぶ存在となった。皮膚科の医学者としても知られた。

木下利玄（きのしたりげん）(1886−1925)

大正期の歌人。岡山県に生まれ、学習院高等科をへて東京帝国大学国文科卒業。少年のころから和歌をよみ、佐佐木信綱に学んだ。1910年、学習院で同級だった武者小路実篤、志賀直哉らと『白樺』を創刊、短歌を発表した。白樺派のヒューマニズムと理想主義に根ざし、北原白秋のえいきょうも強くうけた。清純な写実で、口語を生かした七五調を破る独自の利玄調を完成、のち白秋らと『日光』を創刊した。代表歌集『紅玉』『一路』。

＊紀貫之（きのつらゆき）(868頃−945)

平安前期の歌人。官人としては従四位上が最高位であまり恵まれていなかった。しかし和歌をよむことで宮廷で重要な地位を得て、905年には日本で最初の勅撰和歌集の選者にえらばれた。これが『古今和歌集』である。日本ではじめて仮名で書いた歌論である仮名序を書き、和歌を文芸として大成させた。また、土佐守として帰京するときに書いた『土佐日記』は、仮名日記のはじめとして文学史上重要な意味をもっている。

紀友則（きのとものり）(? −907頃)

平安前期の歌人。紀貫之のいとこともおいともいわれている。905年、紀貫之らとともに『古今和歌集』の選者にえらばれた。しかし、完成を待たずに病気で死去。貫之とならんで和歌にすぐれ、優美な歌をよんだ。『古今和歌集』の46首をはじめとして勅撰集に64首おさめられている。なお『友則集』は後世の人が編集したもの。「久かたの光のどけき春の日にしづ心なく花の散るらむ」は百人一首にはいっている。

木原均(きはらひとし) (1893−1986)

大正・昭和期の遺伝学者。東京生まれ。北海道帝国大学農学部を卒業。京都帝国大学で助手、助教授をつとめ、欧米に留学したのち、教授となった。小麦の研究をおこない、ゲノム分析法を確立して、小麦の祖先のひとつがタルホ小麦であることを発見した。1942年に木原生物学研究所を創設。また、種なしスイカの栽培に成功したほか、日本の遺伝学を世界的レベルにまで発展させた。スポーツマンとしても知られた。

*吉備真備(きびのまきび) (695頃−775)

奈良期の学者、官人。祖先は吉備(岡山県)の豪族下道(しもつみち)氏。716年、阿倍仲麻呂、玄昉らと遣唐留学生にえらばれて入唐した。735年に帰国するまで、儒学、天文、兵学などあらゆる学問を学んだ。橘諸兄(たちばなのもろえ)が政権をにぎると、玄昉とともに重く用いられて活躍。しかし藤原仲麻呂の政権下ではめぐまれず、九州に左遷されて筑前に怡土(いと)城をつくった。仲麻呂の乱では兵を指揮して功をあげ、のち要職につき従二位右大臣にまでのぼった。

*木村栄(きむらひさし) (1870−1943)

明治・大正・昭和期の天文学者。金沢の生まれ。東京帝国大学卒業。緯度観測の研究をつづけ、1899年に国際的な共同事業の一環としてつくられた水沢緯度観測所の初代所長となった。それまで、緯度の変化はXとYの2つの極によるものとされていたが、1902年に、もうひとつの存在Zがあることを発見した。これはZ項または木村項とよばれる。1922年から万国緯度観測中央局長をつとめ、1937年に第1回文化勲章をうけた。

*行基(ぎょうき) (668−749)

奈良期の法相宗の僧。河内国(大阪府)大鳥郡に生まれ、15歳で出家して道昭(どうしょう)に学んだ。道昭につきしたがって社会事業をすすめ、土木技術を習得。各地をまわって布教し、信者とともに無料宿泊所や孤児院、橋、道などをひらいた。農民の信望をあつめ、菩薩とあがめられるようになると、政府にその勢力を恐れられて弾圧を加えられた。のちに許され、743年、東大寺の大仏造営の勧進役をつとめて朝廷に協力、大僧正となった。

曲亭馬琴（きょくていばきん）(1767-1848)

江戸後期の戯作者。江戸深川に生まれる。旗本松平信成（のぶしげ）の用人をしていた父の死後、武士につかえたが耐えられず家を出た。1790年、山東京伝の門に入り、戯作者となった。はじめ黄表紙を多く書いたが、のち読本（よみほん）に転向した。旺盛な創作活動をはじめて『椿説弓張月（ちんせつ）』『南総里見八犬伝』などを発表、ついに師の山東京伝を圧倒した。勧善懲悪と因果応報の思想にもとづく作品が多い。晩年は不遇で失明したが、死ぬまで書きつづけた。

キヨソネ (1832-1898)

イタリアの銅版画家。アレンツァノの生まれ。ジェノバの美術学校に入学し、すぐれた銅版技術を身につけた。1875年、大蔵省にまねかれて来日、大蔵省印刷局で切手や紙幣などの原版をつくった。印刷技術の指導もおこない、日本の印刷、美術界に貢献。また、明治天皇、西郷隆盛、大久保利通、木戸孝允らの肖像を銅版画でえがいた。日本の美術品を収集し、遺品はジェノバに建てられたキヨソネ博物館に保存されている。

吉良義央（きらよしなか）(1641-1702)

江戸中期の幕臣。幕府の儀式典礼をつかさどる高家の家柄に生まれ、1653年に幕府につかえ、1657年に上野介（こうずけのすけ）と称した。典礼にくわしく、高家のなかでも長老で、諸大名に尊大な態度をとっていた。1701年、赤穂藩主浅野長矩（ながのり）が勅使下向の接待役となったときも、いやがらせをしたため長矩に殿中で傷を負わされた。浅野家はとりつぶしにあい、義央は翌年12月、赤穂浪士の討入りで殺されたが、領地では善政をおこない評判もよかった。

金田一京助（きんだいちきょうすけ）(1882-1971)

大正・昭和期の言語学者、国語学者。岩手県に生まれ、東京帝国大学言語学科を卒業。北海道にわたり、アイヌ語の研究をおこなった。アイヌの口承文学『ユーカラ』を採集、刊行し、アイヌ文学の第一人者となった。『アイヌ叙事詩ユーカラの研究』によって1932年に帝国学士院恩賜賞を受賞。また、アイヌ人との心の交流を書いた『心の小径』は広く読まれた。国語辞典の編さんも数多く手がけ、戦後は国語教育にも力をそそいだ。

金原明善（きんばらめいぜん）(1832−1923)

明治・大正期の実業家。遠江国（静岡県）に生まれる。父のあとをついで名主となったが、維新後は天竜川の治水事業に専念した。私財を投じて天竜川の改修工事をおこない、政府からの賞金も社会事業に献金した。そのほか植林、道路改修などもおこない、遠州の義人とよばれた。また勧善社をおこして、出獄した人の生活を保護し、1908年には郷里で村長をつとめ、静岡県議会議員にもなった。

＊空海（くうかい）(774−835)

平安初期の僧。真言宗の開祖。弘法大師の名で親しまれている。讃岐国（香川県）に生まれ、京の大学で学問を学んだが、儒教、道教、仏教のうち仏教が最もすぐれているとして出家。804年に入唐して密教の正統を伝える青竜寺の恵果に学び、2年後に帰国した。やがて真言密教の根本道場として高野山をひらき、京の東寺をたまわった。また書道にもすぐれ、最澄におくった手紙『風信帖』は有名。庶民の学校綜芸種智院を開設。

空也（くうや）(903−972)

平安中期の僧。踊念仏をはじめた人。市聖（いちのひじり）あるいは阿弥陀聖（あみだひじり）とよばれ、庶民からしたわれた。各地の山林をまわって修行し、尾張で出家した。苦行をつづけて、民衆に仏教を説く伝道者となり、京に入った。阿弥陀念仏をとなえて民衆を教化し、948年に比叡山で天台宗の僧となり、伝道をつづけた。貴族にも尊敬され、西光寺（六波羅蜜寺）の経供養には庶民にまじって左大臣藤原実頼らも集まった。

久坂玄瑞（くさかげんずい）(1840−1864)

江戸末期の長州藩士。はやくから松下村塾で吉田松陰に学び、秀才ぶりを発揮して、松陰の妹を妻としている。はげしい尊王攘夷論をとなえ、1862年に脱藩して高杉晋作らと江戸品川のイギリス公使館を焼きうちし、直接行動をはじめた。藩の方針を攘夷にもっていき、下関での外国船の砲撃にも参加。長州藩を代表して尊攘派の指導者となったが、1863年8月18日の政変で京を追われた。翌年「禁門の変」をおこしたが敗れて自殺した。

九条兼実（くじょうかねざね）(1149－1207)

鎌倉初期の公卿。藤原忠通の三男で慈円の兄。京都九条に住み、貴族の名門である五摂家のひとつ九条家をおこした。はやくから家柄に誇りをもち出世をねがった。しかし平氏政権のもとでははたせず源頼朝と結んで機会をまった。1186年に摂政、1191年に関白となり、後白河法皇と源頼朝との対立をやわらげたが、1196年、反対派の陰謀で失脚。のち法然のもとで出家した。60巻におよぶ日記『玉葉（ぎょくよう）』は『吾妻鏡』と並ぶ貴重な史料である。

*楠木正成（くすのきまさしげ）(1294－1336)

南北朝期の武将。河内国（大阪府）の豪族。後醍醐天皇の討幕運動に加わり「元弘の乱」では河内の赤坂城にたてこもった。乱は失敗して天皇は隠岐に配流。その後も討幕活動をつづけ、護良（もりなが）親王が吉野で兵を挙げるとこれに応じて千早城を拠点に戦い、すぐれた策で勝利にみちびいた。しかし建武新政で足利尊氏と対立し、天皇を守って戦った。なんども策を述べたが入れられず、少数の兵を率いて湊川で壮烈な最期をとげた。

工藤平助（くどうへいすけ）(1734－1800)

江戸中期の医者、経世家。紀州藩医長井太雲の子。13歳で仙台藩医工藤丈庵の養子になった。前野良沢と親交があり、大槻玄沢を仙台藩に推挙。医学よりも海防、交易に興味をもって『赤蝦夷風説考』を書き、老中田沼意次に提出した。これはロシアとの通商、蝦夷地（北海道）開拓を求めたもので、意次にうけいれられて蝦夷地開発計画がはじめられた。しかし意次の没落とともに中止。またこの書は海防論のはじめとして貴重である。

*国木田独歩（くにきだどっぽ）(1871－1908)

明治期の詩人、小説家。千葉県銚子の生まれ。東京専門学校を中退。学校教師をへて国民新聞社の記者となり、日清戦争に従軍、このとき書いた『愛弟通信』で名を高めた。当時、武蔵野の面影ののこっていた渋谷に住み、田山花袋、柳田国男らと交わって新体詩をつくった。小説も発表したが売れず、胸を病んで死んだ。ロマン主義から自然主義へとうつり、詩情にとんだ短編小説家として時代に先行していた。代表作『武蔵野』。

窪田空穂(くぼたうつぼ)(1877−1967)

明治・大正・昭和期の歌人、国文学者。東京専門学校卒業。母校に国文科がおかれると講師に招かれ、のち名誉教授になった。はじめは浪漫主義的な歌をよんだがあきたらず『山比古(やまひこ)』を創刊。1905年に処女歌集『まひる野』を発表し、平明で現実主義的な歌をよんだ。また田山花袋、国木田独歩らと交わり、自然主義的な小説を書いた。1914年に『国民文学』を創刊。国文学者としても知られ、著書に『万葉集評釈』などがある。

久保田万太郎(くぼたまんたろう)(1889−1963)

大正・昭和期の小説家、劇作家、俳人。東京浅草の生まれ。慶応義塾大学に在学中から小説や戯曲を書いて『三田文学』に発表した。永井荷風らに認められて作家として出発。1912年、最初の小説戯曲集『浅草』を刊行し、以後も人情味あふれる下町情緒を写実的にえがきつづけた。戯曲では、間を生かした会話を得意とした。演出家としても知られている。代表作に、小説『春泥』、戯曲『大寺学校』、句集『道芝』などがある。

熊谷直実(くまがいなおざね)(1141−1208)

鎌倉初期の武将。武蔵国大里郡(埼玉県)熊谷郷の豪族。はじめ平知盛につかえて1180年の石橋山の戦いで源頼朝を攻めた。のち頼朝にしたがい、平氏側の佐竹秀義と戦って功をたて、領地の権利を認められた。しかし、やがて久下直光と所領のことで争い、頼朝の前で直光と対決したが敗れて出家、京にでて法然の弟子となった。一の谷の戦で平敦盛を討ちとった話は有名である。子孫は安芸国(あき)(広島県)に移住した。

熊沢蕃山(くまざわばんざん)(1619−1691)

江戸前期の陽明学者。京都に生まれる。はじめ岡山藩の池田光政につかえたが、20歳のときに病弱を理由に辞職。のち近江国(滋賀県)の祖父の実家に行き、中江藤樹に入門して陽明学を学んだ。1645年、ふたたび池田光政に招かれて藩の政治に加わった。治水、ききん対策などで業績をのこしたが、ねたまれて辞職。著書『大学或問(わくもん)』が幕府の批判とみられて禁固となった。しかし、その考えは古学派にえいきょうをあたえた。

久米邦武(くめくにたけ)（1839－1931）

明治・大正・昭和期の歴史学者。肥前国(佐賀県)の生まれ。江戸で昌平黌に学ぶ。1871年、岩倉具視にしたがって欧米を視察。帰国後『米欧回覧実記』をあらわした。修史館の修史局で政府の歴史書の編さんに加わり、1888年に帝国大学文科大学の教授となった。1891年、史学会雑誌に発表した論文『神道は祭天の古俗』が、神道界や国粋主義者たちの非難をうけて職を追われた。のち早稲田大学につとめ、日本古代史、古文書学を講じた。

久米正雄(くめまさお)（1891－1952）

大正・昭和期の小説家、劇作家。長野県の生まれ。8歳のとき、小学校長の父が火事で天皇の写真を焼失して責任をとり自殺。中学時代に河東碧梧桐に師事して俳句を学んだ。東京帝国大学に入り、芥川龍之介らと第3次『新思潮』を発刊。戯曲『牛乳屋の兄弟』で認められ、夏目漱石に入門して軽妙な短編小説をつぎつぎと発表した。漱石の娘に失恋し、長編『螢草』を書いて好評を博したが、のち通俗小説をおおく書いた。

クラーク（1826－1886）

アメリカの教育家、科学者。1867年にマサチューセッツ州立農科大学学長となり、在職中の1876年に日本政府の招きで来日、札幌農学校の創設にあたった。開校後は、およそ1年教頭をつとめ、キリスト教精神にもとづいた自由主義教育をおこなって、青年たちに大きなえいきょうを与え、内村鑑三、新渡戸稲造らの人材を生んだ。「Boys, be ambitious！」（少年よ大志を抱け）は、学校を去るとき学生たちにのこした言葉である。

倉田百三(くらたひゃくぞう)（1891－1943）

大正・昭和期の劇作家、評論家。広島県に生まれる。第一高等学校に入り、西田幾多郎の哲学に熱中して青春の思索をつづけた。しかし、中退して西田天香の一燈園に入り宗教思想を追求。1916年、千家元麿らと同人雑誌『生命の川』を創刊。親鸞をえがいた戯曲『出家とその弟子』を同誌に発表して文壇に認められ、多くの青年たちに愛読された。以後、宗教をテーマにした作品を書きつづけ、晩年は超国家主義者となった。

鞍作止利（くらつくりのとり）（生没年不明）

飛鳥期の仏像彫刻家。止利仏師ともいう。中国から渡来して、蘇我氏とともに仏教をひろめた司馬達等（たっと）の孫。606年、元興寺（飛鳥寺）の仏像をつくったが、これは現存する最古の仏像として知られている。また、法隆寺金堂の釈迦三尊像は聖徳太子のめい福を祈って作られた銘のある作品である。素朴な作風は典型的な北魏様式で、レモンの形をした左右対称の目や面長などの特長は止利様とよばれ、この時代の仏像彫刻の主流となった。

グラバー（1838－1911）

江戸末・明治初期のイギリス商人。若くして中国をへて日本へ渡来、長崎でグラバー商会を創立した。海産物や武器をあつかい、とくに薩摩、長州藩の武器や船舶の購入はグラバー商会が一手に引きうけていた。また、資金を援助して多くの志士たちをイギリスに留学させた。井上馨、伊藤博文らも世話になっている。高島炭坑の事業にもかかわったが、維新後はあまり栄えなかった。長崎のグラバー邸は重要文化財である。

厨川白村（くりやがわはくそん）（1880－1923）

大正期の英文学者、評論家。京都の生まれ。東京帝国大学英文科を卒業してアメリカに留学、帰国後は京都帝国大学教授となった。1912年、欧米の近代文学を体系化した『近代文学十講』を刊行、さらに『文芸思潮論』を発表してベストセラーとなった。ほかに文明批評、社会批評もおこない、とくに自由主義的な考えから女性の結婚の実情を批判して『近代の恋愛観』をあらわした。関東大震災による津波にのまれて不慮の死をとげた。

黒岩涙香（くろいわるいこう）（1862－1920）

明治・大正期のジャーナリスト、翻訳家。土佐国（高知県）に生まれ、慶応義塾を中退。『日本たいむす』『都新聞』の主筆を歴任し、翻訳した探偵小説を新聞に発表して人気を得た。1892年、絵入りふりがなつきの日刊『万朝報（よろずちょうほう）』を発刊。政府批判や連載読物をのせて大衆をひきつけ、最大発行部数をほこるようになった。また、論客として内村鑑三、幸徳秋水らを招き、社会改革をはかった。日本で最初の推理小説家でもある。

*黒沢明（くろさわあきら）(1910－1998)

昭和期の映画監督、脚本家。東京の生まれ。東京美術学校を中退し、ＰＣＬ（のちの東宝映画）に入社。助監督をへて『姿三四郎』で監督としてデビュー。1950年の『羅生門』で翌年のベネチア国際映画祭グランプリを受賞し、日本映画を海外に認めさせた。その後、人間の生き方を追求した現代劇『生きる』のほか、時代劇『七人の侍』『用心棒』『椿三十郎』などの傑作を製作、国際的にも「世界の黒沢」と評されている。

黒田清隆（くろだきよたか）(1840－1900)

明治期の政治家。薩摩藩（鹿児島県）の士族。幕末には倒幕運動に加わり、薩長同盟に力をつくした。さらに箱館戦争では五稜郭にたてこもった榎本武揚と戦ったが、維新後は榎本の助命をもとめて運動した。藩閥主義者であったが情にあつく、誠実に日本のことを考え、ながく開拓長官をつとめて北海道の開拓の基礎をきずいた。1888年に首相となり、超然主義をとなえて政党を無視したが、条約改正の失敗で辞職。

*黒田清輝（くろだせいき）(1866－1924)

明治・大正期の洋画家。おじの子爵黒田清綱の養子になり、法律を学ぶためフランスに留学。しかし洋画に夢中になり、画家をめざして外光派のコランに師事した。帰国後、1896年に久米桂一郎らと白馬会を設立、外光派的な明るい画風は、明治美術会の暗い脂派(やには)に対して紫派とよばれた。フランスで制作した裸婦像『朝妝(ちょうしょう)』が日本の展覧会に出品されると風紀問題で反響をよんだ。代表作『湖畔』『舞妓(まいこ)』など。

桂庵玄樹（けいあんげんじゅ）(1427－1508)

室町後期の臨済宗の僧。周防(すおう)国（山口県）の生まれ。1435年、南禅寺で学び、1442年に出家した。1467年に遣明使にしたがって明にわたり、6年後に帰朝、当時、京は「応仁の乱」で荒れていたので難をさけて九州に住んだ。ここで儒学を教えているうち、薩摩の島津忠昌にまねかれて桂樹庵を開き、朱子学を講じた。これが薩南学派のはじまりである。この学派は、その後すぐれた僧がでてさかえたが、江戸時代におとろえた。

契　沖（けいちゅう）(1640－1701)

江戸前期の国学者。摂津国（兵庫県）尼ヶ崎藩士の子に生まれ、11歳で出家した。のち高野山へのぼって修行、40歳のころ妙法寺の住職となった。しかし、古典の研究に心をよせ、徳川光圀のたのみを受けて『万葉集』に注釈をくわえた『万葉代匠記』を完成。言葉のもつ意味を尊重し、主観的な解釈をしないで実証的な研究をおこなった。このほか『古今集』をはじめ多くの古典の注釈もつづけ、古文献学を確立、初期国学を大成した。

ケプロン (1804－1885)

アメリカの農政家。日本政府のまねきで、1871年に、北海道開拓使の顧問として多くの技師とともに来日。まず、札幌の都市計画の指導にあたったほか、大規模農場の採用や札幌農学校の設立などに力をつくした。また、3回にわたって全道の実地調査をおこない、その調査結果を『ケプロン報告』にまとめて、1875年に日本をはなれた。来日前に、アメリカでは、義勇軍少佐、連邦農務局長官などをつとめた。

ケーベル (1848－1923)

明治・大正期の哲学者。ロシア生まれのドイツ人。モスクワの音楽学校を卒業後、ドイツのイエナ、ハイデルベルク両大学で文学と哲学を学んだ。1893年、日本にまねかれて東京帝国大学文科大学で哲学を講義した。近代的な哲学研究の方法を教えて、日本の哲学の発展に大きな役割をはたした。高潔な人格と深い教養で知られ、多くの知識人にえいきょうをあたえた。教えをうけた夏目漱石は、小説のモデルにしている。横浜で没した。

＊源　信（げんしん）(942－1017)

平安中期の天台宗の僧。恵心僧都（えしんそうず）ともいう。日本の浄土教の祖。950年に比叡山にのぼり、良源の弟子となった。985年に『往生要集』をあらわした。これは地獄や極楽のありさまをえがき、阿弥陀仏を信仰する浄土教の教えをやさしく説いたものである。広く読まれて浄土思想を貴族や庶民に普及させ、浄土信仰や浄土教美術に大きなえいきょうをあたえた。また節をつけて経をうたう声明（しょうみょう）を好んだ。

ケンペル（1651－1716）

ドイツの医師、博物学者。父は司祭。大学を卒業後、各地をまわり、医学、博物学を研究した。もともと旅行好きで、1681年、スウェーデンのペルシア派遣使節団に同行して各国をまわった。このとき『ペルシア誌』を執筆。さらに世界旅行に出て、オランダの東インド会社に入り、1690年に来日した。オランダ商館の医師としてつとめ、日本の植物などを研究して大著『日本誌』を完成。同書は、ヨーロッパの日本紹介書として有名。

玄　昉（？－746）

奈良期の法相宗の僧。716年、留学僧にえらばれ、翌年、阿倍仲麻呂や吉備真備らとともに唐にわたった。当時の中国はもっともさかえた玄宗皇帝の時代で、玄宗に認められて紫の袈裟を許された。735年にぼう大な経典をたずさえて帰国。藤原氏の兄弟が疫病でつぎつぎと倒れ、橘諸兄が政権をにぎると真備とともに重く用いられ、僧正となった。しかし、やがて藤原広嗣、仲麻呂にねたまれて九州へ左遷され、筑紫で死んだ。

建礼門院（1155－1213）

高倉天皇の中宮（皇后に同じ）。名は徳子。平清盛の次女。1171年、後白河法皇の養女として高倉天皇の中宮となった。平氏のもっともさかえたころである。1178年、安徳天皇を生んだが、すでに平氏に反対する勢力が強くなってきていた。高倉天皇の死後、清盛により法皇に嫁ぐよう計画されたが拒絶。1183年、平氏とともに西に逃げ、壇ノ浦で入水したが助けられた。平氏滅亡後は、京の大原寂光院で尼となってくらした。

小泉信三（1888－1966）

昭和期の経済学者。慶応義塾塾長で横浜正金銀行支配人の小泉信吉の子。恵まれた環境に育ち、慶応義塾大学を卒業。ヨーロッパに留学し、経済学などを学んだ。帰国後すぐに母校の教授となる。その後、1933年から14年間、塾長として学生に大きなえいきょうをあたえた。保守的立場から、マルクス主義を批判して河上肇らとはげしく論争。戦後は、皇太子明仁親王（今上天皇）の教育にたずさわり、1959年に文化勲章を受章。

*小泉八雲（こいずみやくも）（1850−1904）

明治期の小説家、英文学者。本名ラフカディオ・ハーン。ギリシア生まれのイギリス人。はじめはアメリカで新聞記者をしていた。紀行文を得意とし、1890年に2か月滞在の予定で来日。しかし日本が気に入り、永住を決意した。日本女性小泉節子と結婚して日本に帰化し、日本の伝統や精神を愛してすぐれた日本論を書いた。また、東京帝国大学などで英文学を教え、多くの学生にえいきょうをあたえた。代表作『怪談』『神国日本』。

小出楢重（こいでならしげ）（1887−1931）

大正・昭和期の洋画家。大阪の生まれ。東京美術学校で日本画を学ぶが、のち洋画科にうつり、岸田劉生のえいきょうをうけて暗い写実的な絵をかいた。何度か文展に出したが落選し、二科展に『Nの家族』を出品して入選。フランスへ留学して、帰国後の画風は大きくかわり、明るく光沢のある絵を大胆な筆づかいでえがいた。とくに裸婦の連作で個性を発揮。1924年には大阪に信濃橋洋画研究所をおこし、関西画壇の中心となった。

*幸田露伴（こうだろはん）（1867−1947）

明治・大正・昭和期の小説家。江戸に生まれ、電信修技学校を卒業後、北海道に技師として着任。しかし文学をこころざして帰京、1889年に『露団々』『風流仏』を発表して認められた。ついで読売新聞に尾崎紅葉とともに小説を連載し、人気をあつめて紅露時代と評された。女性的な描写の紅葉とは逆に、男性的で、奥ぶかい作風は理想派といわれた。東洋文化にくわしく、歴史物や芭蕉の研究などでも有名。代表作『五重塔』。

*幸徳秋水（こうとくしゅうすい）（1871−1911）

明治期の社会主義者。高知県の生まれ。1887年に上京したが、保安条例で東京を追われ、大阪で中江兆民の書生となった。兆民の紹介で『万朝報（よろずちょうほう）』の論説記者となり、1901年に社会民主党の創立に参加。日露戦争では非戦論をとなえて『平民新聞』を発刊、1周年を記念して『共産党宣言』の全訳をのせた。しかし弾圧をうけて廃刊となり、アメリカに亡命。無政府主義者となって帰国したが、大逆事件によって処刑された。

鴻池善右衛門（1667-1736）（3代目）
　江戸時代からの大坂（大阪）の豪商。先祖は山中鹿之介の次男新六といわれる。清酒醸造に成功して有名になった。新六の子が初代善右衛門で、鴻池屋と称して海運業にも手をひろげた。さらに大名貸もはじめて富をたくわえ、両替商を開いた。3代目善右衛門は酒造業をやめて両替屋にしぼり、新田開発をおこなった。これは鴻池新田とよばれ、町人請負新田の代表のひとつである。この3代目が鴻池家の地位を不動のものにした。

河野広中（1849-1923）
　明治・大正期の政治家。三春藩（福島県）の郷士の家に生まれる。戊辰戦争では藩論をうごかして官軍を支持した。維新後、地元の町長などをつとめながら民衆の生活改善をはかり、1878年には三師社を設立、東北地方の自由民権運動の指導者となった。福島県会議長となり、道路建設で県民に重い負担を強いていた県令の三島通庸と対立。1882年、県民が立ちあがった福島事件で、連座して獄に入った。出獄後、衆議院議員に14回当選。

高師直（？-1351）
　南北朝期の武将。代々足利氏の家臣の筆頭として執事をつとめる家柄に生まれ、足利尊氏の執事となった。尊氏にしたがって南朝と戦い、北畠顕家、楠木正行らを敗死させるなどの功があった。室町幕府のはじめから幕政に大きな力をもち、尊氏の弟直義と対立。上杉重能を討って直義をしりぞけ、一時は政権をにぎったが、1351年に直義党に敗れて出家。帰京の途中、武庫川で一族とともに殺された「観応の擾乱」。

光明皇后（701-760）
　聖武天皇の皇后。のちの孝謙（称徳）天皇の母。藤原不比等の子に生まれ、16歳で、文武天皇の子の首皇子に嫁いだ。724年に皇子が聖武天皇として即位すると夫人となり、やがて安積親王を産んだほかの夫人をしりぞけて、729年に皇族以外はじめての皇后となった。これが藤原政権の基礎である。正倉院に残っている筆跡から、男まさりの性格であったと伝えられる。仏教心があつく、施薬院などを建てて福祉政策をおこなった。

孝明天皇（こうめいてんのう）（1831－1866）

　第121代天皇。明治天皇の父。江戸末期につよい攘夷思想をもち、妹の和宮（かずのみや）を将軍徳川家茂（いえもち）に嫁がせる計画を幕府が申しでたとき、幕府が攘夷をおこなうという条件をつけて許した。しかし幕府と協調するしせいをとり、幕府をたおすという過激な考えには反対であった。1866年12月25日に急死。天皇の死により討幕派の活動が有利になったことから、黒幕を岩倉具視とする毒殺説があるが確証はない。

*古賀政男（こがまさお）（1904－1978）

　昭和期の作曲家。福岡県に生まれ、少年時代は朝鮮の京城ですごした。帰国後、苦学して明治大学に入り、マンドリンクラブに属して作曲を手がけた。1930年、流行歌手佐藤千夜子に認められて『影を慕いて』でデビュー。これを藤山一郎がうたって大ヒットした。日本コロムビアに入社して『酒は涙か溜息か』『丘を越えて』などのヒット曲を生み、戦後もながく活躍。情感あふれる「古賀メロディ」は今もなお親しまれている。

後三条天皇（ごさんじょうてんのう）（1034－1073）

　第71代天皇。後朱雀（すざく）天皇の2番目の皇子。170年ぶりに、藤原氏を外戚（天皇の母方の実家）としない天皇として即位した。これは関白藤原頼通の娘たちが皇子に恵まれなかったことによる。ここに摂関政治がおわり、天皇は藤原氏をはばかることなく親政をおこなった。大江匡房（まさふさ）らを登用して藤原氏をおさえ、その経済基盤である荘園整理をおこなって記録荘園券契所をもうけた。この改革により、院政時代がはじまった。

児島惟謙（こじまいけん）（1837－1908）

　明治期の裁判官。伊予国（愛媛県）宇和島の生まれ。幕末の騒乱のなかで1867年に脱藩して討幕運動に加わり、維新後は司法省に入った。大審院長をつとめていた1891年に、来日中のロシア皇太子に巡査が斬りつけるという大津事件がおこった。強国ロシアをおそれて、皇室に対する罪として巡査の処刑を要求する政府に対抗。内閣の圧力をしりぞけて、巡査を一般の謀殺未遂罪として無期懲役の判決を下し、司法権の独立をまもりぬいた。

後白河天皇(ごしらかわてんのう)（1127−1192）

第77代天皇。鳥羽天皇の第4皇子。1155年に即位したが、皇位継承をめぐって崇徳天皇とのあいだに「保元の乱」がおこった。この乱では天皇側が勝ったが、3年で譲位して院政をはじめた。しかし、政権をにぎった平清盛とことごとく対立。初めは平氏追討、つぎには源義仲、頼朝、義経追討の院宣を矢つぎばやにだして、武士政権に対する朝廷の力をたもとうとした。1169年に法皇となり、造寺、造仏を進めたほか『梁塵秘抄(りょうじんひしょう)』を編集。

*後醍醐天皇(ごだいごてんのう)（1288−1339）

第96代天皇。後宇多天皇の第2皇子。1318年に即位。北畠親房らを登用し、記録所をもうけて親政をおこなった。この政策はたんなる復古ではなく、宋（中国）の君主独裁政治をめざしたものであった。ついで鎌倉幕府をたおす計画をたて、失敗を重ねたのち、楠木正成、足利尊氏らの協力でついに成功。その後建武新政をはじめたが、独裁的な政治に武士の不満がつのり、尊氏の反乱でくずれた。吉野で復権をはかったが病死。

五代友厚(ごだいともあつ)（1835−1885）

明治初期の実業家。薩摩藩（鹿児島）の藩士の家に生まれる。20歳のときに長崎の海軍伝習所に学び、のち上海やヨーロッパに渡った。維新後、大阪で実業家として活躍。国家の経済的発展をめざして政府の協力で事業を拡大し、民間企業をたすけて指導、大阪株式取引所の設立など大きな業績をのこした。しかし、開拓使官有物払い下げ事件で政商として非難をあびた。けっして私財をたくわえず、死後100万の負債をかかえた。

後藤象二郎(ごとうしょうじろう)（1838−1897）

幕末・明治期の政治家。土佐藩（高知県）の藩士。藩政改革にくわわり、西洋の技術をとりいれて富国強兵をはかった。やがて坂本龍馬と知りあい、えいきょうをうけて大政奉還の案を藩主山内豊信に進言した。豊信は将軍徳川慶喜に上申し大政奉還が実現。同じ日に朝廷は討幕の密勅を出している。維新後は板垣退助の自由党に参加、政府の誘いで洋行し、1887年の大同団結運動ののち内閣に入ったが晩年は不遇だった。

後藤新平（1857−1929）

明治・大正期の政治家。水沢藩（岩手県）に生まれ、はじめは医学を学んで愛知県立病院長となった。1883年に内務省衛生局に入って局長をつとめたのち、台湾総督の民政長官として植民地経営に力をつくした。その後、満鉄総裁、桂太郎内閣の逓相などを歴任、寺内正毅内閣の外相のときにはシベリア出兵をすすめた。1920年に東京市長、関東大震災後は帝都復興院総裁として東京市復興計画を立案し、評価されている。

後藤祐乗（1440−1512）

室町期の金工。装飾金工の家系で知られる後藤家の祖。美濃国（岐阜県）に生まれ、室町幕府の第8代将軍足利義政につかえたのち、刀剣の金工彫刻をはじめた。とくに目貫（柄の金具）小柄などの彫金にすぐれ、高肉彫という厚みのある図柄の彫金技術を創案、赤銅や金を使って龍や獅子をおおく彫った。代表作に『金倶梨迦羅龍三所物』などがある。祐乗の子孫も金工を継ぎ、豊臣家、徳川家の御用をつとめた。

後鳥羽天皇（1180−1239）

第82代天皇。高倉天皇の第4皇子。3歳で即位、19歳で譲位して院政を始めた。初めは内大臣の源通親に実権をにぎられていたが、通親の死後、政治を独裁して朝廷の権力回復をはかった。鎌倉幕府の第3代将軍源実朝の死とともに討幕を決意、1221年に、幕府執権北条義時追討の命を下して「承久の乱」を起こしたが、幕府軍に敗れて隠岐に流され、朝廷の勢力はおとろえた。和歌にすぐれ、歌人を集めて『新古今和歌集』を勅撰した。

小西行長（？−1600）

安土桃山期のキリシタン大名。堺の豪商の家に生まれ、はじめは宇喜多直家、のち豊臣秀吉につかえた。秀吉の九州征討に水軍をひきいて活躍。また、肥後（熊本県）の一揆をおさえ、その後、肥後国を加藤清正と2分して治めた。秀吉が朝鮮に出兵した「文禄・慶長の役」では、つねに和平を主張して武断派の清正と対立。秀吉の死後、関ヶ原の戦いには石田三成の西軍に属したが、徳川家康の東軍に敗れ、斬首された。

近衛秀麿（このえひでまろ）（1898−1973）

大正・昭和期の指揮者。文麿の弟。東京帝国大学を中退。1923年にヨーロッパに留学して指揮法、作曲法を学び、2年後に帰国して山田耕筰と日本交響楽団を組織した。しかし翌年には分裂して新交響楽団に改組。外国への演奏旅行をかさねて日本の交響楽の発展に力をつくした。第2次世界大戦中はヨーロッパにとどまり、終戦の年に帰国して1952年に近衛管弦楽団を結成。『御大典交声曲』などの作曲のほか、音楽啓蒙の著書も多い。

近衛文麿（このえふみまろ）（1891−1945）

大正・昭和期の政治家。藤原氏直系の貴族。京都帝国大学を卒業して内務省に入り、1933年に貴族院議長となる。以後、軍国主義化の政界にむかえられて、1937年に近衛内閣を組閣、中国への侵略戦争を長期化させた。第2次世界大戦が始まると、強力な政治体制の確立をめざして大政翼賛会を組織。また、日独伊三国同盟を成立させたが、日米交渉のゆきづまりから1941年に、内閣総辞職。戦後、戦犯に指名されて自殺した。

小早川隆景（こばやかわたかかげ）（1533−1597）

安土桃山期の武将。毛利元就の三男。安芸国竹原（広島県）の小早川興景（おさかげ）のあとをつぎ、さらに沼田小早川氏も相続して小早川氏を統一。兄の吉川元春（きっかわ）とともに、本家の毛利氏をよく助けて中国地方をおさめた。1582年に豊臣秀吉と和睦し、のち秀吉に信任されて五大老のひとりとなる。また、四国、九州征討、文永の役などで活躍して領地をふやした。秀吉のおい秀秋を養子にして家督をゆずり、三原に隠居。

小早川秀秋（こばやかわひであき）（1582−1602）

安土桃山期の武将。豊臣秀吉の正室北政所の兄の子で、秀吉の養子。秀吉に秀頼が生まれたため小早川隆景の養子となり、隆景の隠退後、領地をうけついで九州の33万石をおさめた。1597年の慶長の役では主将として出陣、しかし、出陣中の行動を秀吉にとがめられて越前国北庄にうつされた。関ヶ原の戦いでは石田三成についたが、徳川家康と内通して味方を裏切り、功により50万石をあたえられた。子がなくて死後は家系が絶えた。

小林一三 (1873-1957)

明治・大正・昭和期の実業家。山梨県の生まれ。慶応義塾大学卒業後、三井銀行に入ったが、1907年に退社。箕面有馬電気軌道株式会社の創立に参加し、のちの阪急電鉄に育てあげた。独創的な沿線開発をおこない、宝塚少女歌劇をつくり、阪急百貨店を経営するなど総合的な企画で成功した。さらに東宝映画を設立、東京に進出して東京電灯、日本軽金属などを経営。また政界にも入り、ファシズムと戦って自由主義を貫いた。

*小林一茶 (1763-1827)

江戸後期の俳人。信濃国(長野県)の農家に生まれ、生母の死後、継母とうまくいかず、14歳で江戸に奉公にでて俳諧を学ぶ。諸国を放浪して俳諧の修業にうちこみ、50歳で帰郷した。妻子の死、大火による家の焼失など、不運な生涯であったが、明るさを失わず、その不幸な生い立ちから弱い者に味方する庶民的でわかりやすい句をよみつづけた。「やせ蛙負けるな一茶これにあり」など名句が多い。代表歌集『おらが春』。

小林古径 (1883-1957)

明治・大正・昭和期の日本画家。新潟県の生まれ。1899年に上京して梶田半古に学んだ。日本美術院、文展などに出品して、1910年には進歩的な大和絵派の紅児会に入った。岡倉天心に認められ、1914年の日本美術院の再興に参加。1922年のヨーロッパ留学をへて画風はさらに完成にむかい、写生を基調にして品のあるとぎすまされた世界をつくり、新古典主義とよばれた。代表作『極楽井』『髪』など。1950年に文化勲章を受章。

*小林多喜二 (1903-1933)

大正・昭和期の小説家。秋田県に生まれ、小樽高等商業学校を卒業後、北海道拓殖銀行に入った。やがて文学をこころざしてプロレタリア運動にくわわり、共産党弾圧事件をえがいた『一九二八年三月十五日』を発表して文壇に登場。1929年の『蟹工船』によって名声を不動のものとしたが『不在地主』を書いて銀行を解雇された。1930年に上京して日本共産党に入党。3年後に官憲に追われて捕えられ、拷問を受けて獄死した。

小林秀雄（こばやしひでお）(1902—1983)

昭和期の評論家。東京に生まれ、東京帝国大学を卒業。1929年に評論『様々なる意匠』が雑誌『改造』の懸賞文芸評論に当選、以後、昭和文学に対する代表的な評論家として活躍するようになった。1933年には雑誌『文学界』の創刊に参加。戦時中は、日本の古典や伝統論に多く目を向けたが、戦後は『ゴッホの手紙』『近代絵画』などを著し、芸術をつうじて人間の精神を論じた。1964年の『考へるヒント』はベストセラーとなった。

小堀遠州（こぼりえんしゅう）(1579—1647)

江戸初期の茶人、大名。近江国（滋賀県）に生まれ、遠州流茶道の祖。30歳のときに従五位下遠江守となったことから遠州とよばれる。徳川家康につかえて作事奉行となり、城の工事を担当した。古田織部に茶を学び、春屋宗園に参禅して遠州ごのみといわれる作風の基礎をきずいた。茶室や庭園、茶器にいたるまで独特の明るい斬新な作品をつくり、後世まで「きれいさび」とよばれて親しまれた。代表作は大徳寺孤篷庵（こほうあん）など。

小宮豊隆（こみやとよたか）(1884—1966)

大正・昭和期の評論家、ドイツ文学者。福岡県の生まれ。東京帝国大学独文学科卒業。夏目漱石に師事して小説も書いたが、多くは評論で名をなした。本能的衝動を重視する自然主義にうたがいをもち、教養ある人格の形成をとなえた。とくに漱石の研究で知られ、1938年に『夏目漱石』1942年に『漱石の芸術』を発表。数回『漱石全集』を編集している。また、演劇評論、芭蕉研究でもすぐれた業績をのこした。

＊小村寿太郎（こむらじゅたろう）(1855—1911)

明治期の外交官、政治家。日向国（宮崎県）の生まれ。大学南校を卒業してアメリカに留学。帰国後、司法省につとめ、のち外務省にうつるが、この13年間は不遇だった。やがて外交の手腕を陸奥宗光に認められ、1901年に桂太郎内閣の外相となった。ロシアと対決して1902年に日英同盟を締結。日露戦争の講和会議では、全権として大陸の利権確保に力をつくした。その後、第2次桂内閣の外相もつとめ、韓国併合などにもあたった。

金地院崇伝（こんちいんすうでん）(1569−1633)

　安土桃山・江戸初期の臨済宗の僧。足利将軍家の家臣一色秀勝の子。将軍家滅亡後、難をのがれて南禅寺で育った。禅僧としての才能が認められ、1605年に臨済宗五山派の最高位である南禅寺の住持となる。その学識によって徳川家康につかえ『禁中ならびに公家諸法度』『武家諸法度』などを起草して基本的な政策を示した。また、方広寺の鐘の銘を口実に「大坂の陣」をひきおこすなど、すぐれた政治的な手腕も発揮した。

近藤勇（こんどういさみ）(1834−1868)

　江戸末期の幕臣。武蔵国（東京都）多摩の農民の子。幼いころから近藤周助に剣術をならい、養子となって試衛館道場をついだ。1862年、幕府が松平容保（かたもり）を京都守護職に任じて京都警護の浪人を募集したとき、道場をあげて参加。翌年、京にのぼって新撰組を結成し、池田屋事件などで多くの勤王の志士たちを斬った。幕府からの信任あつく旗本にまであがり、維新のときも忠誠をつくして官軍と戦い、捕えられて斬首された。

近藤重蔵（こんどうじゅうぞう）(1771−1829)

　江戸後期の幕府の役人。蝦夷地（北海道）の探検家。幼いころから学問を好んだ。1798年、幕府の蝦夷地大調査隊に加わり、最上徳内とエトロフ島に渡って「大日本恵登呂府（エトロフ）」と書いた標柱をたてた。1800年に高田屋嘉兵衛の協力でエトロフ島の開拓にのりだし、大きな功績をのこした。のち、書物奉行に任じられると、ぼう大な量の書物を読んで『外蛮通書』などをあらわし、学者としても名を高めた。気性が激しく奇行も多かった。

金春禅竹（こんぱるぜんちく）(1405−1470頃)

　室町期の能役者、能作者。大和猿楽四座のうち金春座の太夫である。観世座の世阿弥の教えをうけて、生涯、師とあおいだ。世阿弥の女婿でもある。禅僧ともしたしく、和歌や神道も学んでひろい教養を生かして芸を深めた。世阿弥の芸をうけつぎ、幽玄をこころざしたが、大衆性ももちつづけてすぐれた名作をのこした。代表作に源氏物語から題材をとった『玉葛（かずら）』仏教的な『芭蕉』など。能楽理論の著書にもすぐれたものがある。

今和次郎(こんわじろう) (1888－1973)

大正・昭和期の建築学者、風俗研究家。青森県に生まれ、東京美術学校を卒業。早稲田大学理工学部にむかえられて助手、助教授、のちに教授となった。柳田国男らの農村調査にくわわって民家を研究した。ついで、現代の風俗を研究する「考現学」をとなえ、その著書『考現学』はベストセラーとなった。また、服装の研究や造形論でも知られ、開襟シャツを考案したことでも有名である。

＊西園寺公望(さいおんじきんもち) (1849－1940)

明治・大正・昭和期の政治家。政権を朝廷に返す王政復古で参与に任じられ、戊辰戦争に参戦。しかし、やがて勉強のため官職をひき、フランスへ留学した。帰国後、明治法律学校の設立につづいて、フランス自由主義思想のもとに中江兆民らと『東洋自由新聞』を創刊。その後、政界に入り貴族院副議長、文相をつとめたのち、1903年に政友会総裁となった。桂太郎と交互に首相を2度つとめ、軍部抑圧に力を入れたが果たせなかった。

＊西　行(さいぎょう) (1118－1190)

平安後期の歌人。武士の家に生まれ、鳥羽法皇に北面の武士としてつかえたが、22歳のとき、突然出家して京の近くに住んだ。1143年、歌枕（歌によまれた名所）をまわって奥州に旅行。のち、高野山で修行をかさね、四国、九州などを旅して自然をよんだ歌をのこした。94首の歌が『新古今和歌集』におさめられている。当時の代表的歌人藤原定家とは対照的な歌風である。漂泊の詩人として多くの伝説が生まれている。

＊西郷隆盛(さいごうたかもり) (1827－1877)

江戸末・明治初期の政治家。明治維新の指導者。薩摩藩下級武士の家に生まれ、藩主島津斉彬にみとめられて側近となる。斉彬の死後、2度も配流の難にあったが1864年に帰藩。長州藩に対する幕府の第2次長征以後は、討幕派に属して活躍。薩長同盟、王政復古などを推進して、戊辰戦争では勝海舟との会談により江戸城の無血開城に成功した。維新後、廃藩置県に協力したが征韓論に敗れて鹿児島に帰り、西南戦争に敗れて自刃した。

西条八十(さいじょうやそ) (1892−1970)

大正・昭和期の詩人。東京の牛込に生まれる。早稲田大学英文科を卒業。大学に在学中、日夏耿之介(こうのすけ)らと同人雑誌『聖盃』を創刊した。1919年に処女詩集『砂金』を出版、甘美で浪漫的な象徴詩を書いて認められた。また、数多くの童謡を『赤い鳥』に発表。1924年にフランスに留学し、帰国後は母校の教授となった。昭和になってから流行歌の歌詞も手がけ、中山晋平とくんで『東京行進曲』などのヒット曲を生んだ。

＊最澄(さいちょう) (767−822)

平安初期の僧。天台宗の開祖。近江国(滋賀県)に生まれ、近江国師行表(ぎょうひょう)について出家。785年、東大寺で受戒したが、南都仏教に疑問をいだき、比叡山にこもって12年間修行した。804年、空海とともに留学僧として唐にわたり、天台山で教えをうけて帰国、806年、天台宗を開くことを許された。また、南都六宗、とくに法相宗(ほっそう)と教義について激しく論争、比叡山に大乗戒壇の設立をもとめて力をつくした。866年に伝教(でんぎょう)大師の号を受ける。

＊斎藤道三(さいとうどうさん) (1494−1556)

戦国期の大名。山城国(京都府)に生まれ、初め日蓮宗の妙覚寺に入って出家したが還俗。山崎屋と号して油屋をいとなむうちに美濃の守護土岐氏の家臣長井氏に仕官、西村勘九郎と名のった。以後、長井氏をのっとり、さらに守護代斎藤氏を継いで稲葉山城を本拠とした。1542年、土岐氏を討って美濃一国を手に入れ、娘を織田信長に嫁がせて戦国大名となった。53歳ごろから道三と号した。長良川で土岐義龍(よしたつ)と戦って敗死。

斎藤実(さいとうまこと) (1858−1936)

明治・大正・昭和期の海軍軍人、政治家。海軍兵学校を卒業後、公使館武官としてアメリカに駐在。のち、海軍の要職を歴任し、1906年に西園寺内閣の海相となった。また、朝鮮で民族運動がさかんになると、朝鮮総督に任命され文治政策をとった。1932年、五・一五事件のあとをうけて首相となったが陸軍の力をおさえきれず、満州国承認、国際連盟脱退などをおこなった。内大臣のとき、親英米派とみられて二・二六事件で暗殺された。

斎藤茂吉（さいとうもきち）（1882－1953）

大正・昭和期の歌人。山形県の生まれ。東京帝国大学を卒業。精神医学を専攻し、ながく青山脳病院長をつとめた。学生時代から作歌にはげみ、正岡子規の門下の伊藤左千夫に師事した。1908年の『アララギ』の創刊に参加し、左千夫の没後は島木赤彦らとアララギ派の中心として活躍。1913年の最初の歌集『赤光』で、万葉調の素朴で叙情的な歌をよみ、注目された。近代短歌を代表する歌人であり、柿本人麻呂の研究でも知られる。

佐伯祐三（さえきゆうぞう）（1898－1928）

大正・昭和初期の洋画家。大阪の生まれ。東京美術学校を卒業後、妻子をつれてフランスに留学。友人の紹介で画家のブラマンクに会い師事した。またユトリロのえいきょうを強くうけ、哀愁をこめた独自の画風で、パリの風景を好んでえがいた。1925年、パリのサロン・ドートンヌに『靴屋』が入選、翌年帰国した。しかし、日本の風景が制作意欲をわかせないことに失望。1927年、ふたたびパリに渡り、30歳の若さで客死した。

酒井田柿右衛門（さかいだかきえもん）（1596－1666）

江戸前期の陶工。肥前国（佐賀県）白石で瓦を作っていた父とともに有田にうつり、唐津風の陶器を焼いた。大坂落城でおちのびてきた陶工高原五郎七に技術を学び、染付磁器や青磁を焼くようになった。のち中国人に赤絵の技法を学んで試したが失敗。呉須権兵衛（ごす）とともに苦労をかさね、ついに赤絵の磁器を完成した。濁し手とよぶ乳白色の素地に彩色した焼き物は、ヨーロッパに大量に輸出され、世界の陶芸にえいきょうをあたえた。

堺利彦（さかいとしひこ）（1870／71－1933）

明治・大正・昭和期の社会主義運動の指導者。福岡県の生まれ。第一高等学校中退後『万朝報』（よろずちょうほう）の記者となり、幸徳秋水らと交わって社会主義運動に入った。1903年に秋水と「平民社」を創立し『平民新聞』を発行して日露戦争に反対。1906年には日本社会党を結成したが、やがて赤旗事件で入獄、入獄中に秋水らが大逆事件で処刑された。出獄後、大杉栄らと売文社をおこして社会主義文献を出版、1922年、日本共産党の創立に参加した。

酒井抱一（さかいほういつ）（1761−1828）

江戸後期の画家、俳人。姫路城主酒井忠以（ただざね）の弟。江戸に生まれ、幼いころから、俳諧、能、絵などをたしなみ、多趣味多芸であったが、1797年、病気を理由に出家。隠居して風流な生活をおくった。絵は狩野派、土佐派、円山派、浮世絵などあらゆる手法を学んだが、尾形光琳の画風にひかれ、その復興につくした。1823年には光琳の百年忌を記念して『光琳百図』を刊行。自らも、琳派様式のすぐれた絵をえがいた。

坂口安吾（さかぐちあんご）（1906−1955）

昭和期の小説家。父は代議士。放任主義のなかで少年時代をおくり、父の死後は代用教員をつとめた。しかし文学をこころざし、東洋大学卒業後の1931年に『黒谷村』『風博士』を発表。その後『吹雪物語』によって新境地をひらき、戦時中も文学に専念して評論『日本文化私観』を書いた。1946年『堕落論』を発表、戦後の混乱にむしろ真実と希望をみつけた。以後、流行作家として活躍。戦後の思想にひとつの役割を演じた。

坂田藤十郎（さかたとうじゅうろう）（1647−1709）

江戸前・中期の歌舞伎役者。京都の芝居座元の子として生まれる。若くして女形の芸を学んだといわれ、1678年に大坂荒木座で『夕霧名残の正月』の伊左衛門を演じて、いちやく人気役者となった。その後は近松門左衛門と提携して『傾城仏の原』（けいせい）などの名作を演じつづけ、江戸の市川団十郎とともに元禄歌舞伎の黄金時代をきずいた。とくに人情ものの芸にすぐれ、上方の和事（わごと）の大成者と評されている。のちに2代、3代がでた。

嵯峨天皇（さがてんのう）（786−842）

第52代天皇。桓武天皇の皇子。809年に平城天皇のあとをうけて即位、皇室の文書や道具を管理する蔵人所（くろうどどころ）や、都の治安にあたる検非違使（けびいし）などをもうけ、桓武天皇にはじまった律令政治をすすめた。また、内裏式（だいりしき）などを制定して朝廷の儀式をととのえた。いっぽう、文化の発展にもつとめ、天台宗、真言宗の確立および漢詩の奨励などに力を入れた。書にすぐれ、空海らとともに三筆のひとりとされている。

* **坂上田村麻呂**（758−811）
さかのうえのたむらまろ

 平安初期の武将。朝鮮半島から渡来した氏族の子孫と伝えられる。794年、征東副将軍として、そのころ朝廷にそむいていた東北の蝦夷を討ち大勝。さらに796年以降は鎮守府将軍として、征夷大将軍を兼ねて蝦夷の完全征討にあたり、古代国家における朝廷の勢力を今の盛岡あたりにまでのばした。戦場では陣頭に立ついっぽう、降伏した蝦夷には礼をつくしたといわれ、伝説的な英雄としてたたえられている。

坂本繁二郎（1882−1969）
さかもとはんじろう

 明治・大正・昭和期の洋画家。福岡県の生まれ。高等小学校の同期に青木繁がいる。母校の図画の教員になったが、青木繁が東京美術学校に入ったのに刺激されて上京、小山正太郎の不同舎に入門した。1914年、二科会の創立に加わって二科展に絵を発表、印象派のえいきょうをうけ、独自の幻想的な画風をきずいた。1921年から3年間、フランスに住み、帰国後は郷里で馬をモデルにした連作をえがいた。代表作に『放牧三馬』など。

* **坂本龍馬**（1835−1867）
さかもとりょうま

 江戸末期の土佐藩（高知県）の志士。江戸にでて剣術を学ぶが、1853年のペリー来航に刺激され武市瑞山の土佐勤王党に入った。のち脱藩して勝海舟に師事、また長崎で貿易会社をつくって土佐藩所属の海援隊へ発展させた。いっぽう、対立していた薩摩と長州の同盟を成功させ、さらに土佐藩にはたらきかけて将軍徳川慶喜に大政奉還をうながし、維新へとみちびいた。憲法をもつ民主的な国家を考えていたが、維新直前に暗殺された。

* **佐久間象山**（1811−1864）
さくましょうざん

 江戸末期の兵学者、蘭学者。信濃国（長野県）松代藩士。幼いころから学問にすぐれ、藩主に認められた。1833年に江戸にでて朱子学を修め、神田に象山書院を開いた。また蘭学に心をよせるほか洋砲術を学び、西洋に対抗できる力をもつべきだと開国論をとなえて、吉田松陰、坂本龍馬をはじめ多くの志士たちにえいきょうをあたえた。妻は勝海舟の妹。たいへんな自信家であったが、尊王攘夷派にねらわれて京で暗殺された。

佐倉惣五郎 (?－1653)

江戸初期の百姓一揆の指導者。下総国（千葉県）佐倉領主堀田正信の不当な重税に反対して、農民の代表となって将軍徳川家綱に直訴。重税はあらためられたが、磔にされ、家族も処刑された。このことは『地蔵堂通夜物語』に書かれ有名になり、さらに歌舞伎で上演されて広く伝わった。明治以降、その存在がうたがわれていたが、近年、下総国印旛郡公津村の名寄帳にその名があることから、実在したことが明らかになった。

佐々木惣一 (1878－1965)

大正・昭和期の憲法学者。鳥取県の生まれ。京都帝国大学を卒業し、母校の講師、助教授をへて1913年に教授となった。1933年、法学部の滝川幸辰教授を共産主義思想者であるとして、政府が免職させた事件がおこったとき、大学側の指導者として学生とともに政府と対立。しかし弾圧により辞職した。論理的な解釈で法の体系化をめざし、戦後は近衛文麿に協力して、新憲法の草案（佐々木試案）を起草した。

佐佐木信綱 (1872－1963)

明治・大正・昭和期の歌人、国文学者。国学者佐佐木弘綱の長男。三重県に生まれる。東京帝国大学を卒業し、父と『日本歌学全書』12巻を編さん、以後、母校で教壇に立った。短歌革新運動に加わり、1898年に和歌の雑誌『心の花』を創刊。歌風は地味であるが、おおらかな万葉調の歌もよみ、川田順、九条武子、木下利玄らのすぐれた門人を育てた。万葉集などのすぐれた研究でも知られ、1937年に第1回文化勲章を受章。

佐多稲子 (1904－1998)

昭和期の小説家。長崎県の生まれ。幼いころ母と死別し、11歳で上京。貧しさのため、小学校を中退して工場や料亭の女中などをして働いた。このとき、芥川龍之介、菊池寛らと知りあった。最初の結婚に失敗し、カフェーの女給をしているときに堀辰雄や窪川鶴次郎らを知り、窪川と結婚。短編『キャラメル工場から』で文壇にでて、プロレタリア作家として活躍した。代表作に『素足の娘』『私の東京地図』『歯車』など。

サトー（1843－1929）

イギリスの外交官。アーネスト・サトーともいう。ロンドンに生まれ、1862年にイギリス公使館の通訳として来日し、日英親善に力をつくした。倒幕派の人びとと交わり、ジャパン・タイムズ紙に発表した論文の翻訳『英国策論』など、イギリスの対日政策を倒幕派支持にみちびいた。1895年には日本駐在公使として3度目の来日。あわせて27年間日本に滞在し『一外交官の見た明治維新』他、日本関係の著書を残した。

佐藤栄作（さとうえいさく）（1901－1975）

昭和期の政治家。山口県の生まれ。岸信介の弟。東京帝国大学を卒業。1948年、吉田茂に認められて政界に入り、官房長官となった。要職を歴任し、池田内閣のあと、1964年に内閣を組織して1972年まで7年間首相をつとめた。この間自民党政治を安定させ、沖縄返還を実現させた。また、大学臨時措置法をつくり、大学紛争をおさえて、安保条約を自動的に延長させた。1974年にノーベル平和賞を受賞。

* **佐藤信淵**（さとうのぶひろ）（1769－1850）

江戸後期の農政学者。出羽国（秋田県）に生まれ、父とともに各地を歩いて実地に学問を学んだ。父の死後、江戸にでて宇田川玄随、平田篤胤らに師事、その学問は国学、儒学、蘭学、天文、地理、測量などあらゆる分野にわたった。諸国の大名に招かれて政治や経済などを説いた。天保改革の水野忠邦にも認められ『復古法概言』を著述、時代を先どりした思想家であった。大著『農政本論』『経済要録』などがある。

サトウハチロー（1903－1973）

昭和期の詩人。小説家佐藤紅緑の子。小説家佐藤愛子は妹。東京に生まれ、早稲田中学や立教中学など8校を転てんとして自由な生活を送った。詩を作ることにはげんで西条八十らに師事。1926年に処女詩集『爪色の雨』を出版して軽く明るい作風で認められた。のち、童謡や歌謡曲の作詞をして活躍。1961年に発表した詩集『おかあさん』はベストセラーになった。童謡界にのこした功績は大きい。

佐藤春夫(さとうはるお) (1892−1964)

　大正・昭和期の詩人、小説家、評論家。和歌山県の医者の家に生まれる。1910年、中学を卒業して上京、生田長江(いくたちょうこう)、与謝野鉄幹らに師事した。慶応義塾予科に入って雑誌『スバル』『三田文学』などに投稿。1921年に最初の詩集『殉情詩集』を発表、浪漫主義的詩人として認められた。また、小説も手がけて1919年に『田園の憂鬱』を刊行、すぐれた詩的散文で文壇の地位を確立した。伝記文学、評論にも大きな業績を残している。

里見弴(さとみとん) (1888−1983)

　大正・昭和期の小説家。有島武郎の弟。横浜の生まれ。東京帝国大学を中退。学習院時代に志賀直哉と知りあって白樺派の作家として出発した。また、泉鏡花のえいきょうも受け、1911年に発表した『河岸(かし)のかへ(え)り』で鏡花の絶賛をうけた。こまやかな人間の心をえがくのが巧みで、短編小説の妙手といわれた。自分のしたいことを真心をもってすれば許されるという「まごころ主義」をとなえて『多情仏心』を書き、代表作となった。

里村紹巴(さとむらじょうは) (1524−1602)

　室町末・戦国・安土桃山期の連歌師。里村昌休に連歌を学び、里村姓を名のった。戦国武将に近づいて活躍し、連歌界の第一人者となる。1582年の「本能寺の変」の直前に、明智光秀の連歌の会に参加。これにより豊臣秀吉のとがめをうけるが、許されて秀吉の連歌師としてつかえた。気性が激しく、戦国の乱世をたくましく生きぬき、子孫も、徳川幕府の連歌師をつとめた。著作も多く、解説書に『連歌至宝抄』などがある。

真田幸村(さなだゆきむら) (1567−1615)

　安土桃山・江戸初期の武将。真田昌幸の次男。名は信繁で、幸村という名は正しい史料には見当たらない。豊臣秀吉につかえ、関ヶ原の戦いでは石田三成の西軍に属し信濃国(長野県)上田城にこもって徳川秀忠の軍を阻止した。しかし西軍が敗れて、父昌幸とともに高野山に流された。1614年、豊臣秀頼が大坂(大阪)で兵をあげると、これに応じて大坂城に入り、翌年の大坂夏の陣に奮戦して戦死した。

佐野常民（さのつねたみ）（1822／23−1902）

明治期の政治家。日本赤十字社の創始者。佐賀藩士の子として生まれ、藩の学校で医学を学んだのち、京都、大坂（大阪）、江戸で蘭学を修めた。1867年、藩命でフランスにわたり、帰国後は明治政府につかえて海軍の創設につくした。西南戦争がおこると、博愛社を創設して敵味方の区別なく、負傷した人を看護。1887年にはジュネーブ条約に加盟して博愛社を日本赤十字社と改称し、初代の社長となった。

*ザビエル（1506−1552）

日本にはじめてキリスト教を伝えたイスパニア（スペイン）人宣教師。パリ大学で学び、イグナチウス・ロヨラと知りあった。宗教改革で生まれたプロテスタント勢力に対抗するため、ロヨラとイエズス会を創設し、東洋への布教をこころみた。インドをへて1549年に鹿児島に来日。平戸、山口などで布教活動をおこなって大名らの保護をうけた。2年3か月で帰国したが、西洋文化の東洋への移入にも、大きな業績を残した。

沢田正二郎（さわだしょうじろう）（1892−1929）

明治・大正期の俳優。早稲田大学で坪内逍遙の文芸協会に入り、俳優としての一歩をふんだ。芸術座の結成に加わり、松井須磨子の相手役をつとめたが、芸術性を重視するあまり大衆を無視した傾向に反対して脱退。1917年、大衆劇団として新国劇を結成した。東京での興行に失敗したが、関西で大衆の心をとらえ、時代劇の殺陣（たて）で観客をわかせた。その後、ふたたび東京に進出、しかし『沓掛時次郎』公演のあと耳の病で急死した。

沢田美喜（さわだみき）（1901−1980）

昭和期の女性社会事業家。三菱財閥をきずいた岩崎弥太郎の孫。東京の生まれ。恵まれた環境でなに不自由なく育てられた。クリスチャンの外交官と結婚し、外国で生活した。ロンドンでくらしているとき、施設でボランティアとして活動し、社会事業に関心をもった。戦後、アメリカの進駐軍と日本人女性との混血児がふえたため、1948年、私財を投じてエリザベス・サンダース・ホームを建て、混血児を収容した。

沢村栄治(さわむらえいじ) (1917-1944)

　昭和前期のプロ野球選手。三重県の生まれ。京都商業で投手として活躍し、甲子園大会にも2回出場。1935年にアメリカ大リーグ選抜軍が来日すると、京都商業を中退して全日本の一員として出場した。試合は0対1で敗れたものの、三振9個をうばった。日本初のプロ野球チーム（巨人軍）の結成に加わり、エースとして活躍。1937年、第1回最高殊勲選手にえらばれた。1944年に戦死。沢村の背番号14は巨人の永久欠番となっている。

三条実美(さんじょうさねとみ) (1837-1891)

　江戸末・明治前期の公卿、政治家。三条実万(さねつむ)の子。「安政の大獄」で処罰された父の遺志をついで、尊王攘夷運動に加わった。1862年、姉小路公知(あながこうじきんとも)とともに天皇の意を伝える勅使として江戸に下り、幕府に攘夷策をうながした。長州藩と結んで朝廷での中心人物となったが、1863年8月18日の政変で、公武合体派によって京を追われた「七卿落ち」。維新後、新政府で太政大臣(だいじょう)、内大臣をつとめた。

三条西実隆(さんじょうにしさねたか) (1455-1537)

　室町後期の公卿、学者、歌人。幼いころから学問にはげみ、後花園天皇以下3代の天皇につかえた。連歌師の宗祇から古今伝授をうけ、書にもすぐれて高い学識で知られ、1506年に内大臣となった。王朝文化の中心として活躍し、地方の大名に古典を教えるなど、文化的にはたした役割は大きい。60年間つづった日記『実隆公記』は、当時の学芸を知るうえで、ひじょうに貴重な史料である。実隆の歌学は細川幽斎にうけつがれた。

山東京伝(さんとうきょうでん) (1761-1816)

　江戸後期の戯作者、浮世絵師。江戸深川の生まれ。北尾重政に浮世絵を学び、大人向きの読物である黄表紙のさし絵をかいた。やがて著作をかねて山東京伝と名のり、1782年『御存(ごぞんじの)商売物』で人気を得た。吉原などを舞台にしたおもしろい洒落本にすぐれ『江戸生艶気樺焼(えどうまれうわきのかばやき)』で名声を不動にした。しかし「寛政の改革」で、風俗を乱したとして処罰され、以後は生彩をうしなった。原稿料をもらう職業作家の元祖と伝えられている。

三遊亭円朝（さんゆうていえんちょう）（1839－1900）

　江戸末・明治期の落語家。江戸湯島に生まれる。2代目三遊亭円生の弟子になり、1855年に真打ちにのぼる。しばい噺、怪談噺で人気をあつめたが、師匠にねたまれて出番の前に噺をとられるなどの仕打ちをうけた。このため即興で自作自演するようになり、名作『怪談牡丹灯籠』などを生んで江戸落語を大成させ落語の黄金時代をきずいた。また、作品が速記本として刊行されると、二葉亭四迷らの作家にもえいきょうをあたえた。

慈円（じえん）（1155－1225）

　鎌倉初期の僧、歌人。関白藤原忠通の子で九条兼実（かねざね）の弟。11歳で出家して比叡山延暦寺に入り、1192年に兄兼実が関白となると天台座主についた。以来、3度座主をつとめる。深い学識と名門の生まれによって朝廷の信任があつく、1203年に大僧正となり、牛車のまま宮中に出入りすることをゆるされた。朝廷と幕府のあいだが危なくなると、道理をとおして歴史を論じた『愚管抄』を書いた。歌人としても名を高め歌集に『拾玉集』。

＊志賀潔（しがきよし）（1870－1957）

　明治・大正・昭和期の細菌学者。宮城県の生まれ。県立宮城中学では詩人土井晩翠と同期だった。東京帝国大学医科大学を卒業して伝染病研究所に入り、北里柴三郎に師事した。当時、赤痢が大流行していたことから、北里の指導により動物実験などをつづけ、1897年、赤痢菌を発見。1901年にドイツに留学してエールリヒに学び、化学療法の先がけとなる業績をのこした。のち、朝鮮の京城帝国大学の総長をつとめた。

志賀重昂（しがしげたか）（1863－1927）

　明治・大正期の思想家、地理学者。三河国（愛知県）に生まれる。札幌農学校を卒業。海軍に友人が多かったことから軍艦に乗って各地をまわり、1887年『南洋時事』を書いた。翌年、政教社に入って雑誌『日本人』の創刊に加わり、世界に目をむけた開明的な国粋主義者として活躍。のち政界に入って帝国主義政策に協力した。また地理学の普及につとめ、『日本風景論』は美しい名文でベストセラーとなった。

*志賀直哉（1883−1971）

大正・昭和期の小説家。宮城県石巻に生まれ、学習院をへて東京帝国大学に入るが中退。1910 年、武者小路実篤らと『白樺』を創刊して『網走まで』を発表、自己の感情に忠実な的確な描写で注目された。実業家の父との長年の対立がとけるいきさつを書いた『和解』、自己の心境を鋭くえがいた『城の崎にて』など、すぐれた私小説によって独自の文学をきずきあげた。作者の内面的な自叙伝『暗夜行路』は近代文学の傑作とされている。

式亭三馬（1776−1822）

江戸後期の戯作者。江戸浅草の生まれ。9歳から 17 歳まで本屋に奉公したあと、独立して黄表紙などの読物を書きはじめた。1806 年に『雷太郎強悪物語』を刊行して人気を博した。何冊かを 1 冊にまとめた合巻を作ってはやらせ、1809 年に出版した滑稽本『浮世風呂』は庶民の生活をおもしろくえがいて、爆発的に読まれた。以後『早替胸機関』『古今百馬鹿』などの浮世物をつぎつぎ発表、人びとの笑いをさそった。

重光葵（1887−1957）

大正・昭和期の外交官、政治家。大分県に生まれ、東京帝国大学を卒業して外務省に入った。外交官として各国に駐在し、中国公使在任中に上海で爆弾を投げられて右足をうしなった。各国大使を歴任し、太平洋戦争中、2 度外相をつとめた。敗戦直後の東久邇宮内閣外相のとき、首席全権としてミズーリ号で降伏文書に調印。戦犯となったがゆるされて政界に復帰し、国連加盟、日ソ国交回復に力をつくした。

獅子文六（1893−1969）

昭和期の小説家、劇作家、演出家。横浜の生まれ。慶応義塾大学文科予科中退。フランスにわたり演劇を学んだ。帰国後は劇作家として活躍し、1937 年の文学座の創設に加わった。やがて生活のために小説を手がけ、新聞連載の『悦ちゃん』をはじめ『胡椒息子』『おばあさん』などで大衆の人気を集めた。戦時中は戦争文学『海軍』を書いたが、戦後『てんやわんや』『自由学校』などの社会小説を発表、1969 年に文化勲章を受けた。

志筑忠雄（しづきただお）(1760－1806)

江戸中期の蘭学者、天文学者。長崎に生まれ、オランダ語の通訳をしている志筑家の養子となり、通詞をつとめたが、病気で辞退。蘭学の研究にはげみ、オランダ語の文法を明らかにして大きな業績をのこした。天文学では『暦象新書』をあらわしてニュートンの力学を体系的に紹介。さらに独自の考えを加えて付録の『混沌分判図説』に独創的な考え方で太陽系を論じ、自然哲学のうえでもすぐれた思索力を示した。

＊十返舎一九（じっぺんしゃいっく）(1765－1831)

江戸後期の戯作者。駿河国（静岡県）に生まれ、初め武士につかえて大坂（大阪）に行ったが、辞職して浄瑠璃を書きはじめた。やがて江戸に上って本屋の蔦屋重三郎の世話になり、仕事を手伝いながら戯作を書いた。旅にでて得た構想で、1802年に『東海道中膝栗毛』を刊行。弥次郎兵衛、喜多八のおかしな珍道中はたちまち評判となり、毎年続編をかさねて21年間、膝栗毛を書きつづけた。式亭三馬とならぶ滑稽本の代表的な作者である。

幣原喜重郎（しではらきじゅうろう）(1872－1951)

大正・昭和期の外交官、政治家。大阪生まれ。東京帝国大学卒業後、外務省に入った。各国に外交官として駐在したのち、1915年から外務次官をつとめた。1921年のワシントン会議に全権大使として出席。その後、外務大臣となって軍部の侵略政策に反対し、軍備の縮小をおこなってアメリカ、イギリスと協調する外交をすすめた。しかし1931年の満州事変に対処できず、軟弱外交と非難されて辞職。戦後、占領下に内閣を組織した。

持統天皇（じとうてんのう）(645－702)

第41代天皇。天智天皇の娘で、天武天皇の皇后。天智天皇の崩御ののち「壬申の乱」で大友皇子と戦った大海人皇子（天武天皇）を助け、天武の即位により皇后となった。やがて子の草壁皇子がつぎの天皇となることをのぞみ、ライバルの大津皇子を陰謀により失脚させた。天武の死後、草壁皇子が亡くなるとみずから即位して天武の政策をうけつぎ、694年、藤原京に遷都した。歌人としても名が高い。

シドッチ（1668－1714）

江戸中期に来日したイタリア人宣教師。シチリア島の生まれ。日本でキリスト教をひろめることをこころざし、マニラをへて1708年に大隅国（鹿児島県）屋久島に上陸した。和服を着ていたが、島民に見つかって捕えられ、長崎に送られた。さらに江戸に護送されて小石川の宗門改所で、新井白石の調べをうけた。白石に伝えた世界の地理、歴史、宗教観や言語などの知識は、白石の『采覧異言』『西洋紀聞』の材料となった。牢で死亡。

司馬江漢（1747－1818）

江戸後期の画家、蘭学者。江戸に生まれて画家をこころざし、浮世絵師の鈴木春信に入門して春信そっくりの絵をえがいた。また平賀源内と交わり、蘭学にふれてしだいに洋画をめざすようになった。1781年、前野良沢についてオランダ語を学び、銅版画の研究を始めて1783年に日本で最初の銅版画に成功。さらに油絵の研究をして洋画家として名をあげた。地動説を紹介し、封建制度を批判するなど、すぐれた思想家でもあった。

柴田勝家（1522－1583）

安土桃山期の武将。尾張国（愛知県）の生まれ。初め織田信長の弟信行につかえ、1556年に信長と戦った。信長にゆるされてからは、かずかずの功をたてて織田家第一の家臣となり、越前国（福井県）をあたえられて北庄城で北陸を支配した。その後「本能寺の変」で先をこされた豊臣秀吉と対立をふかめ、1583年、賤ケ岳の戦いで秀吉に敗れ、信長の妹であった夫人お市の方とともに自殺。人間的にあたたかい武将であったと伝えられる。

司馬遼太郎（1923－1996）

作家、評論家。大阪外国語大学在学中に学徒出陣のため、満州の戦車連隊に配属されて太平洋戦争を体験する。戦後、産経新聞記者となり、在職中に『梟の城』で直木賞を受賞。『国盗り物語』『竜馬がゆく』『坂の上の雲』などを次々と著わし、独自の史観により歴史小説に新風を送ったばかりか、多くはテレビドラマ化されている。紀行文の傑作といわれる『街道をゆく』は亡くなるまで続けられ、文明批評にも定評がある。

渋川春海(しぶかわしゅんかい) (1639－1715)

江戸前・中期の天文学者、暦学者。安井算哲ともいう。安井家は幕府の碁方(ごかた)(囲碁の棋士)をつとめる家柄で、春海も早くから家を継いだ。天文学に興味をもち、天体を観測して天球儀などを作った。当時使われていた「宣明暦(せんみょうれき)」にまちがいが多いことに気づいて幕府に訴え、中国の授時暦を、日本にあった暦に改良、1684年、貞享暦(じょうきょうれき)として採用された。同年、新しくおかれた幕府の天文方に任じられ、のち渋川家がその職をうけついだ。

*渋沢栄一(しぶさわえいいち) (1840－1931)

明治・大正期の実業家、財界の指導者。武蔵国(埼玉県)の富農に生まれる。家業を手伝ったのち尊王攘夷運動に加わり、一橋慶喜の家臣となった。1867年、幕府の使節のひとりとしてヨーロッパに渡り、新しい知識を身につけて帰国。やがて大蔵省につとめたが4年で辞職。1873年に第一国立銀行を創立して実業界に入った。その後、王子製紙、共同運輸などを設立、生涯に名をつらねた会社は500以上、かかわった事業は600に及んだ。

シーボルト (1796－1866)

江戸後期に来日したドイツ人医師。1823年、長崎のオランダ商館つきの医師に任命されて来日。日本の研究をこころざしながら、すぐれた西洋医学をひろめ、幕府の許可をえて長崎郊外に私塾鳴滝塾を開いて診察もおこなった。名医の評判がひろまり、高野長英らすぐれた人材が集まった。帰国のさい、禁じられていた日本地図を持ち帰ろうとして国外追放となり、関係者が処罰された「シーボルト事件」。著書に『日本植物誌』がある。

島木赤彦(しまき あかひこ) (1876－1926)

明治・大正期の歌人。長野県に生まれ、長野師範学校を卒業して小学校の教師、校長を歴任。早くから短歌をつくり、雑誌に投稿していた。1903年に雑誌『比牟呂(ひむろ)』を創刊、やがて伊藤左千夫に師事。1913年、中村憲吉と歌集『馬鈴薯の花』を発表し、翌年上京して『アララギ』の編集にあたった。内面の真実を追求するため精神をきたえる鍛練道をとなえ、左千夫の死後は、アララギ派の中心となって活躍した。

島木健作（1903-1945）

　昭和期の小説家。北海道の生まれ。東北帝国大学法文学部選科を中退して香川県農民組合で書記をつとめた。共産党に入って農民運動をおこなったが、1928年の3・15事件で検挙され入獄。思想をかえる転向を宣言して出獄し、以後は作家として活躍した。1934年『癩』で認められ文壇に登場。1937年に、学生生活をやめて農場で新しく生きる青年をえがいた『生活の探求』を発表、ベストセラーとなった。短編の傑作に『赤蛙』がある。

＊島崎藤村（1872-1943）

　明治・大正・昭和期の詩人、小説家。長野県の旧家に生まれ、明治学院に学んでキリスト教にふれた。明治女学校の教師をつとめたのち、1893年に北村透谷らと『文学界』を創刊。やがて詩集『若菜集』で詩人として認められたが、しだいに散文に転じて『千曲川のスケッチ』などを発表、さらに1906年の長編小説『破戒』によって自然主義文学の代表的な作家となった。その後の名作に『家』『新生』『夜明け前』などがある。

島津斉彬（1809-1858）

　江戸末期の薩摩藩主。お家騒動のあと、弟久光をおさえて1851年に藩主となる。江戸でくらしていたため洋学に関心をもち、藩の政策も西洋の科学技術をとりいれておこなった。大砲や鉄砲、ガラスなどをつくる洋式工場を建てて、電気やガスの実験もおこない、名君といわれた。ペリー来航以来、ほかの有力大名と幕府の政治にかかわり、一橋慶喜を将軍におして井伊直弼と対立した。西郷隆盛らを育てたが、赤痢で急死。

島津久光（1817-1887）

　江戸末期の薩摩藩主島津忠義の父、斉彬の弟。斉彬の遺言によって忠義を藩主にたてて父として実権をにぎった。1862年、兵をひきいて京に上り、過激な尊王攘夷派の藩士を処罰した「寺田屋事件」。さらに江戸にむかい、幕政を改革させて公武合体派の中心として活躍。しかし、しだいに政局が討幕にかわるとついていけず、維新後の新政府にも不満をいだいた。1874年、左大臣となったが、まもなく辞職して郷里へもどった。

島村抱月（しまむらほうげつ）（1871－1918）

　明治・大正期の評論家、新劇指導者。島根県の生まれ。東京専門学校を卒業し、母校で講師をつとめた。1902年、ヨーロッパに留学。帰国後は教授となり、坪内逍遥らと「文芸協会」をつくって西洋演劇の指導にあたった。しかし、逍遥との対立と女優松井須磨子との恋愛から、母校、家庭を去って1913年に「芸術座」をおこした。演劇の翻訳や演出と劇団の経営で苦しんだが、須磨子中心の近代劇が成功をおさめた。

下岡蓮杖（しもおかれんじょう）（1823－1914）

　江戸末・明治期の写真家。伊豆国（静岡県）下田の生まれ。はじめ狩野派の日本画を学んだが、オランダ船のもたらした写真を見ておどろき、写真に興味をもった。家がアメリカ公使館に近かったことから、ハリスの通訳ヒュースケンに写真の技術を学び、のち横浜で写真館を開いた。日本人は写真をとられると魂も吸いとられると言って嫌ったが、外国人の客で繁盛した。長崎の上野彦馬とともに日本で最初の写真家である。

下田歌子（しもだうたこ）（1854－1936）

　明治・大正・昭和期の女子教育者。美濃国（岐阜県）の岩村藩士の家に生まれ、1872年に宮中につかえた。歌にすぐれていたので皇后から歌子の名をもらう。辞職して結婚したが、夫と死別してふたたび宮内省に入り、華族の女子教育にあたった。1898年、帝国婦人協会を設立して会長となり、皇室中心の軍国主義のもとでの良妻賢母論をとなえた。著書に『女子の修養』など。実践女学校の創始者としても知られている。

下中弥三郎（しもなかやさぶろう）（1878－1961）

　明治・大正・昭和期の出版事業家、教育家。兵庫県の生まれ、埼玉県師範学校の教師をつとめるころから実用書を執筆。1914年、平凡社を創立、自著の出版につづいて文学全集を刊行、やがて出版は教育であるという信念のもとに百科事典の刊行にのりだして「百科事典の平凡社」をきずいた。いっぽう教員組合の啓明会を組織して教育運動にも参加。戦時中はアジア主義をとなえたが、戦後は世界の平和運動に力をつくした。

下村観山(しもむらかんざん) (1873－1930)

　明治・大正期の日本画家。紀州徳川家に能の小鼓でつかえた家に生まれる。1881年に上京して狩野芳崖に日本画を学び、芳崖の紹介で橋本雅邦にも師事した。東京美術学校を卒業後、校長の岡倉天心に認められてただちに母校の助教授となった。さらに天心とともに日本美術院の創立に加わり、院展にすぐれた絵を多く出品。狩野派、大和絵など、ひろい手法を身につけて気品高い古典的な作品をのこした。代表作『白狐』など。

下村湖人(しもむらこじん) (1884－1955)

　昭和期の小説家。佐賀県の生まれ。東京帝国大学英文科を卒業して、中学、高等学校の教職についた。台湾の台北高等学校長をさいごに、教職をしりぞいて1931年に上京。青年団などの社会教育活動をおこなったのち、1941年に自分の生いたちをもとに『次郎物語』を出版、好評を博した。その後、続編を書いて作家生活に専念したが、第5部までで死亡。しかし未完『次郎物語』は自伝的教養小説として広く愛読されている。

謝花昇(じゃはなのぼる) (1865－1908)

　明治期の沖縄の自由民権運動の指導者。沖縄に生まれ、県の援助をうけて上京し、学習院をへて東京山林学校を卒業。沖縄に帰って県技師として県庁につとめ、沖縄県人としてはじめて高等官にのぼった。古くから農民の共有地であった杣山(そまやま)の開墾をめぐって、私腹をこやす奈良原県知事と対立し、中央に解決をもとめて上京、自由民権運動をおこなった。こころざしがむくいられないまま、挫折のうちに精神異常をきたして43歳で死亡。

周　文(しゅうぶん) (生没年不明)

　室町中期の画僧。京の相国寺に入って禅僧となり、師の如拙(じょせつ)から水墨画を学んだといわれる。室町幕府の使節のひとりとして朝鮮にわたり、朝鮮の画風を吸収した。日本の水墨画を大成し、弟子に雪舟などすぐれた後継者がいる。足利将軍家につかえて絵画、彫刻などはばひろい活動をおこなったが、確認できるたしかな作品はひとつもない。周文の作と伝えられるものは『山水図屏風』『竹斎(ちくさい)読書図』など。

朱舜水(しゅしゅんすい) (1600−1682)

江戸前期に来日した明(中国)の儒学者。明朝の政治に反対してつかえなかったが、清に滅ぼされると明朝の回復をねがって日本などに援軍をもとめた。しかし果たせず、1659年に日本に亡命。1665年、水戸藩の徳川光圀に招かれて正統の朱子学をつたえ、陽明学の実学もおもんじて水戸藩の学者らに大きなえいきょうをあたえた。また、楠木正成の碑文をつくり、湯島聖堂のもととなる孔子廟を建て、江戸駒込の水戸藩邸で生涯をとじた。

俊寛(しゅんかん) (?−1179頃)

平安末期の僧。村上源氏の流れ。僧都となって法勝寺に住み、後白河法皇の信任をえた。当時、平家が政権をにぎり、平氏以外は高い地位につけなかったので不満をもつ人たちがふえ、法皇の近臣である俊寛もそのひとりであった。1177年、京の鹿ケ谷の山荘で藤原成親らと平氏をたおす計画をたてたが、仲間の密告により発覚。捕えられて鬼界ケ島(鹿児島県)に流され、その地で没した。悲劇的な生涯は、能などで演じられている。

定朝(じょうちょう) (?−1057)

平安中期の仏師。康尚の子。関白藤原道長の建てた法成寺の阿弥陀如来像を父とともにつくり、摂関政治の権力者である藤原氏とむすんで活躍した。藤原文化、または国風文化といわれた時代の中心人物となり、純日本的な仏像を制作したほか、いくつもの木を組みあわせてつくる寄木造りを完成。均整のとれた美しいおだやかな作風は定朝様といわれて、のちの造仏の手本となった。現存の作品は宇治平等院の『阿弥陀如来像』のみ。

*聖徳太子(しょうとくたいし) (574−622)

用明天皇の第2皇子。厩戸皇子(うまやどの)ともいう。日本で最初の女帝であるおばの推古天皇が即位すると、皇太子に立てられ、摂政として天皇をたすけて政治をおこなった。朝廷での席次をきめる冠位十二階をつくり、官人の心がまえを説いた十七条の憲法を制定して、天皇を中心とした体制を強化。また、遣隋使を派遣して100年もとだえていた中国との国交を開き、大陸文化をさかんにとりいれて仏教をひろめるなど、大きな業績をのこした。

*聖武天皇（しょうむてんのう）（701－756）

第45代天皇。文武天皇の子、母は藤原不比等の娘宮子。不比等の娘光明子を、皇族以外ではじめての皇后にたてて藤原氏に政権をにぎらせた。不比等の死後は不比等の4人の子を要職につけ、天然痘で4人が急死すると橘 諸兄（たちばなのもろえ）を大臣とし、地方豪族の出の吉備真備らを重用した。不満をいだいた藤原広嗣が乱をおこすと平城京を脱出して都を次つぎ変え、仏教によって国をしずめるため、東大寺の大仏のほか全国に国分寺をつくらせた。

正力松太郎（しょうりきまつたろう）（1885－1969）

大正・昭和期の実業家。富山県に生まれ、東京帝国大学を卒業。警視庁に入り、署長などを歴任したが、1923年、皇太子が発砲された虎の門事件の警備責任者として免職となった。後藤新平の援助で読売新聞社の社長となり、ラジオ欄などの新しい企画で売り上げをのばした。また、プロ野球巨人軍を創立したほか、戦後、民間初のテレビ局として日本テレビ放送網を設立。1955年に衆議院議員に当選、岸信介内閣の国務大臣をつとめた。

如 拙（じょせつ）（生没年不明）

室町期の画僧。足利将軍家と縁のふかい京の相国寺（しょうこく）に住み、中国の宋や元の水墨画の画法を身につけた。五山文学を代表する学僧である絶海中津から如拙という名をもらったといわれる。水墨画の新しい様式を開拓して、弟子の周文、その弟子雪舟にうけつがれていった。応永年間（1394－1428）に、4代将軍足利義持にたのまれてえがいた『瓢鮎図（ひょうねん）』が代表作といわれる。室町水墨画の先駆者として位置づけられている。

白井義男（しらいよしお）（1923－2003）

昭和期のボクサー。東京に生まれる。1943年にボクシング界に入り、敗戦後、GHQ（占領軍総司令部）天然資源局のカーン博士に見いだされ、科学的な指導をうけた。1952年5月19日、東京後楽園特設リングで、アメリカ人フライ級世界選手権保持者ダド・マリノとたたかい、判定で勝って、日本人としてはじめての世界チャンピオンとなった。タイトル防衛4回、のちパスカル・ペレスに敗れて引退。その後は解説者として活躍。

白河天皇（しらかわてんのう）(1053−1129)

　第72代天皇。後三条天皇の第1皇子。おとろえはじめた摂関家をおさえて村上源氏や中級貴族を登用した。位を皇子の堀河天皇にゆずってから、3代の天皇、44年間にわたって上皇として政治をとり、朝廷の人事権をにぎって強力な院政を進めた。いっぽう仏教を信仰して法勝寺（ほっしょうじ）を建てたが、僧兵たちの横暴をまねいた。また、北面の武士を設置したほか武士団を重く用いたことから、公家政権のおとろえるきっかけをつくった。

白瀬矗（しらせのぶ）(1861−1946)

　明治期の極地探検家。出羽国（秋田県）の生まれ。陸軍に入り、仙台第2師団に配属されたとき、のちの陸軍大臣児玉源太郎少将と知りあった。以後、児玉の支援のもとに何度も探検計画を提出した。1893年に郡司成忠大尉の千島列島探検隊に参加。さらに北極探検をめざしたが、アメリカのピアリーが北極点に到達したので目標を南極にかえた。政府の援助をえられないまま1912年、日本人として最初に南極大陸の地をふんだ。

白鳥庫吉（しらとりくらきち）(1865−1942)

　明治・大正・昭和期の東洋史学者。東京大学文科大学で史学を学び、卒業後は学習院教授となり、のち東大教授もかねた。はば広い東洋史を研究し、史料を批判して実証的に追究する近代史学をめざした。その研究は、朝鮮古代史からはじまり、満州、モンゴル、中央アジア、オリエント、さらに民族学、言語学にまでおよんでいる。東洋文庫を創設し、学術誌『東洋学報』を創刊するなど、東洋史学の発展につとめた。

心　敬（しんけい）(1406−1475)

　室町前期の連歌師。紀伊国（和歌山県）に生まれ、比叡山に入って修行した。正徹（しょうてつ）に和歌、古典を学び、27歳のときに将軍足利義持がもよおした北野万句に加わって連歌界に登場。応仁の乱をさけ京をでて関東にむかい、相模国（神奈川県）大山に隠居、京にもどることなく、この地で没した。連歌論『ささめごと』によると、和歌の余情と幽玄を重くみて、深い境地にたっした。連歌の内面を深めて宗祇らに大きなえいきょうをあたえた。

新村出（しんむらいずる）(1876-1967)

　明治・大正・昭和期の言語学者。山口県に生まれ、東京帝国大学を卒業。母校の助教授をへて1906年にヨーロッパに留学し、言語学を研究した。帰国後、京都帝国大学教授となった。上田万年に師事し、ヨーロッパの言語学をとりいれて日本語の科学的な分析をおこない、近代の国語学を体系化した。また、国語辞典『広辞苑』の編さんでも名高い。ほかにキリシタン文学を研究して『南蛮広記』などすぐれた論文をのこしている。

＊親鸞（しんらん）(1173-1262)

　鎌倉初期の僧。浄土真宗の開祖。下級貴族日野有範の子として生まれ、慈円のもとで出家し、比叡山にのぼった。1201年、法然をたずねて専修念仏の教団に入ったが、1207年、旧仏教による弾圧で、越後国（新潟県）に流された。妻をもって在家主義を実践し、法然の考えをさらにふかめて、罪深い悪人こそが念仏によって救われるという悪人正機説をとなえた。おもな著書に『教行信証』のほか弟子がまとめた『歎異抄（たんにしょう）』がある。

推古天皇（すいこてんのう）(554-628)

　第33代天皇。欽明天皇の娘で、敏達（びだつ）天皇の皇后。日本で最初の女帝である。おいの聖徳太子を皇太子に立てて摂政として政治をおこなった。冠位十二階をつくり、十七条憲法を制定して官人たちをまとめ、国史を編さんして国家の体制をととのえた。また、中国との国交を開き大陸文化を移入して飛鳥文化をきずいた。しかし、政治の実権は聖徳太子と大臣の蘇我馬子ににぎられ、天皇は大王（おおきみ）の地位を占めていたにすぎなかった。

末川博（すえかわひろし）(1892-1977)

　昭和期の法学者。山口県の生まれ。京都帝国大学を卒業、ヨーロッパ留学をへて母校の教授となった。民法を研究し、1931年『権利侵害論』により博士号をとる。1933年、同僚の滝川幸辰（ゆきとき）が政府の弾圧によって免職「滝川事件」されたとき、ともに辞職。大阪商科大学にうつり、戦後は立命館大学総長をつとめた。また、一般の人びとへの法律知識の普及に力をつくし、『岩波六法全書』の編さんをおこなった。

末次平蔵（すえつぐへいぞう）（1546頃－1630）

江戸初期の長崎の貿易家。博多の豪商末次興善の子。1592年に豊臣秀吉から、1604年に徳川家康から、貿易を許可する朱印状をうけ、貿易により富をふやした。1619年、長崎代官村上等安とあらそい、失脚させて代官となった。以来、国外とは貿易、国内では代官職の特権をいかして長崎の政治にかかわり、権力をふるった。オランダの台湾長官ヌイツと貿易のことで対立し、人質をとったことは有名。孫の代で密貿易が発覚して没落した。

陶晴賢（すえはるかた）（1521－1555）

戦国期の武将。戦国大名大内義隆の家臣で重くもちいられた。しかし、義隆の側近で文治派の相良武任と意見があわず、謀反（むほん）をくわだてた。1551年、義隆を攻めて自殺させ、翌年、義隆の弟の晴英をむかえて家をつがせたが、自分が晴英にかわって領国をおさめた。家臣が主君にとってかわる下剋上のひとつのあらわれである。1555年に毛利元就と安芸国（あき）（広島県）厳島で戦い、敗れて自刃した。

末弘厳太郎（すえひろいずたろう）（1888－1951）

昭和期の法学者。山口県に生まれ、東京帝国大学を卒業。母校で教授をつとめ、民法講座を担当した。しだいに法律と生活の関係に興味をもち、労働問題の法律的研究をすすめた。日本ではじめて労働法制を講義し、日本労働法学の創始者のひとりである。戦時中、自由主義者としてきびしい攻撃をうけたが、戦後、中央労働委員会会長となり、争議の調停にあたった。おもな著書に『物権法』『労働法研究』などがある。

末広鉄腸（すえひろてっちょう）（1849－1896）

明治期の政治家、小説家、ジャーナリスト。伊予国（愛媛県）に生まれる。1875年『東京曙新聞』に入り、のち『朝野新聞』にうつって自由民権をとなえて活躍した。この間、政府を批判して入獄。自由党結成に加わって機関紙『自由新聞』の社説を書いたが、板垣退助が政府に買収されると党を去った。1886年には『雪中梅』翌年『花間鶯』を発表して政治小説で人気をえた。国会開設後は衆議院議員もつとめた。

末松謙澄（1855－1920）
すえまつけんちょう

　明治・大正期の政治家、文学者。豊前国（福岡県）の生まれ。妻は伊藤博文の長女。1871年に上京して福地源一郎の東京日日新聞社に入って文名をあげた。伊藤博文と知りあい、イギリスの日本公使館の書記としてヨーロッパにわたり、ケンブリッジ大学に留学。このとき『源氏物語』をはじめて英訳した。帰国後、伊藤内閣の要職を歴任。著書も多く、10年以上かけて編さんした『防長回天史』は維新研究の貴重な史料となっている。

末吉孫左衛門（1570－1617）
すえよしまござえもん

　安土桃山・江戸初期の河内国（大阪府）の豪商。父の末吉利方は豊臣秀吉につかえたが、関ヶ原の戦いでは父とともに徳川家康に味方。さらに「大坂の陣」で大活躍して、その功により河内国のふたつの郡の代官をつとめた。また貿易を許可する朱印状をうけて、ルソンなどとさかんに貿易をおこない、1608年にはみずからタイ国に渡航、孫左衛門の朱印船を末吉船とよんだ。京都清水寺などに、末吉船をえがいた絵馬が奉納されている。

菅原孝標女（1008－？）
すがわらのたかすえのむすめ

　平安中期の女流作家。菅原道真以来、学問にすぐれた家系といわれる菅原家に生まれ、幼いころから文学にしたしんだ。『源氏物語』を愛読して、そのなかにでてくる女性にあこがれをいだいたという。30歳をすぎて橘俊通と結婚。仏教をあつく信仰し、51歳のときに夫と死別してからは仏にすがるさびしい毎日をすごした。少女時代からの思い出をつづった『更級日記』は、日記文学の代表作である。

*菅原道真（845－903）
すがわらのみちざね

　平安前期の貴族、官人、学者。幼いころから学問を好み、すぐれた才能を発揮した。宇多天皇の信任あつく、政権をにぎっていた藤原良房、基経らとも親交があった。基経の死後、天皇に重くもちいられて右大臣にまですすんだ。894年、遣唐使に任じられると、おとろえた唐に危険をおかしてまで渡海する必要はないと進言して、遣唐使を中止。901年、藤原時平の陰謀により九州大宰府に左遷され、その地で没した。

杉浦重剛(すぎうらじゅうごう)(1855—1924)

明治・大正期の教育家、思想家。近江国(滋賀県)の生まれ。大学南校を卒業、イギリスに留学して化学を専攻した。帰国後、文部省などにつとめたが、辞職して新聞の社説を書き、1885年には東京英語学校を設立するなど、評論家、教育者として活躍。国粋主義をとなえ、1888年、政教社の創立に加わり、雑誌『日本人』の発刊に力をつくした。のち国学院学監、皇典研究所幹事長などをつとめて教育に情熱をそそいだ。

＊杉田玄白(すぎたげんぱく)(1733—1817)

江戸中・後期の蘭医、蘭学者。江戸の小浜藩下屋敷に藩医の子として生まれる。京で山脇東洋が解剖をおこなったことを聞き、江戸で機会をまった。平賀源内、前野良沢らと親交があり、蘭学をこころざした。1771年、刑死した死体の解剖を良沢らと見学して、オランダの解剖書『ターヘル・アナトミア』の正確さにおどろき、翻訳を決意。苦労のすえ1774年に『解体新書』を完成した。この苦心の経緯は『蘭学事始』にしるされている。

杉山元治郎(すぎやまもとじろう)(1885—1964)

大正・昭和期の農民運動家、政治家。大阪の生まれ。キリスト教の洗礼をうけ、東北学院神学部を卒業して伝道活動をおこなった。のち、神戸で布教していた賀川豊彦をたずね、農民運動をすすめられて1922年に日本農民組合を結成した。以後、小作争議を指導するなど農民運動を進め、1932年から衆議院議員に3回当選、農民代表の政治家として活躍。戦後も1951年から衆議院議員に6回当選、日本社会党の顧問などをつとめた。

調所広郷(ずしょひろさと)(1776—1848)

江戸後期の薩摩藩家老。代々茶の湯でつかえた下級武士の家に生まれ、すでに隠居していた島津重豪(しげひで)にとりたてられた。当時、薩摩藩はたいへんな財政難におちいり、重豪に財政改革をおこなうよう命じられた。500万両もの借金を250年間で無利子でかえすことを決め、また、琉球との貿易、黒砂糖を専売にするなど藩の天保改革を指揮した。重豪の死後、家老となったが、お家騒動により、幕府から密貿易をとがめられて自殺。

*鈴木梅太郎（すずきうめたろう）(1874−1943)

　明治・大正・昭和期の化学者。静岡県に生まれ、1896年に帝国大学農科大学を卒業。1901年にヨーロッパへわたり、ベルリン大学のエミール・フィッシャー教授のもとでたんぱく質を研究した。フィッシャーに東洋の特殊な課題をみつけるように言われ、帰国後、米ぬかの研究をはじめた。1911年、脚気の治療に有効な成分の抽出に成功、オリザニンと命名。その後、理化学研究所主任研究員をつとめ、酸の研究に功績をのこした。

鈴木貫太郎（すずきかんたろう）(1867／68−1948)

　明治・大正・昭和期の海軍軍人、政治家。大阪の生まれ。日清、日露戦争で水雷戦などの実戦にすぐれた才能をあらわした。また、政治的な野心がないことから天皇の側近にえらばれたが、1936年「2・26事件」でおそわれて重傷を負い、侍従長を辞職。太平洋戦争末期の1945年に首相となり、本土決戦体制の推進をとなえるいっぽう、ソ連を通じて和平工作をこころみた。しかし、いずれも成功せず、終戦直後に辞職した。

鈴木大拙（すずきだいせつ）(1870−1966)

　明治・大正・昭和期の宗教家。金沢の生まれ。石川県専門学校で西田幾多郎と交わり、国泰寺の僧の話などから禅に興味をもった。西田とともに帝国大学哲学科選科に入学。鎌倉の円覚寺に参禅して大拙の号をうけた。禅を外国に理解させることにつとめ、1897年にアメリカに渡って『大乗起信論』などを英文で出版。帰国後も英文仏教雑誌を創刊するなどして、外国への仏教の紹介に尽力、とくに欧米での禅ブームをよびおこした。

薄田泣菫（すすきだきゅうきん）(1877−1945)

　明治・大正期の詩人、随筆家。岡山県に生まれ、岡山中学校を中退して上京。独学で詩を学んだ。1897年に『新著月刊』に作品を発表して詩壇に登場、1899年に詩集『暮笛集』を刊行して詩人の名を高めた。その後『二十五絃』『白羊宮』などの詩集を発表して、蒲原有明とともに象徴派の代表として活躍。しかし、1910年ころから詩作をやめ、1912年には大阪毎日新聞社に入って、以後、多くの名随筆を書いた。

鈴木春信（1725－1770）

　江戸中期の浮世絵師。江戸に生まれる。京の西川祐信に美人画を学び、江戸における絵暦の流行にのって、多色刷りの木版画を創始した。錦のように美しいことから錦絵とよばれるようになった浮世絵である。また、和歌や古典を題材にして細身の女性を詩情豊かにえがいた見立絵にすぐれ、代表作に『座敷八景』『雪中相合傘』などがある。活躍期間は短かったが、版画技法も美人画法も、のちの浮世絵に大きなえいきょうをあたえた。

鈴木文治（1885－1946）

　大正・昭和期の労働運動家。宮城県の生まれ。東京帝国大学法学部に在学中、同郷の吉野作造のすすめで本郷教会に入った。1911年、統一基督教弘道会の伝道部長となり、翌年、会員15人で友愛会を結成。はじめは政府の弾圧をさけて労働者の自覚をたかめる互助会的なものであったが、しだいに労働組合の性格をふかめた。やがて全国的な規模となり、1919年に大日本労働総同盟友愛会と改称。政府の弾圧にたえて労働運動を指導した。

鈴木三重吉（1882－1936）

　明治・大正期の小説家、児童文学者。広島県に生まれる。東京帝国大学に在学中から夏目漱石に私淑、1906年に短編小説『千鳥』を書いて漱石に絶賛された。その後『山彦』『小鳥の巣』などを発表したが、1918年に小説の筆を絶って児童雑誌『赤い鳥』を創刊。北原白秋をはじめ多くの芸術家の協力をえて、芸術的な童話、童謡の創作運動をおこした。また、子どもたちの表現力をのばすため綴方指導にも、大きな業績をのこした。

鈴木茂三郎（1893－1970）

　大正・昭和期の社会運動家、政治家。愛知県の生まれ。早稲田大学を卒業後、報知新聞、東京日日新聞などの記者となり、その間にアメリカおよび、革命直後のソ連にわたり、社会主義にちかづいた。1925年、農民労働党の結成に参加。また山川均らと知りあい雑誌『労農』の創刊に協力。やがて新聞記者をやめて社会主義運動に入ったが、1937年の人民戦線事件で捕えられた。戦後、日本社会党の結成に加わり、委員長などをつとめた。

住友吉左衛門 (1647－1706)

豪商住友家の第3代。本名は友信。家督をつぐと同時に吉左衛門を通称としたことから、以後、この通称が住友家当主の名称となった。住友家は銅の製錬・販売を家業としてきたが、友信は、さらに美作国（岡山県）吉岡銅山の開発に着手、その後、第4代の友芳が吉岡銅山をひきつぎ、1691年には別子銅山をも開坑して、住友家興隆の基礎をきずいた。明治に入って番頭の広瀬宰平の経営で事業を拡大、住友財閥へ発展した。

*角倉了以 (1554－1614)

安土桃山・江戸初期の京都の豪商。姓は吉田といい、祖父の代に角倉という土倉（高利貸）を経営して富をきずいた。豊臣秀吉から貿易を許可する朱印状をうけて、おもに安南（ベトナム）とさかんに貿易をおこなった。いっぽう、河川の開発にすぐれ、1606年に幕府の許可をえて大堰川の底のどろをさらい、舟の便をはかった。さらに富士川、天竜川の治水工事を進め、高瀬川を淀川につないで伏見、京都間の水運をひらいた。

*世阿弥 (1363－1443)

室町期の能役者、能作者、能の大成者。幼いころ、当時最高の文化人であった二条良基にかわいがられて教養をつんだ。将軍足利義満にひきたてられ、父観阿弥とともに猿楽の演劇性をいかして幽玄をきわめた能をきずきあげた。しかし、おいの音阿弥を寵愛する足利義教の弾圧をうけて佐渡に流されるなど、晩年はめぐまれなかった。今日の能の多くは世阿弥の作品であり、『風姿花伝』などのすぐれた能の理論書も著わしている。

*清少納言 (生没年不明)

平安中期の女流随筆家、歌人。清原元輔の娘。はじめ橘則光と結婚して子どもを生んだが、一条天皇の中宮定子の女房となって宮づかえをした。はなやかな宮中での生活で、定子に愛され、和漢の高い教養をいかして活躍。定子の父藤原道隆が死に、藤原道長の全盛により定子が不遇になっても明るくつかえ、定子の死まで女房をつとめた。すぐれた随筆『枕草子』は、宮廷で評判となって紫式部の『源氏物語』にもえいきょうをあたえた。

*関孝和_{せきたかかず}（？－1708）

江戸前・中期の数学者。日本独特の数学である和算を大成した。甲州（山梨県）の大名徳川綱重と綱豊につかえ、勘定吟味方として会計検査をおこなった。綱豊が将軍の世子となると、ともに江戸城西丸に入った。数学を研究して中国の代数学を発展させ、西洋より70年はやく、文字係数をつかう方程式を考えだし、さらに円の計算なども研究。従来の和算を大きくかえた業績は大きい。1674年、筆算代数をもちいた『発微算法』を著した。

*雪　舟（1420－1506）

室町後期の画僧。日本の水墨画の大成者。経歴についてくわしいことはわからない。備中国（岡山県）に生まれたとされている。京にのぼり、相国寺で周文に水墨画を学んだ。周防国（山口県）におもむき、大内氏の保護をうけて雲谷庵という画室をいとなんだ。1467年、大内氏の船で明（中国）にわたり、宋、元の画法を学び、北京で壁画をえがいて名を高めた。帰国後も周防で活躍をつづけ『四季山水図』など多くの傑作をのこした。

銭屋五兵衛（1773－1852）

江戸後期の加賀藩の豪商、海運業者。代々金沢で両替商をいとなんでいたが、父の代から海運業にものりだし、五兵衛の代になって大きく栄えた。加賀藩の執政奥村栄実の信任をえて、藩の御用船をまかされ、北前船の全盛とともに巨額の富をきずいた。1000石以上を積む船は20そうをかぞえたという。しかし栄実の死後、反対派に政権をにぎられたうえ、晩年は河北潟の干拓工事からおこった事件で捕えられ、獄死した。

芹沢光治良（1896－1993）

昭和期の小説家。静岡県に生まれる。1922年、東京帝国大学経済学部を卒業。3年後、フランスにわたり、ソルボンヌ大学で経済学を学んだが結核のため1929年に帰国。翌年、スイスでの療養生活をえがいた『ブルジョア』が懸賞小説に当選して作家生活に入った。知性と感情の表現の調和したフランス的な作風で知られ、つねに生と死と愛をテーマに創作。『巴里に死す』『愛と知と悲しみと』のほか、大作『人間の運命』がある。

千家元麿(せんげもとまろ)(1888−1948)

大正・昭和期の詩人。司法大臣や東京府知事をつとめた政治家を父にもち、恵まれた環境に育った。しかし、妾腹の子であることに悩んで、学業よりも俳句、短歌、詩にうちこみ、武者小路実篤と交わって雑誌『白樺』の同人となった。ゴッホ、ドストエフスキー、ホイットマンらの心と作品を愛し、自然や人間に対する深い思いやりを口語詩風の平明な詩にそそいだ。『自分は見た』『虹』『昔の家』などの詩集がある。

＊ 千利休(せんのりきゅう)(1522−1591)

安土桃山期の茶人。侘茶(わびちゃ)の湯の大成者。和泉国（大阪府）堺の生まれ。少年時代から茶の湯に興味をもってきびしい茶道を学び、50歳ころ、茶人今井宗久らのすすめで織田信長に茶頭(さじゅう)としてつかえた。また、信長の死後は豊臣秀吉につかえて、天下一の茶人と評されるまでになった。しかし、1591年に、秀吉の怒りにふれて切腹を命じられ、悲壮な最期をとげた。草庵を中心にした芸術性の高い茶の湯を開き、千家流の祖とされている。

＊ 宗　祇(そうぎ)(1421−1502)

室町中期の連歌師、古典学者。姓は飯尾。はやくから出家したが、30歳ころから飛鳥井雅親に和歌を、一条兼良に古典を学んだ。漂泊の歌人西行をしたい、生涯のほとんどを旅ですごし、三条西実隆ほか多くの公家や武将としたしく交わり、連歌を全国にひろめた。1488年に弟子の宗長や肖柏とともに水無瀬(みなせ)神宮におさめた『水無瀬(みなせ)三吟百韻』は連歌の最高傑作とされている。晩年に『新撰菟玖波(つくば)集』を編集した。

相馬御風(そうまぎょふう)(1883−1950)

明治・大正期の詩人、評論家。新潟県に生まれ、早稲田大学を卒業。中学時代から詩作を始め、早大入学後、岩野泡鳴らと雑誌『白百合』を創刊して詩や評論を発表した。また、大学卒業と同時に『早稲田文学』の編集にあたり、自然主義の立場から評論を執筆、さらに1907年には野口雨情らと早稲田詩社をおこして、翌年『御風詩集』を刊行。早大講師をつとめたのち、晩年は良寛の研究に力をつくした。早大校歌『都の西北』を作詞。

副島種臣（そえじまたねおみ）(1828-1905)

明治期の政治家。佐賀藩に生まれる。早くから尊王攘夷論をとなえ、長崎で英学を学んで西欧に目を開いた。維新後は新政府参与、参議をへて外務卿となり、ロシア、清国などとの対外交渉に活躍。征韓論では岩倉具視らに敗れて、一時、政界をしりぞいた。しかし、1879年に宮内省の侍講となって官界に復帰、その後、枢密院顧問官、枢密院副議長を歴任して、1892年に松方正義内閣の内務大臣をつとめた。書家としても知られる。

添田啞蟬坊（そえだあぜんぼう）(1872-1944)

明治・大正期の演歌師。神奈川県に生まれる。少年時代に上京して自由民権派の青年倶楽部に所属、思想弾圧下に、演説に代えて歌で社会批判をつづける運動に加わり、街頭に立つようになった。非戦論をとなえ、婦人解放をさけんで、堺利彦の社会主義運動に入り、民衆の心をとらえる演歌を多く作って、一世をふうびした。代表作に『ああ金の世』『ラッパ節』『ノンキ節』などがある。

＊蘇我入鹿（そがのいるか）(?-645)

古代の中央豪族。蘇我蝦夷の子。中国に留学した僧旻の教えをうけて、すぐれた学識を身につけ、皇極天皇のころ、父とともに国政をほしいままにした。そして皇位継承の争いがおこると、643年、聖徳太子の子の山背大兄王を斑鳩宮におそって自害させた。しかし、しだいに蘇我氏の権力に対する批判が高まるなかで、645年、中臣（藤原）鎌足と中大兄皇子によって暗殺され、以後「大化の改新」がはじまった。

蘇我馬子（そがのうまこ）(?-626)

古代の中央豪族、大臣。仏教をあつくうやまい、皇族との関係をふかめて権力をもちはじめ、対立していた物部守屋を攻めほろぼした。政治の実権をにぎり、天皇を助けて政策をおこなった。しかし崇峻天皇と対立したときには天皇を暗殺。推古天皇のもとでは、聖徳太子に協力して天皇を中心とした国政に力をつくしたが、太子の死後は、ふたたび権力をふるった。法興寺を建立。奈良の石舞台古墳は馬子の墓といわれる。

蘇我蝦夷(えみし)(?—645)

古代の中央豪族。馬子の子。父の死後、大臣となって朝廷の実権をにぎり、推古天皇の死にともなう皇位継承では、聖徳太子の子の山背大兄王(やましろのおおえのおう)をしりぞけて舒明(じょめい)天皇をたてた。つぎの皇極天皇の世になると、さらに権勢をふるい、生前に用意した自分たち父子の墓をみささぎとよばせるなど、横暴をきわめた。晩年は息子の入鹿に政治をまかせたが、645年に入鹿が中大兄皇子(なかのおおえのおうじ)らに殺されると、翌日、自邸に火をつけて自殺した。

醍醐天皇(だいごてんのう)(885—930)

第60代の天皇。宇多天皇の第1皇子。897年にわずか12歳で即位したが、在位34年のあいだ1度も摂政・関白をおかず、宇多天皇をうしろだてにした親政をつづけた。899年、藤原時平を左大臣、菅原道真を右大臣に任じて政務を推進。しかし、2年後に、時平の力に負けて道真を九州へ左遷、藤原氏の勢力進出をまねいた。この親政期はのちに理想の時代と評されたが、醍醐天皇の死後、律令国家がくずれていった。

大鵬幸喜(たいほうこうき)(1940—)

昭和期の力士。サハリン(樺太)の生まれで本名は納谷幸喜。二所ノ関部屋に入り、1960年に入幕。おなじ年、大関にのぼり、連続優勝して翌年の9月に21歳の若さで横綱に昇進、横綱の柏戸とならんで「柏鵬時代」とよばれる黄金期をきずいた。最盛期の体重153kg、身長187cm。優勝32回の新記録をつくり、昭和期では双葉山につぐ大力士といわれた。引退後、年寄の名として大鵬をつかうことを許され、大鵬部屋をおこした。

* 平清盛(たいらのきよもり)(1118—1181)

平安後期の武将。平忠盛の長男。白河天皇の落としだねとも伝えられる。忠盛の死後、平氏の武士団をひきいて「保元の乱」「平治の乱」に活躍、源氏をおさえて全国支配の軍事権をにぎった。また、1167年には太政大臣(だいじょう)となって平氏政権を樹立。その後は、天皇に娘や妹を嫁がせて朝廷との関係をふかめ、平氏の全盛時代をきずいた。しかし、一族の貴族化とともに反平氏勢力を生み、源氏の蜂起による内乱の最中に病死した。

平 重盛（たいらのしげもり）（1138－1179）

平安末期の武将。清盛の長男。保元・平治の乱で武名をあげ、平氏の繁栄とともに右大将、左大将、大納言をへて、1177年には内大臣となった。性格温厚な武人として人に好かれ、後白河法皇の近臣たちが平氏討伐を謀った「鹿ケ谷事件」で、清盛が法皇を幽閉しようとしたときには、清盛をいさめたと伝えられる。1179年、病気のため内大臣をしりぞいて出家したが、朝廷と清盛との和を案じながら、清盛よりも早く世を去った。

平 忠盛（たいらのただもり）（1096－1153）

平安末期の武将。平正盛の長男で清盛の父。白河法皇につかえて重くもちいられ、院を守る北面の武士や京の治安をつかさどる検非違使（けびいし）などをつとめた。また、西国の国司を歴任して各地で経済基盤をかためて財力をたくわえた。院に寺や荘園を寄進して地位を高め、さらに得長寿院（とくちょうじゅいん）の創建にも力をつくして宮中にあがることを許され、のちの平氏政権の基礎をきずいた。歌人としてもすぐれ、歌集に『平忠盛朝臣集』がある。

＊ 平 将門（たいらのまさかど）（？－940）

平安中期の武将。鎮守府将軍平良持の子。良将の子とする説もある。初め京にでて高い官位を欲したが果たせなかった。関東にもどったのち、父の遺領をめぐって一族と争い、935年におじの平国香を殺害。さらに国香の子の貞盛を破って関東一円に勢力を広げた。しかし、常陸国府を焼きはらって、みずから新皇と称したことから朝敵となり、朝廷の追討を受けて敗死した。将門の反乱を語った戦記読物に『将門記』がある。

平 宗盛（たいらのむねもり）（1147－1185）

平安末期の武将。清盛の3男。兄重盛が死んだあと家をつぎ、清盛の死後は平氏一門をひきいて源氏と戦った。しかし、平家の力はすでにおとろえ、1183年に源義仲に京を追われ、平氏一族と平氏の血をひく幼い安徳天皇をひきつれて西国にくだった。一時、勢力をもりかえして一ノ谷（神戸市）までのぼったが、ふたたび追われ、1185年、壇ノ浦の戦いに敗れた。捕えられて鎌倉へ護送され、やがて京に送られる途中、殺された。

タウト (1880－1938)

ドイツの建築家。ケーニヒスベルクに生まれ、生地の国立高等建築学校を卒業。1909年、ベルリンに建築事務所を開き、やがて、ガラスを利用した家や都市計画で世界的な建築家となった。しかし、ナチス政権が生まれる直前に日本へ亡命、4年間、仙台や高崎などに住んで日本の工芸の発展に大きなえいきょうを与えた。とくに日本の古建築に関心をもち、著書をとおして日本の美を世界に紹介。晩年は、トルコで活躍した。

田岡嶺雲 (1870／71－1912)

明治期の評論家。高知県に生まれ、帝国大学文科大学を卒業。1895年、雑誌『青年文』を主宰して評論活動をおこない、樋口一葉の『にごりえ』などを紹介した。社会主義に近づいて、幸徳秋水らとも交わって『万朝報』の記者もつとめた。資本主義の矛盾を指摘するなど、生涯をとおして情熱的な社会批判をおこない、『嶺雲揺曳』『壺中観』など多くの評論集を著わした。しかし、たびたび発売禁止の処分をうけた。

高島秋帆 (1798－1866)

江戸末期の西洋砲術家、兵学者。長崎の鉄砲方をかねた町年寄の家に生まれ、早くから、オランダ人に西洋式砲術を学んだ。また、私財を投じて兵器の研究を進め、幕府に洋式砲術の採用を申しでて、1841年に砲術調練を実施、幕府に認められた。しかし翌年、謀反の疑いで失脚。ペリー来航後にゆるされて、講武所砲術指南役をつとめるなど幕府の洋式軍備の指導にあたった。江川太郎左衛門、佐久間象山らも、秋帆に学んでいる。

＊高杉晋作 (1839－1867)

江戸末期の尊攘倒幕派の志士。長州藩士の家に生まれる。藩校明倫館に学んだのち吉田松陰の松下村塾に入門、秀才とうたわれた。1862年に上海にわたり、清国における外国の侵略を見て帰国、攘夷から倒幕へと思想をかえた。その後、長州藩の外国船砲撃事件、四国連合艦隊の下関砲撃事件などに活躍。幕府の長州征伐にあたっては藩兵を指揮して、長州藩を倒幕に動かした。維新を前に若くして病死。

高田屋嘉兵衛（1769－1827）
たかたやかへえ

江戸後期の豪商。淡路国（兵庫県）の生まれ。海運業をいとなみ、幕府の蝦夷地（北海道）の開発とともに蝦夷地に進出して、1798年には箱館（函館）に支店をひらいた。蝦夷地の海産物のとりひきを独占し、幕府の命令で航路開発もおこなった。1800年、探検家近藤重蔵とエトロフ島にわたり、漁場を開拓。1811年に幕府がロシア艦長ゴローニンをとらえた報復に、翌年ロシアに捕えられた。釈放後はゴローニンの釈放に力をつくした。

高野岩三郎（1871－1949）
たかのいわさぶろう

大正・昭和期の社会統計学者。高野房太郎の弟。長崎県に生まれ、帝国大学法科大学を卒業後、ドイツ留学をへて母校の教授となった。日本ではじめて統計学の講座をひらき、1907年の社会政策学会の設立にも力をつくした。また、庶民の生活調査などを実施して労働・社会問題に関心をよせ、やがて東大をしりぞいて大原社会問題研究所所長に就任。戦後は、社会党の結成に参加。1946年から3年間、日本放送協会の会長をつとめた。

＊高野長英（1804－1850）
たかのちょうえい

江戸後期の蘭医、蘭学者。陸奥国水沢藩（岩手県）の生まれ。江戸の吉田長叔にオランダの医学を学び、さらに長崎にでてシーボルトに師事して鳴滝塾に入った。「シーボルト事件」では難をのがれて江戸へもどり、医業・翻訳業を始めた。また1833年ころから、渡辺崋山らと尚歯会を結成して外国事情を研究。しかし1838年に、鎖国を批判した『夢物語』を著わして、崋山とともに投獄された「蛮社の獄」。火災の際に脱獄後、自殺。

高野房太郎（1868／69－1904）
たかのふさたろう

明治期の労働運動家。日本の労働運動の先駆者。高野岩三郎の兄。長崎県の生まれ。横浜商業を卒業。1886年にアメリカへわたり、苦学をつづけるうちに在米の沢田半之助らと知りあい、職工義友会をつくって労働問題を研究。1896年に帰国して日本においても労働組合をつくることをめざし、翌年、沢田らの労働組合期成会・鉄工組合結成に協力した。しかし政府の弾圧が始まると絶望して中国へわたり、青島（チンタオ）で死亡した。

高橋景保(たかはしかげやす) (1785−1829)

江戸中期の天文学者、蘭学者。高橋至時(よしとき)の子。幕府の天文方となり、伊能忠敬の死後、その事業をうけついで全国の地図を作成した。また、海外に関心をもち、幕府に洋書を翻訳する役所をつくることを提案、新設された蕃書和解御用(ばんしょわげ)の中心人物となった。しかし、来日していたドイツ人医師シーボルトと交わり、地図と洋書を交換したことから幕府に捕えられ、獄中で病死した「シーボルト事件」。

高橋是清(たかはしこれきよ) (1854−1936)

明治・大正・昭和期の政治家、財政家。仙台藩の藩費でアメリカへ留学、帰国後、文部省をへて農商務省へ転じ特許局長に昇進。1892年には日本銀行へ入り、外債募集の功などで1911年に同総裁に就任した。1913年には山本権兵衛内閣の蔵相となって政友会に入党。原敬暗殺後の首相、政友会総裁を歴任。1924年に衆議院議員に当選後、一時、政界を引退したが、やがて歴代内閣の蔵相に復帰、軍部と対立して暗殺された「2・26事件」。

高橋由一(たかはしゆいち) (1828−1894)

明治前期の洋画家。江戸に生まれる。はじめ狩野派の日本画を学んだが、西洋の石版画を見て感動し、洋画をこころざした。1862年、蕃書調所に入って川上冬崖に師事、さらにイギリス人記者ワーグマンらの指導をうけた。維新後、大学南校の洋画の教官をつとめるかたわら、塾を開いて門人を育成。徹底した写実主義で、真に迫った作品をえがき、日本の洋画の発展に大きく貢献した。代表作『鮭』など。風景画も手がけた。

高橋至時(たかはしよしとき) (1764−1804)

江戸後期の天文学者。代々、大坂(大阪)で同心をつとめる家に生まれ、至時も幕府につかえて同心となった。やがて麻田剛立(ごうりゅう)に天文学を学び、西洋の書物を参考にして暦を研究し、日本の暦法のあやまりを指摘した。1795年、幕府の天文方に任じられ、改革をおこなって寛政暦を完成。また、伊能忠敬の全国測量の事業に対して、幕府との交渉や測量法の指示などをおこなって協力した。子の高橋景保があとをついで天文方となった。

高畠素之（1886－1928）

大正期の社会思想家。群馬県に生まれ、前橋中学に在学中、クリスチャンとなって1904年に同志社大学に入った。しかし社会主義に関心をもって大学を中退。1908年、高崎市で社会主義雑誌『東北評論』を発行して捕えられ、禁固4か月の刑をうけた。上京して堺利彦らと『新社会』を発刊してマルクス主義を紹介した。のち国家社会主義に転じて大川周明らの老社会に加わり、右翼団体を支援。日本で最初に『資本論』を完訳した。

高浜虚子（1874－1959）

明治・大正・昭和期の俳人、小説家。愛媛県松山の生まれ。中学時代、正岡子規を知り師事。級友に生涯のよきライバルとなった河東碧梧桐がいた。子規の死後、俳句革新運動をうけついで、俳誌『ホトトギス』を主宰、散文や小説ものせて夏目漱石らの余裕派の拠点となり、みずからも写生文を書いた。伝統をくずさず、花鳥諷詠詩をとなえて俳壇の大御所として君臨した。小説に『俳諧師』『虹』など。1954年に文化勲章受章。

高見順（1907－1965）

昭和期の小説家。福井県に生まれ、東京帝国大学を卒業。はじめプロレタリア文学をめざしたが転向して『故旧忘れ得べき』を書き、第1回の芥川賞候補となった。1940年に、戦時下の庶民の哀歓をえがいた長編『如何なる星の下に』を発表して名を高め、戦後は、自伝的な愛欲小説をへて『激流』『いやな感じ』など、社会と個人を統一した現代小説を執筆。ほかに詩や文学史の秀作を残し、日本近代文学館の設立にも力をつくした。

*高峰譲吉（1854－1922）

明治期の化学者。越中国（富山県）の生まれ。工部大学校を卒業してイギリスに留学、帰国後は農商務省に入って和紙や清酒醸造の研究をおこなった。1887年、日本で最初の人造肥料会社を設立。1890年には麹の研究成果をたずさえてアメリカにわたり、1894年、消化をよくする酵素タカジアスターゼをつくりだした。1902年にはニューヨークに高峰研究所をおこし、アドレナリンの抽出など、理化学の発達に貢献した。

高向玄理（？－654）

　古代の学者、政治家。漢人とよばれる帰化人の子孫。608年、遣隋使小野妹子にしたがって、南淵請安、僧旻らとともに留学した。30年以上もとどまり、その間、隋がほろんで唐にかわり、唐の制度を学んで640年に帰国。すでに推古天皇も聖徳太子もこの世になく、蘇我氏が実権をにぎっていたが、645年の「大化の改新」にさいして国博士に任じられた。中大兄皇子のもとで、最高顧問として僧旻とともに活躍した。

高村光雲（1852－1934）

　明治・大正期の彫刻家。江戸浅草の生まれ。1863年、仏師高村東雲に入門、すぐれた才能を見込まれて東雲の姉の養子となり、光雲と号した。当時おとろえかけていた木彫をまもり、木彫の伝統をうけつぎ、また西洋の写実的な表現に関心をもち、写生をおこたらなかった。岡倉天心に認められて東京美術学校の開校とともに彫刻科の教授にむかえられ、多くの門人を育成。代表作に『老猿』など。彫刻家で詩人の高村光太郎は息子である。

＊高村光太郎（1883－1956）

　大正・昭和期の詩人、彫刻家。本名は光太郎とよむ。東京に生まれ、東京美術学校を卒業。アメリカ、イギリス、フランスにわたって近代美術を学び、1909年に帰国。詩作もおこない、はじめ官能的で頽廃的な作風であったが、白樺派のえいきょうをうけ、また妻となる智恵子との出会いをへて自然と生命をうたう力強い作風にかわった。戦時中は戦争に協力する詩を多く作った。代表作に詩集『道程』『智恵子抄』彫刻に『手』など。

高群逸枝（1894－1964）

　昭和期の女性史研究家。熊本県の生まれ。紡績工場の工員や代用教員をつとめ、1918年、九州日日新聞に『娘巡礼記』を連載した。1921年には長編詩『日月の上に』を発表。1930年、平塚らいてうとともに無産婦人芸術連盟をつくり、機関誌『婦人戦線』を刊行した。のち、女性史研究をこころざし、婚姻制度の研究などにすぐれた業績をのこした。おもな著書に『母系制の研究』『日本婚姻史』、自伝に『火の国の女の日記』がある。

高山右近（たかやまうこん）(1552−1615)

安土桃山期の武将。キリシタン大名。少年時代に洗礼をうけてキリシタンとなり、荒木村重につかえた。1578年、村重が織田信長に謀反(むほん)をおこすと、右近は、オルガンチノ神父の説得により信長につかえた。信長の死後は豊臣秀吉につかえ、四国征伐などで功をたてて1585年に明石城主となった。しかし、1587年のバテレン追放令により領地を没収され、江戸時代に入るとマニラに追放されて死亡。信仰をつらぬき、茶人としても知られた。

高山樗牛（たかやまちょぎゅう）(1871−1902)

明治期の評論家。山形県に生まれ、帝国大学文科大学を卒業。在学中、小説『滝口入道』が読売新聞の懸賞に入選した。しかし以後、小説は書かず、『帝国文学』および雑誌『太陽』の編集にあたり、評論を発表した。はじめは日本主義をとなえてキリスト教、仏教を批判、のち、極端な個人主義にかわり、本能の満足こそ人生の幸福であると主張。この考えは、明星派や多くの青年にえいきょうをあたえた。

高山彦九郎（たかやまひこくろう）(1747−1793)

江戸中期の尊王論者。上野国（群馬県）の生まれ。幼いころから『太平記』を読んで天皇をうやまい、京にのぼって貴族たちと親しく交わった。天皇のためにつくして忠誠をたてる勤王の思想をとなえて諸国をめぐり、水戸の学者藤田幽谷とも交友があった。幕府ににらまれてつねに行動を監視され、怒りのあまり九州の久留米で切腹した。奇行が多く、林子平、蒲生君平とともに寛政の三奇人といわれる。

滝川幸辰（たきがわゆきとき）(1891−1962)

昭和期の刑法学者。岡山県に生まれ、京都帝国大学を卒業。裁判官をへて1918年、京大助教授、1924年に教授となった。刑法を研究し、犯罪を、資本主義によって生まれる貧富の差や階級制度と結びつけて考え、犯罪社会学的理論をとなえた。1933年、著書や講義が共産主義的であるとして政府から弾圧をうけ、辞職「滝川事件」。のち、弁護士として活躍し、戦後は京大に復帰して総長をつとめた。

* 滝廉太郎(たきれんたろう) (1879−1903)

明治期の作曲家。東京の生まれ。進歩的な家庭に育ち、高等師範学校付属音楽学校を卒業。つよい近視のため、父は廉太郎を役人にするのをあきらめて好きな音楽の道に入るのをゆるしたという。1901年、ドイツに留学したが、結核をわずらい、翌年帰国。父の郷里の大分にこもって23歳の若さで亡くなった。日本人には耳なれない西洋の音楽をたくみにとりいれて『荒城の月』『花』などのすぐれた作品をのこした。

沢 庵(たく あん) (1573−1645)

江戸初期の臨済宗の禅僧。但馬国（兵庫県）の生まれ。はじめ浄土宗を学んだが満足できず、14歳で禅僧の道にすすんだ。1609年、大徳寺の住職となったが名誉や富を好まず、3日でしりぞいて出石(いずし)藩主小出吉英のまねきに応じた。1629年、大徳寺や妙心寺などの僧に天皇が紫の袈裟(しえ)をあたえて着用をゆるす勅許に、幕府が干渉した事件「紫衣事件」にかかわって処罰された。のちに許されて将軍徳川家光に重く用いられた。

田口卯吉(たぐちうきち) (1855−1905)

明治期の経済学者。江戸の生まれ。維新後、大蔵省に入り、紙幣寮で翻訳の仕事をしながら歴史の研究をつづけた。古代から明治維新までの歴史をまとめた『日本開化小史』全6巻を1882年に完結、外国の文明史の研究のえいきょうをうけて独自の理論をうちたて、日本における文明史の先がけとして注目された。また、経済学では、自由主義経済論の立場をとって政府の政策を批判、さらに衆議院議員などをつとめ政界でも活躍した。

竹内栖鳳(たけうちせいほう) (1864−1942)

明治・大正・昭和期の日本画家。京都に生まれる。四条派の門に入ったが、のちに流派をこえて雪舟、琳派、狩野派などあらゆる技法を学んだ。1900年、パリ万国博覧会のついでにイギリス、イタリアなどもまわり、西洋の美術を研究。翌年帰国して栖鳳と名のり、西洋の画法をとりいれた新しい画風をひらき、京の画壇の中心となった。晩年は技巧のさえをみせて詩情あふれる名作をのこした。代表作に『斑猫(はんびょう)』『アレタ立に』など。

竹田出雲(たけだいずも)(1691—1756)(2代目)
　江戸中期の浄瑠璃作者。竹本座の座元。名は清定。人形浄瑠璃で人気をよんだ大坂(大阪)の竹本座の座元として、そのまとめ役に力を発揮。役者のあいだで親方出雲と尊敬された。いっぽう作者としてもすぐれ、父などとの合作による『菅原伝授手習鑑』『義経千本桜』『仮名手本忠臣蔵』などの傑作を書き、人形浄瑠璃の黄金時代と竹本座の全盛期をきずいた。しかし竹本座は、出雲の死後、衰退にむかった。

武田耕雲斎(たけだこううんさい)(1803—1865)
　江戸末期の尊王攘夷派の志士。水戸藩士。徳川斉昭を藩主にたてることに力をつくし、斉昭が藩主になってからは家老をつとめた。「安政の大獄」で斉昭が処罰されると、許してもらうように運動してかえって罰をうけた。斉昭の復帰により、ふたたび藩の政治にかかわって尊王攘夷運動で活躍。1864年、藩士藤田小四郎らが、筑波山に挙兵して乱をおこすと、主領におされた「天狗党の乱」。京に行く途中、加賀藩に降服して斬られた。

＊武田信玄(たけだしんげん)(1521—1573)
　戦国期の武将。甲斐国(山梨県)の守護武田信虎の長男。1541年、父を駿河(静岡県)の今川氏のもとへ追放して領主となり、まず信濃(長野県)を攻めて勢力をひろげた。また1553年から越後の上杉謙信と川中島で何度も合戦。やがて、今川氏を攻めて西へ進み、徳川家康、織田信長に対抗、1572年、三方ケ原で家康の軍を破った。しかし翌年、天下統一の夢を果たせず病死。領地をよく治め、鉱山開発や信玄堤などの業績を残した。

武田泰淳(たけだたいじゅん)(1912—1976)
　昭和期の中国文学研究家、作家。東京の本郷に生まれる。東京帝国大学で中国文学を学んだ。1933年、竹内好らと中国文学研究会をつくり、2年後に機関誌『中国文学』を創刊。1937年、日中戦争に兵として召集され、帰国後、評伝の名作『司馬遷』を書いた。1944年、中日文化協会につとめてふたたび中国に渡り、上海で終戦をむかえた。戦後、『風媒花』『ひかりごけ』『森と湖のまつり』などの小説を発表、評論にも名著を残した。

武野紹鷗（たけのじょうおう）(1502−1555)

室町末期の茶人。父信久は武田氏であったが姓を武野にかえ、堺で商人となった。紹鷗は24歳で京へのぼって、およそ10年、三条西実隆に古典を学び、連歌を多くよんだ。しかし村田珠光の弟子たちと交わって茶の湯にしたしみ、しだいに茶人をめざすようになった。中国的な茶の湯を日本的なものにして、芸術としてたかめた功績は大きい。堺に帰ってからは茶の湯に没頭し、千利休、津田宗及、今井宗久らのすぐれた門人を育てた。

竹久夢二（たけひさゆめじ）(1884−1934)

明治・大正期の画家、詩人。岡山県の生まれ。1901年に上京して早稲田実業に入学。はじめ、少年少女雑誌にさし絵をかいた。1907年、岸たまきと結婚。たまきをモデルにした目の大きな憂いのあるかぼそい女性をかき、独自の様式の美人画でたちまち評判となった。特に青年や少女に人気があった。また詩もつくり『宵待草』の作詞で知られる。中山晋平、荒畑寒村、島村抱月らと交友があった。代表作に『長崎十二景』など。

竹本義太夫（たけもとぎだゆう）(1651−1714)

江戸中期の浄瑠璃の語り手。義太夫節の開祖。大坂（大阪）天王寺村の農家に生まれたが、浄瑠璃をこころざして清水理兵衛（きよみず）に師事。地方をまわって苦労をかさね、1684年、竹本義太夫と名のって独立、大坂道頓堀に竹本座をおこした。まったく新しい語り方の義太夫節で人気を集め、さらに作家に近松門左衛門をえて、ほかの座を圧倒。人形浄瑠璃を今日の文楽につながる芸術にまで高めた。

＊太宰治（だざいおさむ）(1909−1948)

昭和期の作家。青森県の大地主の家に生まれ、大事に育てられた。学生時代から創作をはじめ、このころからすでに自殺未遂を経験。東京帝国大学に入学し、井伏鱒二に師事。左翼運動にも加わったのち、身をひいて罪の意識を感じながら創作活動にうちこんだ。戦後はむなしさと頽廃を表現し、無頼派とよばれて流行作家になった。自虐的な性格から、自分を破滅へおいこみ、女性との心中で生涯をとじた。代表作に『人間失格』。

太宰春台（だざいしゅんだい）(1680－1747)

江戸中期の儒学者。信濃国（長野県）の生まれ。はじめは但馬国（兵庫県）出石（いずし）藩につかえたが、のち江戸へでて荻生徂徠に入門、古文辞学派の代表のひとりとして名を高めた。とくに、四書五経を研究する経学にすぐれ、日本の古典や和歌にも才能を示した。赤穂浪士の吉良邸討ち入りには士道の立場からきびしい批判をあびせ、世の注目を集めた。著書は多く、主なものに『聖学問答』『弁道書』などがある。

田添鉄二（たぞえてつじ）(1875－1908)

明治期の社会主義者。熊本市の生まれ。学生のときにキリスト教の洗礼をうけ、1898年にアメリカに留学。帰国後『長崎絵入新聞』の記者をへて『鎮西（ちんぜい）日報』の主筆となった。1904年に上京して社会主義協会に入り、翌年、平民社に加わって片山潜らと活躍。のち、幸徳秋水の直接行動論と対立して議会政策論をとなえた。晩年は恵まれず、貧困と失意のうちに死亡した。著書に『経済進化論』『社会主義史』など。

橘 瑞超（たちばなずいちょう）(1890－1968)

明治・大正期の探検家。浄土真宗大谷派の僧。大谷光瑞が中央アジアに派遣した第2次探検隊に加わり、日本人としてはじめてシルクロードの楼蘭を探検した。このとき『李伯文書』をもたらした。さらに1910年からの第3次探検隊にも加わり、ウルムチ、トルファン、楼蘭、ミーランなどを調査。当時、中国で革命がおこり、一時音信がとだえて心配された。帰国後はウイグル文学の研究にはげみ、ウイグル文字の解読に成功した。

橘 諸兄（たちばなのもろえ）(684－757)

奈良期の貴族。美努（みぬ）王の子。母は県犬養（あがた）三千代。はじめ、皇族として葛城王と称したが、母が藤原不比等と再婚したので臣籍にくだり、橘姓を名のった。737年、不比等の4人の子が疫病にかかってあいついで死んだので、たちまち政治の中心に登場。地方豪族の出の吉備真備や玄昉を重くもちいて政治をおこなったが、藤原広嗣の乱や聖武天皇の都がえなど困難をきわめた。晩年は藤原仲麻呂に実権をにぎられ、ふるわなかった。

立原道造(たちはらみちぞう)(1914—1939)

昭和期の詩人。東京日本橋の生まれ。第一高等学校に入学して詩作にはげみ、堀辰雄と知りあった。1934年、東京帝国大学の建築科に入学。堀の主宰する詩誌『四季』に、もっとも若い同人として加わった。このころ、生涯愛しつづけた信濃追分を旅している。卒業後、建築事務所につとめながら、詩作にはげみ、青春のいたみを繊細な感性で美しくうたいあげた。24歳の若さで肺結核のため死亡。代表作に『萱草(かれんぐさ)に寄(よ)す』など。

辰野金吾(たつのきんご)(1854—1919)

明治・大正期の建築家。肥前国（佐賀県）に生まれ、工部大学校でイギリス人建築家コンドルに学んだ。さらにイギリスに留学してコンドルの師に学び、帰国後は帝国大学の教授となって建築学を教えた。1896年、日本人による洋風建築の傑作である本格的なルネサンス様式の日本銀行本店を完成。のち教授をしりぞき、建築事務所をひらいて明治の建築界に大きな業績をのこした。ほかに東京中央停車場（東京駅）の設計で知られる。

伊達政宗(だてまさむね)(1567—1636)

安土桃山・江戸前期の武将。1584年、父のあとをついで米沢城主となり、奥羽地方で領地をひろげることにつとめた。しかし、豊臣秀吉によって関東への進出をおさえられ、会津その他の領地を没収された。秀吉の死後、いちはやく徳川家康に近づいて関係をむすび、1600年の関ヶ原の戦いで活躍。仙台藩の基礎をきずき、つねに奥州の王という意識をもっていた。1613年、通商をひらくため、家臣の支倉常長をヨーロッパにおくった。

田中角栄(たなかかくえい)(1918—1993)

昭和期の政治家。新潟県の生まれ。中央工学校を卒業。土木建築業界で頭角をあらわし、戦後、政界に入った。佐藤栄作に認められて、内閣の要職を歴任。1972年、佐藤内閣のあとをうけて組閣した。日中国交回復をはたしたが、金権政治で世論の非難をうけて1974年に辞職。さらに1975年、アメリカのロッキード社が日本の政府高官に多額のお金をおくった汚職事件が発覚し、賄賂をうけた疑いで逮捕され、国民の注目を集めた。

田中義一（たなかぎいち）(1864－1929)

明治・大正期の軍人、政治家。長州藩（山口県）に生まれ、陸軍大学校を卒業。日清、日露戦争で活躍し、長州の軍閥山県有朋、桂太郎に認められた。軍備の拡張につとめ、積極的な中国大陸侵略をとなえ、有朋の死後は、軍部の中心として要職を歴任。幣原（しではら）喜重郎の協調外交を非難し、1927年に首相となって山東出兵をおこなうなど、中国への露骨な侵略をおしすすめた。しかし軍部が張作霖を暗殺した事件で、天皇にとがめられ辞職した。

田中耕太郎（たなかこうたろう）(1890－1974)

昭和期の法学者。鹿児島県の生まれ。東京帝国大学法学部を卒業し、同大学で教授をつとめた。熱心なクリスチャンとなり、カトリック的自然法思想にもとづく商法の研究から、世界の商法がやがては同じものになるという世界法を考えだした。この考えにより、法哲学者として世界的に有名になった。のち、吉田内閣の文部大臣などをつとめて政治家としても活躍。1950年から4年間、最高裁判所の長官として革新勢力と対立した。

田中勝介（たなかしょうすけ）(生没年不明)

江戸初期の京都の商人。房総半島沖で漂流したスペインの前ルソン総督ドン・ロドリゴの帰国につきそい、1610年、徳川家康が造った船にのりこみ、通商をもとめる目的でノビスパン（メキシコ）に渡った。しかし、目的は果たせず、翌年、セバスチアン・ビスカイノのサンフランシスコ号で帰国。メキシコとの通商には失敗したが、太平洋を横断した最初の日本人として歴史に名をとどめた。帰国後の消息は不明。

*田中正造（たなかしょうぞう）(1841－1913)

明治期の政治家。下野国（栃木県）の名主の家に生まれる。栃木県から立って1890年の第1回衆議院総選挙に当選。1877年に古河市兵衛が開発した、足尾銅山の鉱毒による公害がしだいに目立ちはじめ、正造は何度もこの問題を議会にはかった。しかし取りあげられず、議員をしりぞいてこの問題に一生をささげる決意をした。1901年、幸徳秋水に文章を書いてもらって天皇に直訴。被害のひどい谷中村に住み、終生たたかいつづけた。

田中館愛橘（たなかだてあいきつ）(1856－1952)

明治・大正・昭和期の物理学者。陸奥国（岩手県）の生まれ。東京大学理学部を卒業してイギリス、ドイツに留学した。1891年に帰国、母校の教授となる。日本の各地をまわって磁気の調査をおこない、大きな業績をのこした。また、地震や重力の研究でも知られ、木村栄らを指導して水沢に緯度観測所をもうけた。さらに航空学の組織的な研究をはじめたほか、科学行政にも力をつくし、1944年に文化勲章をうけた。

田辺元（たなべはじめ）(1885－1962)

大正・昭和期の哲学者。東京に生まれ、東京帝国大学哲学科を卒業。1919年に京都帝国大学の助教授、その後ドイツ留学をへて1927年に教授となった。西田幾多郎のあとをうけついで新カント主義の立場から研究をすすめ、京都学派をひきいて活躍。ヘーゲルの哲学とマルクスの哲学との批判をとおして、そのふたつを越える理論を考えた。1934年に『社会的存在の論理』を著わしたが、戦時中、軍国主義の正当化に利用された。

谷干城（たにかんじょう）(1837－1911)

明治期の軍人、政治家。土佐藩（高知県）に生まれる。坂本龍馬らのえいきょうをうけ、維新のときには板垣退助のもとで活躍した。西南戦争で、西郷隆盛と戦い、50日にわたって熊本城を守りぬいたことで知られる。第1次伊藤内閣で農商務相をつとめたが、条約改正で政府と対立して辞職。その後も、儒教の思想をもって民衆を愛する平和主義をとなえ、政府の横暴な政策をたびたび批判した。

＊谷崎潤一郎（たにざきじゅんいちろう）(1886－1965)

明治・大正・昭和期の小説家。東京に生まれる。父の事業の失敗で貧苦に追われたが、まわりの教師たちの配慮で東京府立一中へ進学、文学をこころざした。その後、東京帝国大学を中退。耽美（たんび）主義の確立をめざし、1910年に雑誌『新思潮』に『刺青』を発表。美人だった母へのあこがれから、生涯、女性を主人公にして、異常なまでに官能的な美を追いつづけた。代表的な作品に『春琴抄』『細雪』『痴人の愛』『鍵』などがある。

谷文晁(たにぶんちょう) (1763—1840)
　江戸後期の文人画家。田安家の家臣谷麓谷(ろっこく)の子として江戸に生まれ、中国の画風や狩野派、洋画などあらゆる技法を学んだ。伝統をふまえた新しい画風をひらいて、幕府の御用絵師たちを圧倒し、さらに関西の文人画に対する江戸の画壇の中心となった。田安家の松平定信に認められ、定信の海防視察にともなって写生した『公余探勝図巻』は代表作のひとつである。教育者としてもすぐれ、渡辺崋山らのすぐれた弟子を育てた。

＊田沼意次(たぬまおきつぐ) (1719—1788)
　江戸中期の政治家。父意行は徳川吉宗が将軍となると旗本にとりたてられ、1734年に意次も吉宗の子の家重につく小姓としてつかえた。9代将軍家重、10代将軍家治に重く用いられて1772年に老中となり、実権をにぎった。蝦夷地（北海道）の開発を計画し、商業を重んじる政策をつぎつぎとおこなって経済のたてなおしをはかった。自由で開明的な考えは文化の発展をうながして田沼時代をもたらしたが、賄賂などで反感をかって失脚。

田能村竹田(たのむらちくでん) (1777—1835)
　江戸後期の文人画家。豊後国（大分県）の生まれ。父は岡藩の侍医をしていたが、竹田は父のあとをつがず、藩にだした意見もとりいれられなかったので隠居して自由な文人生活に入った。頼山陽と親しく交わり、京や長崎にあそんで絵のほかに詩作などにも才能を発揮。独学で中国の絵を学び、すぐれた画論を著わして文人画に大きなえいきょうをあたえた。代表作に『赤復(またまた)一楽帖(いちらくじょう)』『船窓小戯帖(せんそうしょうぎじょう)』など、画論に『山中人饒舌(さんちゅうじんじょうぜつ)』がある。

玉川庄右衛門(たまがわしょうえもん) (1662—1695)
　江戸前期に玉川上水をひらいた人。1652年、幕府は多摩川の水を江戸にひいて、飲料水とする計画をたて、町奉行の神尾元勝に担当させた。このとき、庄右衛門は元勝に命じられて6000両で工事をうけおい、弟の清右衛門とともに多摩川の水をひらいた。まず羽村に堰をきずき、四谷大木戸まで掘り割り、さらに石や木の樋（今の水道管）によって江戸の町内にきれいな水をはこんだ。この功により、名字帯刀をゆるされ、玉川と名のった。

田村俊子（1884－1945）

　明治・大正期の小説家。東京に生まれる。日本女子大学を1学期で中退して幸田露伴に師事。1903年に処女作『露分衣』を発表した。このあと一時は女優をこころざしたが、小説家田村松魚と結婚後、大阪朝日新聞の懸賞小説に『あきらめ』が入選して文壇に登場、男女の愛欲と女性の苦悩を追って『木乃伊の口紅』『炮烙の刑』などの作品を発表した。1918年から1936年までカナダに在住。帰国後、雑誌『女性』を創刊、上海で没した。

為永春水（1790－1843）

　江戸後期の戯作者。江戸の生まれ。式亭三馬のもとに出入りしたり、講釈師として寄席にでるなど、さまざまな経歴をもつ。兄と合作で町人の人情のからみをかいた人情本をだしてから、1829年に為永春水と名のって作家をこころざすようになった。1832年『春色梅児誉美』が人気をえて、人情本作家として名をなし、以後、続編をつぎつぎと刊行。なまめかしい恋愛物が風俗をみだすとして「天保の改革」で幕府のとがめをうけた。

田山花袋（1871－1930）

　明治・大正期の小説家。栃木県に生まれ、貧しかったため学歴らしいものをもたずに育った。1888年に神田の日本英学館に学び、英訳をとおして西洋の文学にしたしみ、小説を書きはじめた。1902年『重右衛門の最後』で認められ、1907年には花袋を自然主義の代表として位置づけた『蒲団』を発表、弟子に対する恋愛感情を告白して文壇に衝撃をあたえた。私小説の草わけといわれ『生』『田舎教師』などすぐれた作品をのこした。

＊俵屋宗達（生没年不明）

　安土桃山・江戸初期の画家。経歴は不明、京都の町衆の出身とみられ、工房をいとなむ町絵師であったと伝えられる。土佐派のえいきょうを受け、大胆な構図と豊かな表現力により新様式を創出、そのおおらかな作風は尾形光琳にひきつがれ、のちに琳派とよばれるようになった。巻物、扇、びょうぶなどの絵のほか、本阿弥光悦と親しく交わって光悦の書の下絵もかいた。代表作に『風神雷神図』『蓮池水禽図』などがある。

団琢磨 (1858－1932)

明治・大正・昭和期の実業家。三井財閥の最高指導者。福岡藩士の家に生まれ、1870年に団家の養子となる。アメリカへ渡って鉱山学を学び、帰国後、教師をへて工部省へ入り三池鉱山局技師をつとめた。三池鉱山が三井家へ払い下げられると三井鉱山へ移って、1914年には三井合名理事長に就任、三井財閥傘下の事業拡大を図った。また、日本経済連盟会の会長をかねて日本の財界の指導にあたったが、右翼の血盟団員に暗殺された。

＊近松門左衛門 (1653－1724)

江戸中期の浄瑠璃、歌舞伎狂言作家。越前国（福井県）の武士の家に生まれたが、父が浪人となり、一家そろって京にうつった。公家につかえて教養をつんだが芝居に夢中になり、道具直しからはじめて浄瑠璃の創作活動に入った。1684年に竹本座をはじめた竹本義太夫に認められ、つぎつぎと名作を発表。浄瑠璃で活躍する一方、名優坂田藤十郎のために歌舞伎の脚本をかいて、元禄文化の黄金時代をきずいた。代表作に『曾根崎心中』など。

千葉周作 (1794－1855)

江戸末期の剣客。陸前国（岩手県）気仙の生まれ。父から北辰夢想流を学び、江戸へでて一刀流の奥義をきわめた。27歳ころ北辰一刀流を創始、そののち、さらに武者修行をつづけて、1825年には江戸神田のお玉ヶ池に道場玄武館を開き、斎藤弥九郎の練兵館、桃井春蔵の士学館とともに、江戸の3大道場といわれるようになった。生涯に教えた門弟は5000人をこえたと伝えられる。坂本龍馬も門下のひとりである。

千葉省三 (1892－1975)

大正・昭和期の児童文学者。栃木県に生まれる。初め小学校の代用教員をつとめたが、1921年にコドモ社の新雑誌『童話』の編集にたずさわるようになって童話を書きはじめた。このころの代表作に『虎ちゃんの日記』『ワンワンものがたり』がある。その後『児童文学』などの同人誌に童話を発表。そのかたわら大衆少年小説を書いた。村の子ども像を牧歌的、行動的にえがいた童話は、児童文学史にひとつの足跡を残した。

茶屋四郎次郎（1542―1596）
　安土桃山期の京都の豪商。名は清延。初め徳川家康の御用商人として、戦略物資の調達にあたった。織田信長が敗れた「本能寺の変」後は、徳川氏の呉服御用達となり、政商として家康のもとで活躍した。1592年には豊臣秀吉から朱印状を与えられて、安南（ベトナム）との貿易にのりだし、以後、長男が2代目の四郎次郎を名のり、四郎次郎は茶屋家の当主が名のる号となった。鎖国ののちは呉服商として栄えたが、維新後、没落した。

チュンベリ（1743―1828）
　江戸後期に来日したスウェーデンの医師。ウプサラ大学で医学と植物学を学び、東インド会社の船医となって1775年に来日。長崎出島のオランダ商館つきの医師として1年間滞在、日本の植物の研究や昆虫の採集をおこなった。また、そのあいだに、桂川甫周、中川淳庵らに西洋の医学を教えた。帰国後、日本での植物の研究をまとめた『日本植物誌』のほか『日本紀行』『日本植物図譜』などを著わした。

重　源（1121―1206）
　鎌倉初期の浄土宗の僧。俊乗坊という。13歳で出家して醍醐寺の僧となり、山の中できびしい修行をおこなった。40歳をすぎてから3度、宋（中国）に渡って密教の思想や建築の技術を学んだ。このときから臨済宗をはじめた栄西との親交がはじまったと考えられる。平氏による南都焼き打ちで失われた東大寺の再建に力をつくし、南大門に天竺様式をとりいれて10余年をかけて成就。晩年は法然に師事、みずから南無阿弥陀仏と号した。

長宗我部元親（1539―1599）
　戦国期の武将。土佐国（高知県）岡豊城の城主国親の子。1560年に家をつぎ、やがて国内の諸豪族を討ち、国司の一条兼定を追放して土佐を統一。ついで阿波（徳島県）讃岐（香川県）などに兵を進め、1585年に四国全土を平定した。しかし、その年のうちに四国征伐の豊臣秀吉に降伏、以後は、秀吉につかえて九州征伐、朝鮮出兵に参加して功をあげた。死の2年前に制定した『長宗我部元親百箇条』は戦国時代の分国法として有名である。

知里真志保（ちりましほ）(1909−1961)

昭和期の言語学者、アイヌ文化研究家。北海道幌別のアイヌ酋長の家に生まれる。アイヌ伝承文学を研究していた母ナミ、姉幸恵のえいきょうでアイヌ研究をこころざし、東京帝国大学で言語学を学んだ。卒業後、アイヌ語を中心に研究、アイヌ人であるための差別と闘いながら、日本人によるアイヌ研究の誤りをするどく批判した。大著『分類アイヌ語辞典』で朝日文化賞を受賞。アイヌの信仰、風俗などの研究にも業績を残した。

津田梅子（つだうめこ）(1864−1929)

明治・大正期の女子教育家。農学者津田仙の次女。江戸に生まれる。1871年、明治政府がはじめて派遣した女子留学生のひとりにえらばれ、6歳でアメリカに渡った。1882年に帰国したが、この間にキリスト教の洗礼をうけ、1889年にふたたびアメリカに留学。アメリカの自由や個性を大切にする教育を学び、帰国後は女子の教育に力をつくした。1900年、女子の教育を広めるため、女子英学塾（のちの津田塾大）を創立した。

津田左右吉（つだそうきち）(1873−1961)

大正・昭和期の歴史学者。岐阜県に生まれ、東京専門学校（早稲田大学）に学ぶ。卒業後、東洋史学者白鳥庫吉らに師事して大正デモクラシーの自由な時代に研究をはじめた。とくに文献考察にもとづく上代思想史の研究に力を入れ、『古事記』『日本書紀』の神話が歴史事実ではないことを明らかにした業績は大きい。しかし、皇室の尊厳を傷つけたとして有罪の判決を受けた。著書に『日本上代史研究』『神代史の研究』などがある。

津田真道（つだまみち）(1829−1903)

明治期の法学者、思想家。津山（岡山県）藩士の家に生まれる。江戸で兵学者佐久間象山、蘭医箕作阮甫らに兵学、蘭学を学び、幕府につかえた。1862年、オランダに留学、4年後に帰国して西洋の法律書『泰西国法論』を刊行。維新後は、新政府に出仕して判事、元老院議官などを歴任、また啓蒙思想団体の明六社に加わって、西洋の思想を紹介しながら自由主義をとなえた。晩年には、衆議院副議長もつとめた。

土井晩翠(つちいばんすい) (1871－1952)

　明治・大正・昭和期の詩人、英文学者。仙台の生まれ。東京帝国大学に入学して、在学中に『帝国文学』の編集にあたり、作品も発表。卒業後、教師をつとめたのち、中学唱歌として『荒城の月』を作詞、滝廉太郎の作曲によって広く愛唱されるようになった。1899年に処女詩集『天地有情』を出版、翌年から第二高等学校の教授をつとめた。『イーリアス』『オデッセイア』などの翻訳でも知られる。1932年ころ土井(どい)と改音した。

土田麦僊(つちだばくせん) (1887－1936)

　大正・昭和期の日本画家。哲学者土田杏村の兄。新潟県佐渡に生まれる。京都にでて初め智積院(ちしゃく)に入った。しかし画家をこころざして日本画家竹内栖鳳(せいほう)らに学んだのち、京都絵画専門学校を卒業、文展に『髪』『島の女』などを出品して注目されるようになった。1918年には小野竹喬らと国画創作協会を設立。新しい日本画の開拓に力をつくした。晩年には官展に復帰、古典風の作品を多くえがいた。代表作『湯女(ゆな)図』『朝顔』など。

土屋文明(つちやぶんめい) (1890－1990)

　大正・昭和期の歌人。群馬県の生まれ。中学生のころから短歌をつくり、伊藤左千夫に師事して1909年に『アララギ』同人となった。東京帝国大学を卒業、長野県での教師をへて法政大学、明治大学の教授を歴任。1925年に歌集『ふゆくさ』を発表して注目された。1930年『往還集』を刊行、写生をふかめて、あるがままの人生と生活をきびしく見つめた作風で『アララギ』の中心人物となった。また『万葉集』の研究でも業績をのこした。

筒井順慶(つついじゅんけい) (1549－1584)

　安土桃山期の武将。大和国（奈良県）の豪族。1551年、父順昭の死により2歳で家をつぎ、筒井城主となった。1559年、松永久秀によって筒井城を追われ、明智光秀の助けで久秀をほろぼした。織田信長につかえて大和一国をあたえられたが「本能寺の変」で光秀に味方せず、豊臣秀吉にしたがった。のちに裏切り者の代名詞とし洞ヶ峠(ほら)の順慶といわれているが、あやまった言い伝えである。教養が高く、茶人としてもすぐれていた。

堤康次郎（つつみやすじろう）(1889－1964)

昭和期の政治家、実業家。滋賀県の生まれ。早稲田大学を卒業。土地の開発事業にたずさわり、軽井沢などの観光地の開発、さらに、都心にちかい土地の開発をはじめた。また、鉄道経営にものりだして今日の西武鉄道の基礎をきずき、戦後は西武百貨店を開設して流通業界にも進出。いっぽう1924年に衆議院議員に当選して政界に入り、戦後は自由民主党に所属して活躍、衆議院議長もつとめた。

壺井栄（つぼいさかえ）(1900－1967)

昭和期の小説家。香川県小豆島に生まれ、働きながら高等小学校を卒業。1925年に上京して詩人の壺井繁治と結婚したが、繁治はプロレタリア文学運動でたびたび検挙された。夫の関係で戦旗社に入り、宮本百合子、佐多稲子と知りあった。稲子に童話を書くようにすすめられ、創作活動をはじめた。ふるさとの小豆島を舞台に詩情ゆたかな作品をつぎつぎと発表。『二十四の瞳』は映画化され、多くの人びとに愛された。

坪内逍遙（つぼうちしょうよう）(1859－1935)

明治・大正期の小説家、劇作家、評論家。美濃国（岐阜県）に生まれる。芝居好きの母のえいきょうで、早くから観劇を楽しみ戯曲に親しんだ。東京大学を卒業して東京専門学校（早稲田大学）講師をつとめ、やがて文学論『小説神髄』長編小説『当世書生気質』を発表して、日本の小説を近代化へみちびいた。いっぽう新しい演劇運動にも力をつくし『役（えん）の行者』などの戯曲を書くほか、シェークスピア全作品の翻訳をなしとげた。

坪田譲治（つぼたじょうじ）(1890－1982)

大正・昭和期の児童文学者、小説家。岡山県の生まれ。早稲田大学を卒業。家業を手つだいながら創作活動に入った。1927年、短編童話集『正太の馬』の刊行につづいて、鈴木三重吉主宰の『赤い鳥』に『河童の話』を発表、児童文学者の地位をきずいた。1938年には長編小説『子供の四季』を都新聞に連載、無邪気な童心の世界をえがいて好評を博した。戦後、1963年に、童話雑誌『びわの実学校』を創刊、翌年、芸術院会員に選ばれた。

鶴屋南北(つるやなんぼく)(1755−1829)

江戸後期の歌舞伎狂言作者。江戸日本橋に生まれ、20歳ころから劇界に入ったが、50歳ちかくまでは小さな座で脚本を書く下積み生活を送った。1804年に書いた『天竺徳兵衛韓噺(てんじくとくべえいこくばなし)』が出世作となり、以後、奇抜な早変わりや仕掛物で人びとの注目を集めた。また町人風俗をなまなましく表現、生世話物とよばれる新しい分野をひらき、日本の演劇史に大きな業績を残した。代表作に『東海道四谷怪談』『独道中五十三駅(ひとりたび)』など。

鄭成功(ていせいこう)(1624−1662)

明(中国)の遺臣。日本人を母として平戸に生まれる。海賊だった父芝龍(しりゅう)が、1628年明朝につかえ、まもなく成功も中国に渡った。1644年に明がほろびると、父とともに明朝復興に力をつくし、南京陥落ののちは福州(福建省)で唐王朱聿鍵を王にたてた。このとき忠臣として明の国姓である朱姓をたまわったので国姓爺(こくせんや)とよばれる。父が清に下ってからも抵抗をつづけて清をなやまし、台湾を領有した。近松門左衛門の『国性爺合戦』で有名。

出口王仁三郎(でぐちおにさぶろう)(1871−1948)

明治・大正・昭和期の宗教家。大本教(おおもときょう)の教主。本名上田喜三郎。京都の貧しい農家に生まれ、さまざまな職業についたのち、稲荷行者となり、大本教の開祖出口なおに会った。1899年、なおの5女すみと結婚。教義をととのえ組織化につとめ、マスコミを利用した布教で大きく発展した。しかし、国家の神道とことなっているため、たびたび政府の弾圧をうけて入獄。戦後、愛善苑として大本教の再興に力をつくした。

手島堵庵(てじまとあん)(1718−1786)

江戸中期の心学者。京都の豪商の家に生まれる。18歳のときから心学者石田梅岩に師事して修業。44歳のころ家業をはなれ、以後、一般の人びとに心学を説いた。梅岩が創唱した道徳原理のうち、自己批判の立場からの生活哲学に重点をおいて、庶民にわかりやすく心学を説き、各地に講舎を設置して心学の全盛期をきずいた。また門弟によって組織をつくり、心学をひとつの教団にまで育てた。著書に『坐談随筆』など。

手塚治虫(てづかおさむ) (1928－1989)

昭和期の漫画家。兵庫県の生まれ。本名は治(おさむ)。大阪大学医学部に学び、在学中に貸本用の単行本にストーリー漫画をかいて人気をよんだ。以後、漫画家の道へ進み、児童雑誌漫画の第一人者となり、虫プロを結成してテレビおよび劇場映画向け漫画の制作に進出。代表作『新宝島物語』『鉄腕アトム』『ジャングル大帝』『火の鳥』などで、子どもに限らず大人の人気をもさらった。戦後の日本の漫画家を代表するひとりである。

寺内正毅(てらうちまさたけ) (1852－1919)

明治・大正期の軍人、政治家。長州（山口県）の生まれ。戊辰戦争に参加したのち、大村益次郎に認められて大阪兵学寮に入った。西南戦争で負傷してからは軍政面で活躍。陸軍の要職をつとめ、1902年、第1次桂太郎内閣の陸相となった。1910年に韓国が併合されると初代朝鮮総督になって武力で朝鮮を支配した。1916年、官僚を中心とした内閣を組織して政党を無視し、シベリア出兵をおこなったが、米騒動により総辞職した。

寺島宗則(てらしままむねのり) (1832－1893)

明治期の外交官、政治家。薩摩藩（鹿児島県）の藩医の家に生まれる。伊東玄朴らに蘭学を学んで20歳で藩医となった。1856年、幕府にまねかれて蕃書調所につとめ、1862年には幕府の命令でヨーロッパに留学。帰国後、薩摩にもどって活躍し、イギリスとの交渉にあたって討幕をすすめた。新政府でも外交にたずさわり、樺太・千島交換条約を結んで幕末以来の不平等条約の改正に力をつくした。学者肌の典型的な紳士であった。

*寺田寅彦(てらだとらひこ) (1878－1935)

明治・大正・昭和期の物理学者、随筆家。東京生まれ。熊本の第五高等学校で夏目漱石に師事した。東京帝国大学物理学科を卒業し、ヨーロッパ留学をへて東大教授となった。日常の現象を研究材料にして、地球物理学など、あらゆる物理学の分野を手がけた。また精細な観察力により、ペンネーム吉村冬彦で『冬彦集』などの随筆集を多く発表。漱石の『吾輩は猫である』の寒月、『三四郎』の野々宮は寅彦がモデルといわれている。

天　海（1536頃－1643）

　江戸初期の天台宗の僧。会津（福島県）に生まれ、比叡山、三井寺、興福寺、足利学校などに学んで、1588年に川越喜多院の住職となった。やがて帰依をうけた徳川家康に重く用いられるようになり、天台宗の拡充に力をそそいだ。家康の死後、家康を天台神道の神である東照大権現として日光東照宮を創建、さらに1624年には上野に寛永寺を建立した。晩年は、日本最初の大蔵経を刊行、大僧正の位をあたえられた。

*天智天皇（626－671）

　第38代天皇。舒明天皇の皇子で母は斉明（皇極）天皇。即位前は中大兄皇子といった。645年、中臣鎌足らと計画して、実権をにぎっていた蘇我蝦夷・入鹿親子をたおした「大化の改新」。唐から帰ってきた留学生とともに、皇太子として新しい政策をうちだし、天皇中心の国家をめざした。また、百済をたすけて朝鮮に出兵したが失敗「白村江の戦い」。668年、大津京で即位し、はじめて戸籍をつくるなど、大きな業績をのこした。

*天武天皇（？－686）

　第40代天皇。舒明天皇の皇子で天智天皇の弟。即位前は大海人皇子といった。天智天皇の死後、おいの大友皇子と皇位を争い「壬申の乱」をおこした。673年、飛鳥浄御原宮で即位。天智天皇の政策をうけつぎ、唐の新しい律令制度をとりいれて天皇を頂点にした国家をつくることに力をつくした。また、国の歴史の編さん、氏族の等級をつけた八色の姓の制定、冠位60階の制定など、律令体制をととのえた。

土井利勝（1573－1644）

　江戸初期の老中、大老。遠江国（静岡県）の生まれ。水野元信の子で幼名は松千代。2代将軍徳川秀忠が生まれたときから側近をつとめ、1610年に下総国佐倉（千葉県）に3万2400石の領地をあたえられた。秀忠の信任があつく、実権をにぎって幕府の基礎の確立に力をつくした。秀忠の死後は家光に重く用いられ、1633年には古河城（16万石）に移り、1638年、江戸幕府最初の大老となった。

道鏡（？−772）

奈良末期の僧。河内国（大阪府）の地方豪族弓削氏の出身、出家して葛城山で呪力を身につけ、看病禅師として宮中に進出した。藤原仲麻呂の失脚後、称徳女帝に愛されてしだいに政界で権力をにぎり、765年に太政大臣禅師、翌年には法王にまでのぼった。769年、道鏡を皇位につけよという宇佐八幡の神託が下ったが、藤原百川をうしろだてに和気清麻呂が宇佐に派遣され、神託を否定。女帝の死後、関東に左遷されて没した。

峠三吉（1917−1953）

昭和期の詩人。大阪の生まれ。幼いころ広島に移り、広島商業を卒業。25歳でキリスト教の洗礼をうけ、1945年、広島で被爆した。原爆症に苦しみながら詩作をつづけ、記録的手法によって、原爆の悲惨さをうったえた反戦詩集『原爆詩集』をあらわし、1952年「原爆被害の会」を組織。原水爆禁止運動に力をつくし、その抗議の詩は大きな反響をよんだ。広島市平和記念公園に詩碑がある。

＊道元（1200−1253）

鎌倉初期の禅僧。曹洞宗の開祖。父は土御門（久我）通親、母は太政大臣藤原基房の娘。比叡山にのぼって出家したが、世俗化した宗風にあきたらず、栄西に学び、1223年、ついに念願の宋に渡った。天龍山で修行をつんで1227年に帰国。純粋な禅の思想をうけつぎ、はじめは京で布教をおこなったが弾圧をうけて越前国（福井県）の山林にこもって永平寺をひらいた。坐禅を最も重んじ、弟子の養成につとめた。主著に『正法眼蔵』。

東郷平八郎（1847／48−1934）

明治・大正期の海軍軍人、元帥。薩摩藩士の家に生まれ、薩英戦争、戊辰戦争に加わった。維新後、海軍技術をおさめるためイギリスに留学。日清戦争では浪速艦長として活躍。1903年に連合艦隊司令長官となり、翌年海軍大将にすすんだ。日露戦争においてロシアのバルチック艦隊をやぶって日本に勝利をもたらし、いちやく国民の英雄となった。海軍の元老としてロンドン海軍軍縮条約に反対。死後、国葬がおこなわれた。

東洲斎写楽（生没年不明）

　江戸後期の浮世絵師。経歴などはまったくわからず、その一生は謎につつまれている。制作期間は1794年5月から翌年の2月までのわずか10か月。その間に140数種の作品をのこした。ほとんどが、歌舞伎役者のくせを誇張した、個性的なあくの強い役者絵。はじめは豪華な大首絵をえがいたが、のち小版の全身像にかわり、傑作が少なくなった。強烈な現実主義で、美人画の喜多川歌麿と並び称される。代表作『坂田半五郎』など。

＊東条英機（1884－1948）

　昭和期の陸軍軍人、政治家。東京の生まれ。陸軍大学校を卒業。陸軍の要職をつとめ、革新派の将校として頭角をあらわした。満州事変から日中戦争にかけて、中国大陸の侵略を主張。1937年、関東軍参謀長、翌年には陸軍次官となり、行政面で才能を発揮して「カミソリ東条」といわれた。第2次近衛内閣のあと、首相となり、アメリカとの戦争にふみきった。1944年7月、戦局が悪化して辞職。戦後、A級戦犯となって処刑された。

桃中軒雲右衛門（1873－1916）

　明治・大正期の浪曲師。茨城県に生まれ、12歳で浪花節の修業をはじめた。三味線をひいた兄仙吉の死後、春日井文之助に入門。父の芸名繁吉を名のって美声で人気を博したが、師匠筋の三河屋梅車の妻お浜の不遇をみかねて駆け落ちし、京でくらした。このときから桃中軒雲右衛門と称し、右翼玄洋社の宮崎滔天と知りあって武士道を荘重にかたる芸風を完成。マイクのない時代に劇場芸人として浪花節の全盛時代をきずいた。

藤堂高虎（1556－1630）

　安土桃山・江戸初期の大名。藤堂虎高の子。近江国（滋賀県）の生まれ。はじめ浅井長政に、のち織田信澄、羽柴秀長につかえた。武勇にすぐれ、戦いのたびに功をたて、秀長の死後は秀長の子秀保を後見した。しかし、秀保が年若くして死亡すると高野山にのぼって出家。豊臣秀吉から才をおしまれて伊予国に7万石をあたえられた。秀吉の死後は徳川家康に近づいて大坂冬・夏の陣などに功をたてた。戦国時代の代表的武将のひとり。

堂本印象(どうもといんしょう)(1891−1975)

大正・昭和期の日本画家。京都の生まれ。京都市立美術工芸学校と京都市立絵画専門学校を卒業。第1回帝展から出品し、1921年の第3回展で『調鞠図(ちょうきく)』が特選となった。仏教絵画にも興味をしめし、第6回展の『華厳』で帝国美術院賞を受賞。四天王寺五重塔の壁画、仁和寺、東寺などの壁画や襖絵も手がけた。伝統的な画風をすてて時代を先がける前衛的な作風の作品をのこした。代表作『新聞』など。1961年、文化勲章をうけた。

当山久三(とうやまきゅうぞう)(1868−1910)

明治後期の沖縄の民権運動家。沖縄に生まれ、14歳のときにやっと小学校に入学した。師範学校卒業後、小学校に赴任したが、勝気な気性で校長と対立してやめ、のちに母校の校長となったが、ここでも郡長と衝突して辞し、区長となった。1896年、上京して同じ沖縄出身の謝花昇(じゃはな)と知りあい、民権運動をすすめた。しかし弾圧をうけて挫折すると、移民運動をはじめ、ハワイへの移民に成功。沖縄移民の父といわれる。

頭山満(とうやままつる)(1855−1944)

明治・大正・昭和期の国家主義者。右翼の巨頭。福岡藩士の家に生まれ、1876年の萩の乱に加わって入獄。獄を出てからは自由民権運動に参加。1879年、平岡浩太郎らと向陽社をつくり、1881年、玄洋社に発展させた。のち、民権思想から国家主義にうつり、日本のアジア侵略を主張する大アジア主義をとなえた。品川弥二郎の選挙干渉を応援し、強い姿勢の外交をすすめ、大正デモクラシーに対抗。右翼の代表としてかげで力をふるった。

時枝誠記(ときえだもとき)(1900−1967)

昭和期の国語学者。東京神田の生まれ。父の反対をおしきって国語学者をこころざし、東京帝国大学文学部国文科に入学。橋本進吉の教えをうけ、独自の国語学を生みだした。卒業後、京城帝国大学助教授、教授をへて、橋本の退官により東大教授となった。明治以来、西洋の言語学ばかりを重視した日本語の研究を批判、古い研究を再評価して音声だけでなく表現の過程をみるべきだと主張。著書に『国語学史』など。

土岐善麿(ときぜんまろ) (1885−1980)

明治・大正・昭和期の歌人。東京に生まれ、早稲田大学を卒業後、読売新聞社に入社。のち朝日新聞社に移った。中学時代から金子薫園に師事、さらに若山牧水らのえいきょうをうけて、1910年、ローマ字3行書きの歌集『NAKIWARAI』を出版。石川◯◯と知りあい、ともに生活派短歌の基礎をつくった。1913年、短歌雑誌『生活と芸術』を創刊。『黄昏に』などの歌集のほか、田安宗武の研究などで知られている。

徳川家斉(とくがわいえなり) (1773−1841)

江戸幕府11代将軍。一橋治済(はるずみ)の長男。10代将軍家治の子家基の急死により、将軍のあとつぎとして江戸城に入った。実権をにぎっていた田沼意次に批判的で、1787年、将軍になると意次を遠ざけた。松平定信らを重く用いて「寛政の改革」をおこなったが、年をとるにつれて専制君主としてぜいたくさを増し、大奥の女中が政治を左右するようになった。この時期、文化がひじょうに栄え、文化文政時代とよばれている。

*徳川家光(とくがわいえみつ) (1604−1651)

江戸幕府3代将軍。2代将軍秀忠の子。弟忠長が父母の愛情を独占していたため、春日局が徳川家康に訴え、家康の決定であとつぎとなった。しかし、将軍となっても秀忠存命中は何もできず、秀忠の死後も側近たちによる政治がおこなわれた。武家諸法度などをととのえ、鎖国をおこなって幕府の支配体制の基礎を確立。みずからの遺業は、慕いつづけた家康をまつる日光東照宮の造営のみである。名目にすぎない孤独な将軍であった。

*徳川家康(とくがわいえやす) (1542−1616)

江戸幕府初代将軍。三河国(愛知県)岡崎城主松平広忠の長男。織田信秀、今川義元の人質をへて1560年の桶狭間の戦いで独立。1562年、織田信長とむすび、武田信玄と対立した。1572年の三方ケ原の戦いは生涯ただ1度の負け戦であった。信長の死後、豊臣秀吉と対立したが、1586年に秀吉に従い、天下統一を助けた。関東に地盤をかため、秀吉の死後、関ヶ原の戦い、大坂の陣をへて天下統一を果たし、江戸に幕府を開いた。

*徳川綱吉 (1646-1709)

　江戸幕府5代将軍。4代家綱の弟。母は京の八百屋仁左衛門の娘で家光の側室お玉の方、のちの桂昌院。1680年に家綱の養子となって将軍職をついだ。学問好きで、儒学を普及させるために湯島聖堂を建てた。はじめ堀田正俊を大老として幕政刷新の政治をおこなったが、正俊の死後は側用人柳沢吉保を重く用いて多くの弊害をもたらした。生類憐みの令はその代表である。ぜいたくな生活で、はでな元禄文化を生みだした。

徳川斉昭 (1800-1860)

　江戸末期の水戸藩主。15代将軍徳川慶喜の父。江戸小石川の水戸藩邸に生まれる。1829年に藩主となり、水戸学派の指導者藤田東湖らを重く用いて藩政の改革をおこなった。1853年、ペリー来航により老中阿部正弘におされて幕府の政治にもかかわった。当時、開国か攘夷かで大揺れにゆれていたが、将軍のあとつぎの問題がからんで攘夷を主張。正弘の急死、井伊直弼の大老就任によって弾圧をうけ、処罰された。

徳川秀忠 (1579-1632)

　江戸幕府2代将軍。家康の3男。長男信康は自害し、次男秀康が豊臣秀吉の養子となったため、家康のあとつぎになった。関ヶ原の戦いでは真田昌幸の攻略により中山道に釘づけにされ、決戦にまにあわず家康の怒りにふれた。しかし、慎重な性格で、家康の死後、大名を統制し、西日本の力をおさえて幕府と諸藩の体制をきずいた。また、娘の和子を後水尾天皇に嫁がせることで、さらに幕府の権威を高めた。

*徳川光圀 (1628-1700)

　江戸前期の水戸藩主。6歳のときに父のあとをつぐことが決まり、少年時代に自由奔放に育った。しかし、17歳のころから心を入れかえ、1661年に藩主になると、いっぽうでは学問と武芸を重んじながら、領民への福祉政治を進めた。また、29歳のときから生涯をかけて日本史の編さんにあたり、光圀の死後1906年に『大日本史』として実を結んだ。62歳で隠居、その後の庶民的な生活などから『水戸黄門漫遊記』が作りあげられた。

徳川夢声(とくがわむせい) (1894-1971)

大正・昭和期の放送芸能家、俳優、随筆家。島根県に生まれ、東京府立第一中学校を卒業してエリートをめざしたが挫折し、無声映画の弁士になった。古風な美文調の弁士に対抗して知的な語り口で知識人たちに支持された。しかし、1931年、初のトーキーが出現し、まもなく失業。1937年、文学座の創立に加わり、俳優として舞台にたったが、むしろ『宮本武蔵』などの朗読で人気を集め、文筆家としても活躍した。

*徳川慶喜(とくがわよしのぶ) (1837-1913)

江戸幕府最後の将軍。水戸藩主徳川斉昭の第7子。1847年、一橋家をつぎ、将軍継嗣問題では、父や島津斉彬らにおされたが、成功せず、大老井伊直弼の「安政の大獄」により処罰された。しかし、1862年に復帰し、公武合体派として活躍。将軍後見役となり、京都で幕府の代表として諸藩の大名と会議を開いた。将軍家茂(いえもち)の死後、15代将軍となって改革にのりだしたが時すでにおそく、1867年大政奉還、翌年、戊辰戦争で政界から退いた。

*徳川吉宗(とくがわよしむね) (1684-1751)

江戸幕府8代将軍。紀州家2代光貞の4男。二人の兄があいついで死んだため1705年に紀州家をつぎ、さらに1716年、7代将軍家継があとつぎもないまま死ぬと、将軍としてむかえられた。狩猟を好む活発な性格、並はずれた体格などで幕臣の畏敬を集め、財政たてなおしに着手。大岡忠相などを登用し、目安箱や小石川養生所をもうけて「享保の改革」をおこなった。また、蘭学にも興味をしめした。幕府中興の名君といわれる。

徳田球一(とくだきゅういち) (1894-1953)

大正・昭和期の社会運動家。日本共産党の指導者。沖縄県に生まれる。日本大学卒業後、はじめ弁護士になったが、1920年に結成の日本社会主義同盟に参加して社会運動の道へ入った。2年後には非合法下に結成された日本共産党の中央委員となって活動。しかし、1928年の3・15事件で入獄、終戦までの18年間を獄中ですごした。戦後は、党書記長に選ばれたが1950年にマッカーサー指令で公職を追われ、中国に亡命して北京で死亡。

徳田秋声（とくだしゅうせい）（1871／72－1943）

明治・大正・昭和期の小説家。石川県金沢に生まれ、第四高等中学校を中退。1895年に上京して博文館につとめ、同郷の泉鏡花のすすめで尾崎紅葉に入門した。しかし都会的な紅葉の作風とはあわず、紅葉の死後、自然主義にかわった。1908年の『新世帯』で田山花袋とならぶ自然主義作家となり、徹底した客観描写で『あらくれ』『仮装人物』などを発表。情報局の弾圧で未刊となった『縮図』は晩年の傑作である。

徳富蘇峰（とくとみそほう）（1863－1957）

明治・大正・昭和期のジャーナリスト。作家徳冨蘆花の兄。肥後国（熊本県）の生まれ。熊本洋学校に学び、同志社英学校を中退。自由民権運動に刺激されて郷里で塾を開いた。1887年に上京、民友社を設立して雑誌『国民之友』を発刊、平民主義をとなえた。さらに1890年には『国民新聞』を創刊。ジャーナリストとしての地位を確立したが、のち国家主義に転じて桂太郎とむすび、民衆の非難をうけた。著書に『近世日本国民史』など。

徳冨蘆花（とくとみろか）（1868－1927）

明治・大正期の小説家。蘇峰の弟。肥後国（熊本県）に生まれる。1878年に同志社へ入学したが2年後に帰郷、兄の塾に入った。在郷中にキリスト教の洗礼をうけ、1886年に同志社へ復学。ところが恋愛事件で京都を去り、やがて上京して兄の民友社に勤務。しかし作家をこころざし1898年から翌年にかけて『国民新聞』に『不如帰（ほととぎす）』を連載、武男と浪子の悲劇は国民的な支持を得た。ほかに代表作『思い出の記』『自然と人生』がある。

徳永直（とくながすなお）（1899－1958）

昭和期の小説家。熊本県の生まれ。家が貧しく小学校を中退、印刷工など職を転々として労働運動に近づいた。山川均をたよって1922年に上京。博文館に植字工としてつとめたが、1926年の労働争議で組合の指導者として活躍して解雇、この経験を書いた『太陽のない街』で小林多喜二とならぶプロレタリア作家となった。戦時下では軍国主義に抵抗、戦後は『新日本文学』の創刊に参加して『妻よねむれ』『静かなる山々』などを発表。

戸坂潤(とさかじゅん)(1900-1945)

昭和期の哲学者。東京に生まれる。京都帝国大学に入学して西田幾多郎、田辺元に哲学を学び、卒業後、新カント主義の観念論から弁証法的唯物論へ進んだ。1929年には『科学方法論』を発表。1932年、岡邦雄、三枝博音(さいぐさひろと)らと唯物論研究会を創立し、以後、政治、社会、文学などの広い分野にわたる批評家活動によって、ファシズムへの抵抗をつづけた。しかし治安維持法により検挙され敗戦の直前に獄死。著書に『科学論』などがある。

土佐光起(とさみつおき)(1617-1691)

江戸前期の画家。土佐光則の子。父とともに堺から京都に移り住んで土佐家の画風を学び、父の死後、宮廷の絵所預(えどころあずかり)となって土佐派を公的に復活させた。1681年に絵所預を子の光成にゆずって出家。常昭と号して法橋(ほっきょう)に、4年後には法眼(ほうげん)に叙せられた。土佐派の伝統のうえに狩野派や宋の絵の技法などをとり入れ、装飾的な画法を創出。代表作に『粟穂鶉図屏風(あわほうずら)』『大寺縁起絵巻』『厳島松島図屏風(いつくしま)』などがある。

土佐光信(とさみつのぶ)(?-1522頃)

室町後期の画家。1469年に宮廷絵所預となり、幕府の御用絵師もつとめた。1503年に完成した『北野天神縁起絵巻』の奥書にある従四位下の位は、画家としては最高のものである。多くの所領をあたえられ、経済的にもめぐまれて土佐派の社会的地位をたかめた。連歌の会にも出席し、教養のふかさがうかがわれる。絵巻物、仏画、風俗画などあらゆる分野に作品をのこした。代表作『石山寺縁起絵巻』『星光寺縁起絵巻』など。

舎人親王(とねりしんのう)(676-735)

天武天皇の第5皇子。文学の才能があり『万葉集』にいくつか歌がおさめられている。天皇の勅により、『日本書紀』を編さんし、720年に完成。同じ年、実権をにぎっていた藤原不比等が没すると、知太政官事に任じられた。しかし、これは長屋王が専制をふるうのをおさえたためであり、実際には、政務にはたずさわらなかった。死後、太政大臣(だいじょう)に叙せられ、758年、子の淳仁天皇から皇帝の号をおくられた。

*鳥羽僧正（とばそうじょう）(1053-1140)

平安後期の天台宗の僧、画家。号は覚猷（かくゆう）。大納言源隆国の子。大僧正覚円の門に入って園城寺法輪院に住み、1132年に僧正、1134年に大僧正となった。その間、四天王寺別当、鳥羽証金剛院別当などをつとめ、鳥羽上皇の離宮の護持僧となったことから鳥羽僧正とよばれている。僧として尊敬を集めただけでなく、絵にもすぐれ、風刺のきいたユーモアのある戯画をとくいとした。『鳥獣戯画』の作者といわれるが、確証はない。

飛田穂洲（とびたすいしゅう）(1886-1965)

明治・大正・昭和期の野球評論家。茨城県の生まれ。早稲田大学を卒業。読売新聞社をへて1919年、母校の野球部の監督となり、1925年までつとめた。早稲田野球部をつくった安部磯雄の「知識は学問から、人格はスポーツから」という方針にのっとって野球部を指導。飛田式猛訓練によって早稲田大学の黄金時代をきずいた。1926年、朝日新聞社に入社して野球評を書きつづけ、大学野球と中等（高校）野球に情熱をそそいだ。

富岡鉄斎（とみおかてっさい）(1836-1924)

明治・大正期の日本画家。京都に生まれ、幼いころから漢学、国学、仏典を学んで広い知識を身につけた。若いころ、女流歌人大田垣蓮月のもとで陶器作りを手伝った。また、梅田雲浜にも学んで学者として生涯をおくりながら、文人のたしなみとして絵をかいた。維新後、石上神宮（いそのかみ）や大鳥神社の宮司をつとめ、文人画家として数多くの作品をのこした。とくに晩年に自由で深い味わいの画境をひらいた。代表作『不尽山頂全図（ふじ）』など。

*朝永振一郎（ともながしんいちろう）(1906-1979)

昭和期の理論物理学者。哲学者朝永三十郎の子。東京の生まれ。京都帝国大学物理学科では湯川秀樹とともに学んだ。量子力学を専攻し、卒業後、理化学研究所に入って仁科芳雄の指導をうけた。1937年にドイツに留学して原子核理論を研究。帰国後は中間子理論も手がけて、1941年には東京文理科大学教授となった。1943年、超多時間理論を発表、1947年にくりこみ理論を完成。1965年、湯川秀樹についでノーベル物理学賞を受賞した。

* **豊田佐吉**(とよださきち)(1867－1930)

明治・大正期の自動織機の発明家。遠江国(静岡県)に生まれ、早くから父の大工仕事を手つだった。やがて織機の改良に興味をもち、人力織機についで1897年には木製動力織機を完成。一時は三井系の豊田式織機株式会社の重役となったが、技師への無理解のために訣別、1926年、豊田自動織機製作所を創立した。生涯に得た特許は80をこえ、海外からも高く評価された。トヨタ自動車工業は、織機製作所を母体に発展したものである。

* **豊臣秀吉**(とよとみひでよし)(1536－1598)

安土桃山期の武将。尾張国(愛知県)中村に足軽の子として生まれた。1558年、織田信長につかえて木下藤吉郎と称した。しだいに認められて羽柴と改姓。毛利氏と対戦中に信長が本能寺で暗殺されると、急ぎ京にもどって明智光秀を破った。信長の事業をうけついで天下統一を果たし、太閤検地をおこなって石高制を確立。関白となって権勢をきわめたが、しだいにおごり、おい秀次一族の処刑、朝鮮出兵などの失策をかさねた。

豊臣秀頼(とよとみひでより)(1593－1615)

安土桃山・江戸初期の大名。豊臣秀吉の子。母は側室淀君。秀吉は養子秀次をたおしたあとも秀頼の身を案じて、大名に自分の死後も秀頼につかえるように、何度も血判状を書かせた。秀吉の死後、秀吉の正室北政所と淀君が対立し、ついに1600年、関ヶ原の戦いへと発展、秀頼側の西軍が破れた。徳川家康の娘千姫を妻にむかえ、一地方大名に甘んじたが、2度にわたる大坂の陣で攻められ、淀君とともに自殺した。

鳥居清長(とりいきよなが)(1752－1815)

江戸後期の浮世絵師。江戸に生まれ、幼いころから鳥居派3代目清満に入門し、役者絵をかいた。しかし、あきたらず、鈴木春信、北尾重政のえいきょうをうけて風俗画をえがくようになり、清長風美人といわれる美人画を大成。長身で品のある生き生きとした女性を、大判錦絵2枚つづき、3枚つづきにえがく傑作をのこした。1786年、鳥居派4代目を相続。役者絵における大判錦絵は清長にはじまる。代表作『美南見(みなみ)十二候』。

鳥居龍蔵(とりいりゅうぞう)（1870—1953）

明治・大正・昭和期の考古学者、人類学者。徳島県に生まれる。独学で考古学の研究をこころざし、東京帝国大学人類学教室の主任坪井正五郎の教えをうけた。坪井の死後、同教室主任となり、やがて同助教授、国学院大学、上智大学の教授を歴任しながら日本各地を調査した。1939年に北京の燕京大学にまねかれ、およそ12年にわたって古代中国の遺跡を研究。生涯の足跡は東アジア全域におよんだ。考古学、人類学などの著書も多い。

内藤湖南(ないとうこなん)（1866—1934）

明治・大正・昭和期の東洋史学者。南部藩（秋田県）の学者の家に生まれ、秋田県立師範学校を卒業。上京後大阪朝日新聞などの記者をつとめ、1899年いらい6回、中国を視察。のちに『支那論』『支那上古史』『中国近世史』などを著わして、支那学の権威となった。1907年に新設された京都帝国大学の史学科では東洋史学を担当し、2年後に教授に就任。漢学、美術などにも造詣が深く、晩年は帝国学士院会員に列した。

ナウマン（1854—1927）

日本の地質を調査研究したドイツの地質学者。ミュンヘン大学を卒業、1875年にまねかれて来日。東京開成学校で地質学を教え、同校が東京大学となってからも、そのまま教師をつとめた。日本全土の地質調査の必要を政府に進言。地質調査所が設立されると技師として活躍、伊豆大島火山、北海道白亜紀化石、日本列島構造などの研究に大きな業績を残した。1885年に帰国。日本産旧ゾウ化石のナウマンゾウに、名をとどめている。

直木三十五(なおきさんじゅうご)（1891—1934）

大正・昭和期の小説家。本名は植村宗一。大阪に生まれる。早稲田大学を中退。出版社経営、雑誌創刊などを手がけたが失敗。31歳のとき直木三十一の名で文芸時評を書きはじめ、以後年齢とともに名前の数をふやして三十五でとどめた。1924年に雑誌『苦楽』を創刊したころから大衆小説を執筆、新聞に連載した長編『南国太平記』によって名を高め『楠木正成』『源九郎義経』などを発表。死後、菊池寛によって直木賞がもうけられた。

永井荷風 (1879-1959)

　明治・大正・昭和期の小説家。東京に生まれ、東京外国語学校清語科を中退。広津柳浪に師事して小説を書きはじめ、外遊後に発表した『あめりか物語』『ふらんす物語』によって文名を高めた。その後『すみだ川』『歓楽』などで耽美派の中心として活躍。1910年には慶応大学教授となり『三田文学』を編集したが1916年に辞職。『腕くらべ』『濹東綺譚』などにつづいて、戦後も『勲章』『踊子』などを発表、孤高の文学をつらぬいた。

永井柳太郎 (1881-1944)

　大正・昭和期の政治家。石川県の生まれ。早稲田大学を卒業、イギリス留学後、母校の教授となった。やがて大隈重信を助けて政治・社会批評をはじめたが、1920年、憲政会から衆議院議員に当選して政界に入り、以後8回当選。初めは普通選挙運動に参加するなど大衆政治をとなえたが、しだいに東亜新秩序論に同調して大陸侵略に協力。斎藤実内閣などの拓務相、逓相などをつとめながら、大政翼賛会の組織を積極的に進めた。

*中江兆民 (1847-1901)

　明治期の思想家。土佐藩（高知県）下級武士の家に生まれ、1871年にフランスに留学、帰国後、仏学塾を開いた。また、東京外国語学校長、元老院書記官をつとめたが数年で退官。そののちは『東洋自由新聞』を創刊するほか、ルソーの『社会契約論』を翻訳して『民約訳解』を刊行、自由民権思想を広めることに力をつくした。1890年には第1回衆議院議員に当選したが、土佐派の裏切りに激怒して辞職、以後、明治政府批判をつづけた。

*中江藤樹 (1608-1648)

　江戸前期の儒者。日本における陽明学派の祖。近江国（滋賀県）に生まれ、伊予国（愛媛県）大洲の加藤家に武士としてつかえた。早くから朱子学を学び、26歳のときに脱藩して郷里に帰り、独学で学問にうちこんだ。やがて、行動を重んじる陽明学へ移り根本原理として「孝」をとなえ、その徳の深さから近江聖人とあおがれるようになった。著書に『翁問答』『鑑草』などがあり、門人に熊沢蕃山、淵岡山らがいた。

*長岡半太郎（1865－1950）

明治・大正・昭和期の物理学者。肥前国（長崎県）の生まれ。東京大学理学部に学び、大学院にすすんで磁気の研究をおこなった。1890年に帝国大学理科大学の助教授となり、ドイツに留学。帰国後、教授となり、1903年に土星形の原子模型を提唱して世界の注目をあびた。原子物理学のほか、研究は地球物理学、物理光学、分光学など広い分野におよび、その研究成果を仁科芳雄、寺田寅彦らに受けつがせた。1937年に第1回文化勲章を受章。

中川淳庵（1739－1786）

江戸中期の医者。蘭学者。初め本草学、物産学に興味をもち、平賀源内とともに火浣布（燃えない布）を作った。やがてオランダ語を学ぶうちに、長崎通詞から1冊の人体解剖書を借り入れて杉田玄白に見せた。これが、淳庵、玄白、前野良沢を中心にした『解体新書』翻訳のきっかけである。苦心のすえ『解体新書』刊行後は、蘭医からさらに医学、植物学を学び、1778年には若狭藩奥医となった。蘭医書のほか中国数学書の訳書もある。

中勘助（1885－1965）

大正・昭和期の小説家、詩人、随筆家。東京神田の生まれ。東京帝国大学に入学し、夏目漱石の教えをうけた。幼少年期の自伝的小説『銀の匙』が漱石に認められ、漱石の推せんで東京朝日新聞に連載されて文壇に登場。文学界の流派や時流にとらわれることなく独自の筆をすすめ、漱石門下以外の世界とは交わらなかった。漱石と共通するきびしい倫理観と仏教的な洞察のふかさで、詩集、随筆にもすぐれた作品をのこした。

中里介山（1885－1944）

明治・大正・昭和期の小説家。神奈川県羽村（現東京都）に生まれ、小学校を卒業後、苦学して検定で教員免許をとった。キリスト教のえいきょうをうけたが、しだいに社会主義にも近づいた。平民新聞に投稿、1906年、都新聞に入り、まもなく連載小説を書きはじめた。1913年から連載の『大菩薩峠』は死にいたるまで続けた未完の大作である。ニヒルな剣士を中心に人生の流転を淡々とえがき、みずから大乗小説と称した。

中島敦（なかじまあつし）（1909—1942）

昭和期の小説家。東京に生まれる。儒者・漢学者の家系のなかに育ち、第一高等学校をへて東京帝国大学を卒業、横浜高等女学校の国語教師となった。以後、8年のあいだ教師をつとめ、同年に南洋庁の書記としてパラオ島へ渡ったが持病のぜん息が悪化して帰国、翌年死んだ。創作活動の期間は短かったが、多くは中国の古典に取材し、格調の高い知的な文体で自己を問いつめた『山月記』『李陵』などの名作を残している。

長塚節（ながつかたかし）（1879—1915）

明治期の歌人、小説家。茨城県の豪農の家に生まれ、病気のため中学校を中退。1898年、正岡子規の『歌よみに与ふる書』を読んで感動し、1900年から子規の根岸短歌会に出席して門人となった。万葉調の歌や写生文を学び、子規の死後、伊藤左千夫らと『馬酔木（あしび）』を創刊。のち、写生文から小説を書きはじめ、農民の典型を写実的にえがいた長編小説『土』が夏目漱石に賞賛された。結核にかかり、旅行中に死去した。

中西悟堂（なかにしごどう）（1895—1984）

昭和期の野鳥研究家、詩人。石川県生まれ。15歳で出家して僧侶となり、住職をつとめるかたわら文学にしたしみ、自然を愛した。1926年に東京で田園生活に入って野鳥の調査をはじめ、1934年、竹友藻風、柳田国男らと日本野鳥の会を結成。また、機関誌『野鳥』を創刊して全国に愛鳥運動をひろげ、禁猟区の設定などをおこなって自然保護運動のさきがけとなった。『定本野鳥記』など野鳥に関する著書は100冊以上におよんでいる。

中野重治（なかのしげはる）（1902—1979）

昭和期の詩人、小説家、評論家。福井県に生まれ、第四高等学校で窪川鶴次郎と知りあい、作家をこころざした。東京帝国大学に入学し、1926年に窪川、堀辰雄らと『驢馬（ろば）』を創刊。また、しだいに社会主義に近づいて日本プロレタリア芸術連盟に加わり、理論的指導者として多くの評論を書いた。1931年、日本共産党に入党。政府の弾圧により転向したが、戦後ふたたび入党した。代表作『歌のわかれ』『むらぎも』のほか詩集もある。

中野正剛（1886-1943）
なかの せいごう

大正・昭和期の政治家。福岡県の生まれ。早稲田大学を卒業して東京朝日新聞に入社。1916年、ヨーロッパに留学し、帰国後、新聞社をしりぞいた。国内での民主主義、国外での民族主義をとなえて1920年から政界に入り、革新派として活躍。1928年の張作霖暗殺事件では軍部をきびしく追求したが、国民同盟を結成すると右翼化をつよめ、侵略主義をとなえた。しかし東条英機内閣の打倒を企てて検挙され、釈放後、自殺した。

＊中浜万次郎（1827-1898）
なかはま まんじろう

江戸末期の幕臣。ジョン万次郎ともいう。土佐国（高知県）の中ノ浜の漁師の家に生まれ、1841年に漁に出て暴風にあい、遭難。鳥島に漂着して仲間4人とともにくらしたが、アメリカ船に助けられた。船長にとくに気に入られ、アメリカで教育をうけて英語、航海術、捕鯨法を身につけ、1851年に帰国。島津斉彬、山内豊信ら開明的な藩主の審問をうけたのち、英語の才により幕府につかえた。維新後、新政府では開成学校教授となった。

中原中也（1907-1937）
なかはらちゅうや

昭和期の詩人。山口県の生まれ。中学時代にすでに友人と共著で詩集を刊行した。しかし文学にうかれて落第し、京都の立命館中学に転校、17歳で長谷川泰子と同棲して詩作にはげんだ。1925年、泰子とともに上京。小林秀雄と知りあってえいきょうをうけたが、泰子をとられて挫折した。1934年、処女詩集『山羊の歌』を刊行。死後『在りし日の歌』が発表された。平明な言葉による孤独な魂の告白は多くの読者をえている。

中村吉右衛門（1886-1954）
なかむらきちえもん

大正・昭和期の歌舞伎俳優。3代目中村歌六の長男。東京浅草の生まれ。1897年、東京市村座で中村吉右衛門と名のって初舞台をふみ、おなじ年に浅草ではじまった子ども芝居に出演して人気をあつめた。1902年に歌舞伎座の座付になり、6代目尾上菊五郎とともに演技をきそって市村座を中心に歌舞伎界をもりあげた。しかし、菊五郎と対立して市村座を脱退。松竹に入って芸風にみがきをかけ、1943年に吉右衛門一座を結成した。

中村草田男 (1901−1983)

昭和期の俳人。父の仕事の関係で中国の福建省厦門(アモイ)に生まれた。東京帝国大学を卒業。1928年雑誌『ホトトギス』を読み、東大俳句会に入って水原秋桜子(しゅうおうし)の指導をうけた。1933年『ホトトギス』の同人となって高浜虚子に師事。新興俳句運動に批判的で、季題をまもりながらも人間の生き方をさぐり、加藤楸邨(しゅうそん)らとともに人間探究派とよばれた。のち『ホトトギス』からはなれ、1946年『万緑』を創刊した。代表作に『長子』など。

中村太八郎 (1868−1935)

明治・大正・昭和期の社会運動家。長野県の生まれ。専修学校を卒業。社会問題に関心をもち、郷里で木下尚江らと活動した。1896年、尚江と松本に平等会をつくり、翌年、上京して片山潜らと社会問題研究会を結成。問題を解決するには、まず普通選挙が実施されなければならないと考え、松本に普通選挙期成同盟会を結成、日本ではじめて普選運動をはじめた。1925年の実現まで、つねに運動の中心に立ち、普選の父とよばれた。

中村正直 (1832−1891)

明治前期の啓蒙思想家、教育者。江戸に生まれる。昌平坂学問所で儒学をおさめ、蘭学も学び、のち学問所の儒官となった。1866年、留学生の監督としてイギリスへ渡り、維新後に帰国して翻訳書『西国立志編』『自由之理』を刊行、日本の近代思想に大きなえいきょうを与えた。1872年には大蔵省翻訳官となる。いっぽう、啓蒙思想団体の明六社に加わるほか、私塾も設立、さらに女子高等師範学校初代校長をつとめ、教育にも尽力した。

中谷宇吉郎 (1900−1962)

昭和期の物理学者、随筆家。石川県に生まれ、東京帝国大学物理学科に入り、寺田寅彦に師事。卒業後、理化学研究所寺田寅彦研究室につとめ、1930年に新設の北海道大学理学部に移り、1932年に教授となった。雪の結晶の研究で知られ、世界ではじめて人工的に雪の結晶をつくることに成功。戦後、北大農業物理研究所長、国際雪氷協会副委員長などを歴任した。また寅彦のえいきょうを受けて『冬の華』などのすぐれた随筆を書いた。

中山晋平（なかやましんぺい）(1887−1952)

大正・昭和期の作曲家。長野県の生まれ。劇作家島村抱月の書生をしながら東京音楽学校に学び、1914年、芸術座公演の『復活』で松井須磨子がうたった劇中歌『カチューシャの唄』を作曲、大ヒットとなった。以後、歌謡曲をつぎつぎと作曲して、大衆音楽の普及に大きな役割を果たした。作曲数は3000をこえ、童謡も手がけた。代表作に『波浮の港』『船頭小唄』『東京行進曲』『雨ふりお月さん』などがある。

長与善郎（ながよよしろう）(1888−1961)

大正・昭和期の小説家、劇作家。東京に生まれ、東京帝国大学英文科を中退。武者小路実篤らのえいきょうを受けて『白樺』同人となり、作家をこころざした。1914年『盲目の川』、1916年『彼等の運命』を発表して文壇に登場。また、強い個性の葛藤をえがいた戯曲『項羽と劉邦』で劇作家としても注目を集めた。その後の作品に『青銅の基督（キリスト）』『竹沢先生と云ふ人』などの傑作があり、深い人生観によって知識人に愛読されている。

＊夏目漱石（なつめそうせき）(1867−1916)

明治・大正期の小説家。江戸牛込の生まれ。東京大学文科大学英文科卒業後、松山中学などの教師をへてイギリスに留学。帰国後、東大につとめ、1905年『ホトトギス』に『吾輩は猫である』を発表し、好評をえた。以後、創作をつづけ、自然主義と対抗する余裕派といわれて文壇で活躍。晩年は則天去私の境地にたっしたといわれる。近代日本のもっとも代表的な作家のひとりである。代表作『坊ちゃん』『こころ』『明暗』など。

鍋島直正（なべしまなおまさ）(1814−1871)

江戸末期の肥前藩主。隠居して閑叟（かんそう）と号した。1830年に家をつぎ、藩の政治の改革をおこなった。いちはやく西洋の技術をとりいれ、反射炉の建設、大砲の製造、洋式軍隊の訓練などをすすめた。また、藩校弘道館をひろげて、すぐれた人材を登用。開明的な名君とうたわれたが病弱であった。薩摩、長州、土佐と並ぶ基礎をつくり、維新後は、新政府に大隈重信、江藤新平、副島種臣らを送りこんだ。

納屋助左衛門（生没年不明）
なやすけざえもん

安土桃山期の堺の豪商、貿易家。呂宋助左衛門ともいう。自由都市堺の自治をおこなう会合衆（納屋衆）のひとりであったと思われる。ルソンとの貿易で富をきずいた。1593年、ルソンに渡り翌年帰国、豊臣秀吉に壺などを献上した。このときの呂宋壺は茶器として珍重されて巨利をえたが、のちに秀吉の怒りにふれて没落。1607年、カンボジアに渡航、国王の信任をえて永住したと伝えられている。

成島柳北（1837−1884）
なるしまりゅうほく

明治初期の新聞記者、随筆家。江戸浅草の生まれ。代々将軍の侍講をつとめる家柄で、1854年に家をついだ。さかんに柳橋にかよって遊び、1859年『柳橋新誌』初編を著わした。幕府がたおされる中にあって将軍徳川慶喜に最後までつくし、維新後は「天地間無用の人」と称して新政府につかえなかった。1874年、政府の高官たちの卑俗さを風刺した『柳橋新誌』第2編を刊行。また朝野新聞の社長として政府に対抗して筆をふるった。

成瀬仁蔵（1858−1919）
なるせじんぞう

明治・大正期の女子教育家。山口県に生まれ、山口県教員養成所を卒業。小学校長をつとめたのちキリスト教に入信。大阪の梅花女学校の創立に力をつくして1878年に同校の教師となった。いちじ伝道にたずさわり1890年にアメリカへ留学、帰国後、日本女子大学を創立して校長に就任。キリスト教にとらわれない立場から、日本女性のための高等教育の充実と発展に大きな功績を残した。著書に『女子教育論』などがある。

南部忠平（1904−1997）
なんぶちゅうへい

昭和初期の陸上競技選手。北海道に生まれ、早稲田大学を卒業。1928年の第9回オリンピックアムステルダム大会では、3段とびで4位であったが、1932年の第10回オリンピックロサンゼルス大会では同種目に15メートル72の世界記録をだして優勝、さらに走り幅とびでも3位に入賞して金、銅メダルを獲得した。1931年に明治神宮競技場で7メートル98をとんだ走り幅とびの記録は、日本では1970年まで破られなかった。

*新島襄（にいじまじょう）（1843−1890）

明治期のキリスト教主義教育者。上野国（群馬県）安中藩の下級武士の家に生まれる。襄は洗礼名ジョセフの略。英学を学び、西洋文明を自分の目でたしかめるため、1864年にアメリカへ密航。約10年滞米して洗礼をうけ、神学校を卒業した。帰国後、キリスト教主義大学の創立をめざし、1875年に同志社英学校、1877年に同志社女学校を開校、その後は総合大学への発展に力をつくした。門下から徳富蘇峰、安部磯雄ら明治の人材を輩出。

新美南吉（にいみなんきち）（1913−1943）

昭和期の児童文学者。愛知県に生まれる。中学生のころから童話を『赤い鳥』に投稿、1932年に『ごんぎつね』などが鈴木三重吉に認められた。東京外国語学校を卒業し、愛知県立安城高等女学校の教師をつとめるかたわら創作をつづけ、1942年に童話集『おぢいさんのランプ』を出版。しかし結核のため30歳の若さで死亡。郷土の風土をもとにした素朴な作品を多く残し、没後、童話集『牛をつないだ椿の木』などの出版で名を高めた。

西　周（にしあまね）（1829−1897）

明治期の思想家、哲学者。石見国（島根県）津和野藩の藩医の子として生まれる。初め藩校で儒学、1853年には江戸へでて洋学を学び、1857年に幕府の蕃書調所につとめて西洋哲学にふれた。1862年にオランダに留学して法学、哲学などを学び、帰国後、将軍慶喜にまねかれて政治問題の指導にあたった。維新後は兵部省で近代軍制の確立に貢献したほか、明六社に加わって西洋思想の啓蒙に力をつくした。著書に『百一新論』など。

西尾末広（にしおすえひろ）（1891−1981）

大正・昭和期の政治家。香川県に生まれる。高等小学校を中退して工場で働くうちに労働運動に入り、友愛会（のちの総同盟）に加入した1919年以来、各種の労働争議に関係。1928年の初の普通選挙で衆議院議員に当選、以後15回当選を果たしながら労働者の代表として活躍をつづけた。戦後は、日本社会党を結成し、片山、芦田内閣で官房長官、副総理をつとめた。しかし党内左派との対立により、1960年には民主社会党を創立。

西川如見（1648－1724）
にしかわじょけん

　江戸中期の天文学者。長崎の商家に生まれたが、早くから学問を好み、とくに天文暦学、地理学の研究をつづけた。50歳で隠居してからも研究にうちこみ、1719年には将軍徳川吉宗にまねかれて江戸におもむき、天文学に関する意見をのべて著書を献上した。天文、地理のほか、西洋知識にも深かったと伝えられる。著書に天文書『天文義論』『天文精要』、地理書『華夷通商考』などのほか、すぐれた随筆集もある。

西田幾太郎（1870－1945）
にしだきたろう

　明治・大正・昭和期の哲学者。石川県の生まれ。第四高等学校を中退して帝国大学文科大学哲学科の選科に学ぶ。卒業後、中学教師、四高教授などをへて1913年に京都帝国大学教授となり1928年の定年まで在職。その間に、西洋哲学の研究を深めるとともに坐禅にうちこみ、1911年に『善の研究』を著わして、西田哲学をきずきあげた。東西の哲学を統一して独自の思想をうちたてた、近代日本の代表的な哲学者である。

仁科芳雄（1890－1951）
にしなよしお

　昭和期の物理学者。岡山県に生まれる。東京帝国大学工学部電気工学科を卒業。大学院に進んでからは物理学の道へ入り、理化学研究所の研究生となった。1921年から1928年まで、イギリス、ドイツ、デンマークへ留学して量子力学、X線を研究。帰国後、量子力学について湯川秀樹、朝永振一郎らにえいきょうを与え、1931年には仁科研究室を開き、1946年には理化学研究所長に就任、その間に、宇宙線、原子核の研究を推進した。

西村茂樹（1828－1902）
にしむらしげき

　明治期の思想家、道徳教育家。佐倉藩（千葉県）の藩士の子として生まれる。儒学を安井息軒に、洋学を佐久間象山に学び、26歳から藩の政治にたずさわった。維新後、ひきつづき佐倉藩、印旛県の行政にあたったが、1872年に上京して塾を開いた。また、明六社に加わるほか文部省に入って教科書を編集。国民にたいする道徳の必要性を訴えて1876年に修身学舎を起こし、これを日本弘道会に発展させた。著書に『日本道徳論』。

西山宗因（1605－1682）
　江戸前期の連歌師、俳人。肥後国（熊本県）八代の生まれ。八代城主加藤正方の側近につかえ、連歌の才能により正方に目をかけられた。しかし、藩の取りつぶしにあって浪人し、京へのぼって連歌師をめざした。1644年、大坂天満宮連歌所の宗匠をはじめとしてしだいに名を高め、連歌会を指導。いっぽう俳諧も手がけ、貞門派とはちがった自由で新しい作風により、談林派をひらいた。門下から浮世草子作家井原西鶴をだしている。

二条良基（1320－1388）
　南北朝期の公卿、歌人。関白二条道平の子。はじめ後醍醐天皇につかえたが、南北朝の動乱がはじまると北朝について関白にまでのぼった。また、和歌や連歌をよくよみ、連歌師救済の協力により勅撰『菟玖波集』を著わした。ついで「応安新式」を定めて連歌の作法や規則を統一。当時、連歌師によって庶民にもひろまっていた連歌を、和歌と同じように文芸の域にまで高めた。著書に『筑波問答』などの連歌論集がある。

西脇順三郎（1894－1982）
　昭和期の詩人。新潟県の生まれ。慶応義塾大学卒業後、イギリスに留学してオックスフォード大学で英文学を学んだ。1925年、英文で処女詩集『Spectrum』を出版。帰国後、母校で教授をつとめながら創作活動をはじめた。シュールレアリスムの詩運動に加わり、詩のことばから日常的な意味を追放して超現実のイメージの世界をつくりあげた。詩集に『旅人かへらず』『近代の寓話』など。現代詩の代表的な詩人のひとりである。

*日　蓮（1222－1282）
　鎌倉期の僧。日蓮宗の開祖。安房国（千葉県）に生まれる。15歳で出家して天台宗を学んだがあきたらず、京の比叡山へのぼって修行、法華経こそが最高の経典であるという考えに達して悟りをひらき、1253年、安房清澄山で日蓮宗をはじめた。1260年『立正安国論』を著わして内乱、外敵襲来を予言。他宗を激しく非難したことから流罪などの迫害にあったが屈せず、辻説法をつづけた。晩年は身延山に入り、著作に専念した。

* **新田義貞**（にったよしさだ）(1301－1338)

鎌倉末期・南北朝期の武将。上野国（群馬県）新田荘を本拠とした源氏の一族。1331年の「元弘の乱」で幕府軍として楠木正成の千早城攻略に兵を挙げたが、病気と称して帰国。1333年に幕府へ謀反、鎌倉を攻めて北条氏一族を滅ぼし、後醍醐天皇の建武新政では、討幕の功により武者所頭人に任じられた。しかし足利尊氏と対立して、箱根竹之下および兵庫の戦いに敗れ、越前（福井県）で再起を図るうちに戦死した。

* **新渡戸稲造**（にとべいなぞう）(1862－1933)

明治・大正・昭和期の教育者、思想家。盛岡藩（岩手県）の生まれ。札幌農学校に学び、キリスト教に入信。1884年から1891年までアメリカ、ドイツに私費で留学して農政学、農業経済学などを研究した。帰国後、札幌農学校教授、台湾総督府技師をへて京都帝国大学、東京帝国大学教授を歴任。1920年からは国際連盟事務次長をつとめるほか、国際会議で活躍、青年時代に抱いた「太平洋の橋になる」というこころざしをつらぬいた。

* **二宮尊徳**（にのみやそんとく）(1787－1856)

江戸末期の農政家。相模国（神奈川県）の農家に生まれ、幼名は金次郎。早くから苦労、苦学をかさねて、没落した生家を再興。25歳をすぎると、その才能を認められて、家財が傾いた小田原藩士服部家の再建、および藩内領地の農村復興指導などにあたり、名を高めた。また、老中水野忠邦に普請役格にもとりたてられ、日光領の開発にも着手したが業なかばで病死。死後、高弟たちにその報徳思想がうけつがれ、報徳社が結成された。

* **仁徳天皇**（にんとくてんのう）(生没年不明)

第16代と伝えられる天皇。父は応神天皇、母は仲姫命（なかつひめのみこと）。5世紀前半の倭王讃が仁徳にあたるといわれ、徳をたたえる逸話として、皇位を弟とゆずりあった話、民のかまどから煙がたちのぼっていないのを見て税を免じた話などが残っている。また、淀川に茨田堤（まんだのつつみ）をきずくなど河内（大阪）平野の開拓に力をつくしたことも伝えられている。仁徳天皇陵とされている大阪府堺市の前方後円墳は、全長486メートルの日本最大のものである。

*額田王(ぬかたのおおきみ) (生没年不明)

飛鳥時代の女流歌人。鏡王(かがみのおおきみ)の娘。天武天皇の宮廷につかえる高級な巫女(みこ)であったと伝えられる。天武天皇がまだ大海人皇子と称していたころ、召されて十市皇女(とおちの)を産んだ。また、和歌にすぐれ、天皇にかわって歌をよむことが多かった。儀礼的な手段に和歌が使われていたため、歌の内容をそのまま事実とすることはできない。作風は格調が高く『万葉集』の代表的な女流歌人のひとりとされている。

根津嘉一郎(ねづかいちろう) (1860−1940)

明治・大正・昭和期の政治家、実業家。甲斐国(山梨県)の生まれ。20歳で上京して漢学者馬杉雲外(うますぎうんがい)らに学び、帰郷後、共愛社をつくり、村長などをつとめた。1904年、衆議院議員に当選。また、実業界に入り、東武鉄道など私鉄の経営に参加、1929年、徳富蘇峰の主宰した国民新聞社社長となった。いっぽう、武蔵高等学校を創立したほか、古美術収集家としても知られ、死後、コレクションをもとに根津美術館が建てられた。

野上弥生子(のがみやえこ) (1885−1985)

大正・昭和期の小説家。大分県の生まれ。15歳のとき上京して明治女学校に学び、やがて夏目漱石の門下に入って『縁(えにし)』『七夕さま』などを書き、文壇に登場した。1911年には平塚らいてう主宰の雑誌『青鞜』創刊に参加。以後、人間の心理、思想を深く見つめつづけて名作『海神丸』『真知子』を発表。戦後は、1936年から書きつづけた長編『迷路』を完成するいっぽう、歴史に取材した大作『秀吉と利休』によって女流文学賞を受賞した。

乃木希典(のぎまれすけ) (1849−1912)

明治期の軍人、陸軍大将。長州(山口県)藩士の家に生まれ、藩校明倫館に学んで戊辰戦争に参加。維新後、新政府の陸軍に入り、萩の乱、西南戦争にも参戦し、1886年にはドイツに留学。帰国後、一時退役したが日清戦争には旅団長として、日露戦争には第3軍司令官として従軍、日露戦争の旅順攻略に苦戦した。戦後、軍事参議官をへて学習院院長をつとめたが、明治天皇の死にさいして、夫人静子とともに殉死した。

野口雨情（のぐちうじょう）(1882－1945)

　大正・昭和期の詩人。茨城県の生まれ。東京専門学校を中退。大正中期にもりあがった童謡、民謡の流行にのって、1905年に民謡集『枯草』を自費出版。また、1919年には詩集『都会と田園』を出版して上京、童話雑誌『金の船』に童謡を発表し『赤い鳥』の北原白秋とならんで活躍。また、全国をまわって民謡、童謡の普及につとめた。素朴で叙情的な詩風で、のち日本ビクターの専属となった。代表作『船頭小唄』『波浮の港』。

*野口英世（のぐちひでよ）(1876－1928)

　明治・大正期の細菌学者。福島県の貧しい農家に生まれ、幼児のとき左手に大やけどを負った。高等小学校を卒業すると東京へでて努力をつづけ、医術開業試験に合格。しかし臨床医の不向きを知って伝染病研究所へ入り、細菌学の研究をはじめた。1900年にアメリカへ渡り、毒ヘビおよび梅毒の研究によってしだいに名をあげ、一時帰国後、黄熱病を研究、1928年にアフリカへおもむき、みずから黄熱病に感染して死亡した。

野口米次郎（のぐちよねじろう）(1875－1947)

　明治・大正・昭和期の詩人。愛知県に生まれ、慶応義塾を中退。1893年にアメリカへ渡り、詩人ウォーキン・ミラーの指導をうけた。1896年『Seen and Unseen』を発表。さらにイギリスに渡って詩作をつづけ、ヨネ・ノグチの名で有名になった。1904年に帰国して母校の教授をつとめ『二重国籍者の詩』などの日本語詩集を出版。国際的文学者として文化の交流にもつとめた。彫刻家イサム・ノグチは長男である。

野坂参三（のさかさんぞう）(1892－1993)

　大正・昭和期の政治家、日本共産党の指導者。山口県萩に生まれ、慶応義塾を卒業後、友愛会の書記になって労働運動に参加した。1919年、イギリスに渡ってイギリス共産党に入党。帰国後、結成まもない日本共産党に入党して、以後たびたび検挙された。1931年、ソ連に渡ってコミンテルン執行委員会の幹部になり、さらに中国で日本の帝国主義と戦った。戦後、帰国して一時は公職追放をうけたが、地下活動ののち、党の中央で活躍。

野中兼山（のなかけんざん）（1615−1663）

　江戸初期の儒者。土佐藩の執政。藩の重臣野中直継の養子となり、朱子学を学んだのち、2代藩主山内忠義に重用されて1631年に奉行職についた。以後、およそ30年にわたって、風紀のとりしまり、新田開発、殖産事業、土木工事などに才腕をふるって藩政を確立。しかし、藩財政を豊かにするための政治のきびしさから、武士にも農民にも反感が高まり、退職して隠棲ののち死去、妻子も配流の罪をうけた。

野々村仁清（ののむらにんせい）（生没年不明）

　江戸初期の京焼の陶工。丹波国（京都府）野々村の生まれといわれる。はじめ粟田口の窯で修業し、のち茶人金森宗和と知りあって仁和寺門前に窯をきずいた。色絵の技法を大成し、茶壷や香炉など、大小さまざまのすぐれた作品を残した。ロクロによる薄手の優美な形に、宗達派や狩野派の手法のすぐれた絵をほどこし、ときには蒔絵（まきえ）の手法によって豪華に仕上げるなど、趣向をこらしてのちの陶芸に大きなえいきょうを与えた。

信時潔（のぶときよし）（1887−1965）

　大正・昭和期の作曲家。大阪の生まれ。東京音楽学校ではチェロを専攻。1920年、ドイツに留学してゲオルグ・シューマンに作曲を学んだ。帰国後、母校の作曲科教授をつとめ、ドイツ古典のえいきょうをうけた着実で素朴な作品を発表。のち、日本の伝統をとり入れた曲を作るようになり、戦時中は国粋主義的な作風にもかたむいた。代表作に歌曲『海行かば』、カンタータ『海道東征』など。

野間清治（のませいじ）（1878−1938）

　大正・昭和期の実業家。群馬県に生まれ、県立師範学校を卒業。中学校教員をへて東京帝国大学の書記をつとめ、弁論の好きな学生を集めて1909年に大日本雄弁会を設立。雑誌『雄弁』を創刊したのがきっかけで出版界にのりだし、1911年、講談社を創立した。昭和に入ると『キング』など9種の雑誌をだして、国内雑誌発行部数のほとんどを占めた。また、書籍に関しても大衆化をはかり「講談社文化」をきずいた。

野間宏（のまひろし）(1915－1991)

昭和期の小説家。神戸市に生まれ、中学時代から文学に親しんだ。京都帝国大学卒業後、大阪市役所に勤務。1941年、補充兵として出征、一時、思想犯として陸軍刑務所に入所した。戦後、処女作『暗い絵』を発表して文壇に登場。いっぽうでは日本共産党に入党。1952年、兵営生活をとおして日本軍国主義を批判した『真空地帯』を発表。以後『さいころの空』『青年の環』などによって、戦後の代表的な作家として高く評価されている。

野村胡堂（のむらこどう）(1882－1963)

大正・昭和期の小説家。岩手県に生まれる。金田一京助らと盛岡中学に学び、東京帝国大学中退後、報知新聞社に入社、報知が読売新聞に統合されるまで新聞人として活躍した。1929年ころから小説を書き始め『三万両五十三次』などを新聞、雑誌に連載、1931年から27年間にわたって書きつづけた『銭形平次捕物控』によって菊池寛賞を受賞。いっぽう「あらえびす」の筆名で音楽評論も活発におこなった。

野村望東尼（のむらぼうとうに）(1806－1867)

江戸末期の女流歌人。筑前国（福岡県）福岡藩士の家に生まれ、同藩の野村家へ後妻に入り、夫の死後、出家して尼となった。尊王のこころざしがあつく、高杉晋作、平野国臣、西郷隆盛らと親交。いっぽう歌人大隈言道に和歌を学び、生活を見つめた秀歌を多くよんだ。1865年、志士の団結に力を貸した罪で捕えられて流罪となったが、高杉らに助けられて周防（すおう）（山口県）に移り、同地で没した。歌集に『向陵集』がある。

野呂栄太郎（のろえいたろう）(1900－1934)

昭和初期のマルクス主義経済学者、社会運動家。北海道の生まれ。慶応義塾大学に学び、在学中からマルクス主義を研究、卒業直後の1926年に、全日本学生社会科学連合会への弾圧事件に連座して、治安維持法によって検挙された。1930年には『日本資本主義発達史』を著わし、日本共産党の理論的指導者として活躍。その後は指導部が一斉検挙された党本部の再建に力をつくしたが、1933年、検挙されて拷問により死亡した。

野呂元丈（のろげんじょう）(1693−1761)

江戸中期の本草学者。伊勢国（三重県）の生まれ。京にのぼって山脇玄修に医学を、稲生若水に本草学を学んだ。1720年、幕府採薬御用となって全国各地をまわり、植物を調査採薬、その功績によって幕府から宅地を与えられ、江戸に住むようになった。1739年には将軍徳川吉宗の御目見医師に任じられた。また、吉宗の命により青木昆陽とともにオランダ語を学び、江戸参府のオランダ人との対談をもとに『和蘭陀本草和解』を著わした。

萩原朔太郎（はぎわらさくたろう）(1886−1942)

大正・昭和期の詩人。群馬県の医者の家に生まれ、中学時代から短歌をよんだ。高等学校を中退、いちじは音楽に興味をもったが、やがて詩作にはげみ、室生犀星らと知りあって1916年に雑誌『感情』を創刊。1917年に自費出版した処女詩集『月に吠える』で、口語自由詩とするどい感覚の幻想世界が注目を集め、詩人として認められた。さらに6年後の『青猫』によって日本における象徴詩を完成。詩論、随想も多く残した。

白　隠（はくいん）(1685−1768)

江戸中期の禅僧。日本の臨済宗の中興の祖。駿河国（静岡県）に生まれ、1699年に出家。およそ10年、諸国の寺に師を求めて修行ののち、信州飯山の道鏡慧端にめぐりあって自己の慢心を猛省、大きな悟りを開いた。その後さらに修行をかさね、1717年に京都妙心寺第一座となった。しかし、女性の参禅をすすめるなど、終生、禅の民衆化につとめ、いっぽうでは門弟から俊才を輩出した。著書に『語録』『遠羅天釜』などがある。

橋本雅邦（はしもとがほう）(1835−1908)

明治期の日本画家。川越藩の御用絵師の子として生まれ、幼いころから父に絵を学ぶ。やがて狩野派の門に入って狩野芳崖とともに修業、1882年、農商務省主催の全国絵画共進会で認められた。明治初期における画家にとっての暗黒時代をへたのち、東京美術学校の創立に力をつくして、同校教授に就任。また、1898年には、岡倉天心を助けて日本美術院の創立にも参加、多くの逸材を育てた。代表作『白雲紅樹図』『龍虎図』など。

橋本関雪(はしもとかんせつ) (1883−1945)

　大正・昭和期の日本画家。神戸の生まれ。四条派の手ほどきをうけ、1903年から竹内栖鳳(せいほう)に師事。1906年、神戸絵画研精会を創設し、翌年に文展が始まってからは毎回出品してたびたび入選した。1913年、中国を訪問。帰国後は、中国の古典に題材をとった力作をつぎつぎに発表した。栖鳳をはなれ、2度のヨーロッパ旅行をへて、四条派と南画をあわせた独自の画風をひらいて新南画とよばれた。代表作に『玄猿』など。

橋本左内(はしもとさない) (1834−1859)

　江戸末期の志士。福井藩士。藩医をしていた父のあとをつぐため、医学を学んだ。1849年、大坂(大阪)に出て緒方洪庵の適塾で洋学、医学を学び、秀才として知られた。1854年、江戸におもむき杉田成卿らに入門。水戸の志士らとも交遊し、藩主松平慶永(よしなが)の信任をうけた。1857年、慶永の命で江戸や京で国政を論じ、将軍のあとつぎを一橋慶喜にするよう工作した。しかし井伊直弼の大老就任によって失敗し「安政の大獄」で処刑された。

長谷川等伯(はせがわとうはく) (1539−1610)

　安土桃山期の画家。能登国(石川県)の生まれ。熱心な日蓮宗の信者で、初めは仏画を多くかいたが、30代で京にのぼり、本法寺に住んで水墨画の画法をきわめた。また、茶人と交わって教養をふかめ、中国の宋元画や雪舟のえいきょうをつよくうけた。当時、狩野派がたいへんもてはやされたが、狩野派に対抗して1593年『智積院(ちしゃくいん)障壁画』を完成。豪華で優美な障壁画をえがくいっぽう、枯れた味わいをみせる水墨画の傑作を数多く残した。

長谷川如是閑(はせがわにょぜかん) (1875−1969)

　明治・大正・昭和期のジャーナリスト。東京深川の材木商の家に生まれ、東京法学院を卒業。1902年、陸羯南(くがかつなん)の新聞『日本』の記者となったが、1906年に三宅雪嶺らと退社した。1908年、大阪朝日新聞社に入って「天声人語」を担当。1914年には社会部長となって大正デモクラシーの論陣をはり、政府を批判した。しかし政府の弾圧をうけて退社、大山郁夫と雑誌『我等』を創刊、軍国主義に反対して自由な批判をつづけた。

*支倉常長 (はせくらつねなが) (1571-1622)

江戸初期の仙台藩士。伊達政宗の家臣。1613年、スペインとの通商条約をむすぶため、政宗の使者として、メキシコをへてスペインへ渡り、さらにローマにおもむいて法王に謁見した。しかし、洗礼をうけ、ローマ市民権と貴族の称号は与えられたが、通商条約はならず、7年後に帰国。ところが、日本ではキリスト教弾圧が強くなっていたことから、政宗に冷たくあつかわれ、帰国して2年めに不遇のうちに生涯を閉じた。

秦佐八郎 (はたさはちろう) (1873-1938)

明治・大正・昭和期の細菌学者。島根県に生まれ、秦氏に養子に入った。第三高等学校で医学をおさめ、卒業後、病院につとめた。1898年、伝染病研究所に入って北里柴三郎のもとでペストを研究。1907年、ドイツに留学、コッホ研究所で梅毒を研究し、さらにフランクフルト・アム・マインの国立実験治療研究所に移った。1910年、パウル・エールリヒとともに梅毒に有効なサルバルサンを発見。同年帰国、北里研究所で活躍した。

服部之総 (はっとりしそう) (1901-1956)

昭和期の歴史家。島根県に生まれ、東京帝国大学卒業後、大学研究室の副手となった。学生時代からマルクス主義を研究し、1928年『マルクス主義講座』に、『明治維新史』を発表。また『日本資本主義発達史講座』の編集にも参加、明治期の歴史に新しい史観を提唱した。戦後は、三枝博音(さいぐさひろと)と鎌倉アカデミアを創立、法政大学でも教鞭をとり、歴史書、随筆など多くの著書を残した。

服部嵐雪 (はっとりらんせつ) (1654-1707)

江戸中期の俳人。淡路の人といわれる。20歳のころ江戸で井上相模守につかえ、24歳のころ松尾芭蕉のもとに入門。若いうちは遊びにふけったが、やがて句作にうちこむようになり、同門の榎本其角と肩を並べて蕉門十哲のひとりと称された。芭蕉の死後は、江戸の俳壇を其角と二分、多くの弟子を育てた。有名な句に「うめ一輪一りんほどのあたたかさ」おもな著書に『其袋(そのふくろ)』などがある。

鳩山一郎（はとやまいちろう）(1883-1959)

　大正・昭和期の政治家。政治家鳩山和夫の長男。東京の生まれ。恵まれた環境に育ち、東京帝国大学を卒業して弁護士となった。父の死後、そのこころざしをついで政界に入り、原敬に師事。犬養毅、斎藤実両内閣では文相をつとめ、この間「滝川事件」をひきおこした。しかし戦時体制には同調せず、戦後、日本自由党を結成。公職追放によりいちじ政界をしりぞいたが復帰して首相をつとめ、日ソ国交回復、国際連合加盟などを果たした。

花井卓蔵（はないたくぞう）(1868-1931)

　明治・大正期の弁護士、政治家。広島県に生まれ、英吉利（イギリス）法律学校（現在の中央大学）を卒業して弁護士となった。足尾鉱毒事件（1900年）、日比谷焼き打ち事件（1905年）、大逆事件（1910年）、シーメンス事件（1914年）などの弁護を担当して活躍。1898年に衆議院議員に当選して政界に入り、はやくから普通選挙の実現に力をつくした。1923年、貴族院議員にえらばれ、また母校、中央大学の教授をつとめた。

華岡青洲（はなおかせいしゅう）(1760-1835)

　江戸後期の外科医。華岡流外科の創始者。紀伊国（和歌山県）の医者の家に生まれ、京にでてオランダや漢方の医学を学んだ。1785年に帰郷して開業。20数年の苦心のすえ、チョウセンアサガオを主成分とした一種の麻酔「麻沸散」をつくり、西洋の麻酔手術に先だって、1805年、乳癌手術に成功。この麻酔実験により、母が死に、妻が失明した話は有名である。外科手術で名をあげ、藩医にもなり、弟子の数は1000人をこえたといわれる。

英一蝶（はなぶさいっちょう）(1652-1724)

　江戸中期の絵師。京都の医者多賀家に生まれ、幼いころ江戸に移った。狩野安信に入門して絵に才能をあらわすいっぽう、俳諧にもすぐれて芭蕉に師事。菱川師宣の浮世絵にひかれて風俗画にすすみ、狩野家から破門された。軽妙で狩野派の伝統をいかした品のよい風俗画をえがき、名をあげたが、吉原での遊興がとがめられて三宅島に配流。島でも絵をかきつづけ、1709年に許されて一蝶と改めた。代表作に『布晒舞図（ぬのさらしまいず）』など。

*塙保己一（はなわほきいち）(1746−1821)

江戸後期の国学者。武蔵国（埼玉県）に生まれ、幼いときに病気で失明した。1760年に江戸にでて検校雨宮須賀一に入門。学問を好み1769年に賀茂真淵に国学を学んだ。1783年に盲人の最高の位である検校となり、1793年、江戸麹町に和学講談所を設立。幕府のぼう大な編さん事業をおこない、今日の東京大学史料編さん所の「大日本史料」のもととなった。とくに『群書類従』の編集は保己一の最大の偉業である。

羽仁もと子（はに　こ）(1873−1957)

大正・昭和期の女子教育者。青森県の生まれ。東京府立第一高等女学校、明治女学校に学び、小学校教師をへて報知新聞社に入社。日本ではじめての婦人記者として活躍し、1903年に婦人雑誌『家庭之友』を創刊した。キリスト教の人道主義の立場から、女性の自由と地位向上をめざして婦人運動の先がけとなった。さらに1921年、自由学園を創立、生徒の自治にまかせる生活中心の自由な女子教育を進めた。

馬場辰猪（ばばたつい）(1850−1888)

明治前期の自由民権論者。土佐藩（高知県）の藩士の家に生まれ、慶応義塾に学び、1870年、イギリスに留学。法学を学びながら日本の国情や立場を紹介し、英文で『日英条約改正論』を著わして条約改正をとなえた。帰国後、自由民権運動にくわわり、自由党の幹部として活躍。しかし、1882年に板垣退助が政府に買収されると怒って脱党。1885年、爆発物不法所持で捕えられ、釈放後、アメリカに渡ったがフィラデルフィアで没した。

浜口雄幸（はまぐちおさち）(1870−1931)

大正・昭和期の官僚、政党政治家。高知県に生まれ、帝国大学法科大学を卒業して大蔵省に入った。後藤新平に認められて第3次桂内閣の逓信次官となり、さらに立憲同志会に入党。1915年に衆議院議員に当選。蔵相をへて立憲民政党の総裁となり、1929年、強行外交を進めた田中内閣のあとをうけて組閣。幣原喜重郎を外相につけて協調外交をおこない、金解禁、ロンドン軍縮条約をむすぶなど軍部をおさえたが、右翼に暗殺された。

浜田彦蔵(はまだひこぞう) (1836−1897)

　江戸末・明治期の貿易商。別名ジョセフ・ヒコ、アメリカ彦蔵。1850年に難船、漂流中にアメリカ船に救われ、そのままアメリカに渡って帰化した。1859年、アメリカ領事の通訳として帰国し、日米通商条約の交渉などに活躍した。1863年に職を辞し、英字紙『海外新聞』の発行や貿易に従事。伊藤博文、木戸孝允などと交わり、1872年には大蔵省に入り、渋沢栄一のもとで国立銀行に関する法律作成などに力をつくした。

浜田広介(はまだひろすけ) (1893−1973)

　大正・昭和期の児童文学者。山形県に生まれ、早稲田大学を卒業。在学中から小説や童話を書いて認められた。出版社につとめながら雑誌『良友』に童話を発表し、1921年、最初の童話集『椋鳥の夢』を出版。1923年から作家生活に入り、幼年童話の分野で活躍した。人間を善性とする「ひろすけ童話」は、教訓的で個性がないと批判されるが、人間にたいする愛情に満ちた『竜の目の涙』『泣いた赤おに』などの名作を残した。

＊林子平(はやししへい) (1738−1793)

　江戸後期の経世家。江戸に生まれ、兄が仙台藩につかえたので1757年、仙台に移った。たびたび江戸や長崎にでて学び、また、工藤平助、大槻玄沢らと交わり、1777年、オランダ商館長フェイトから聞いたロシアの南下の状況につよい刺激をうけて海防の研究に着手。1785年、朝鮮、琉球、蝦夷の3国を中心とした軍事用の地誌『三国通覧図説』、1786年『海国兵談』を著わした。しかし、世間をさわがせたとして幕府の弾圧をうけた。

林述斎(はやしじゅっさい) (1768−1841)

　江戸後期の儒者。美濃国(岐阜県)の生まれ。林家7代目が早く亡くなって血がたえたので、1793年、幕府の命により林家をついで大学頭となった。学制を改革し、聖堂学舎を幕府の学問所とし、古賀精里、柴野栗山、尾藤二洲ら寛政の三博士とともに幕府の教育行政に力をつくした。幕府に重くもちいられて『寛政重修諸家譜』『徳川実紀』などを編さん、林家の中興とたたえられた。

林芙美子 (1903−1951)

昭和期の小説家。山口県下関市に生まれる。少女時代は商人と再婚した母とともに九州などを行商、転校をかさねて小学校を終え、工場ではたらきながら尾道市で女学校を卒業。1922年に上京して女給、女中などで生計をたてながら詩や童話を書きはじめ、画学生手塚緑敏と結婚、1928年に発表した『放浪記』が出世作となった。以後、庶民的、叙情的な作品を書きつづけ、代表作に『風琴と魚の町』『浮雲』『めし』などがある。

林羅山 (1583−1657)

江戸初期の朱子学者。京都の生まれ。17歳のころから朱子学を学び、1605年、徳川家康に認められて幕府に登用された。こののち文官として、秀忠、家光、家綱まで4代の将軍に仕え、朱子学の立場から幕府の文教、文化政策の確立に力をつくした。また、1630年に、上野忍岡に土地を与えられて私塾(のちの昌平黌)を開き、以後、子孫に至るまで、幕藩体制下における学問をつかさどった。著書に『寛永諸家系図伝』『本朝通鑑』など。

葉山嘉樹 (1894−1945)

大正・昭和期の小説家。福岡県に生まれ、学費をあそびに使いはたして、早稲田大学を中退。下級船員として船に乗りこみ、さらに転々と職をかえてしだいに労働運動にめざめた。たびたび検挙され、1921年から1925年まで、ほとんど刑務所で生活した。この間、獄中で小説を書きためて1925年『淫売婦』を『文芸戦線』に発表。翌年、プロレタリア文学を代表する長編『海に生くる人々』を刊行し、労働者の生活をえがいて活躍した。

速水御舟 (1894−1935)

大正・昭和期の日本画家。東京浅草の生まれ。小学校を卒業して松本楓湖の安雅堂画塾にかよった。古画の模写と野外の写生で才能をのばし、安田靫彦、小林古径らの紅児会や烏合会にも参加。日本画の進歩的な画家として認められ、1914年、先輩の今村紫紅を中心に赤曜会を設立した。1919年、交通事故で左足を失ったが意欲的に創作をつづけ、多様な画風を展開、才能をおしまれ、41歳で病没した。代表作『炎舞』『名樹散椿』。

* **原　敬**（1856−1921）

　　明治・大正期の政治家。盛岡藩（岩手県）の家老の家に生まれる。司法省法学校を中退し郵便報知新聞などの記者をへて外務省に入り、1895年には外務次官となった。しかし2年後に一時官界をしりぞき、やがて大阪毎日新聞の社長に就任。1900年、政友会に入党。1902年に衆議院議員に当選。逓相、内相などをつとめたのち、1918年に組閣。平民宰相として期待されたが、シベリア出兵継続などの強行政策により暗殺された。

原民喜（1905−1951）

　　昭和期の小説家、詩人。広島市の生まれ。慶応義塾大学英文科卒業。学生のころから詩作にはげみ、ダダイスム運動、マルクス主義のえいきょうをうけて社会主義運動に加わった。しかし、やがて運動からはなれ、1935年に『焰』を自費出版。広島に疎開中、原爆にあい、この体験を『夏の花』などの作品に鮮明にえがいて注目を集めた。しかし、朝鮮戦争が始まると、暗い時代からのがれるようにして鉄道自殺をとげた。

ハリス（1804−1878）

　　アメリカの外交官。日米和親条約がむすばれた2年後の1856年に、初代の駐日総領事として下田に着任。将軍徳川家定に謁見するなど幕府とねばりづよい交渉をつづけて、1858年に日米修好通商条約の調印に成功、江戸幕府を、本格的な開国にふみきらせた。この功績によって同じ年の12月に公使に昇任。翌年から、江戸麻布の善福寺を仮公使館として滞在、1862年に辞任帰国するまで、幕府を深く理解する公使として活躍した。

伴信友（1773−1846）

　　江戸後期の国学者。若狭小浜藩（福井県）の藩士の家に生まれ、一時、藩医酒井家につかえたが、病気のため職をしりぞいた。『古事記伝』などを読んで本居宣長をしたい、宣長の死の直後、その弟子に入門。考証学にすぐれ、仮名の字体などの研究をおこなって国学に新風をもたらした。同じ門下の平田篤胤とは対照的で、親交はあったが、のち絶交。著書は3000巻にもおよび、代表作に『神社私考』『比古婆衣』などがある。

稗田阿礼(ひえだのあれ)（生没年不明）

　古代の舎人(とねり)。太安万侶がまとめた『古事記』の序文によると、たぐいまれな記憶力をかわれ、天武天皇に命じられて国史の編さんの事業に加わった。古代の皇室の記録『帝紀』古代の伝承『旧辞』を読んで暗記し、まちがったところを正していったが業なかばで天皇が崩御。元明天皇が計画をうけついでふたたび事業が始められ、阿礼の憶えたところを太安万侶が筆録して、『古事記』が成ったといわれている。

*樋口一葉(ひぐちいちよう)（1872－1896）

　明治期の歌人、小説家。東京府の下級官吏の家に生まれ、中島歌子の萩の舎塾で和歌を学んだ。事業に失敗した父が病死したため、戸主として没落した家を相続。婿もとれずに苦しい生活をおくった。1891年、半井桃水(なからいとうすい)に入門して小説の手ほどきをうけ、翌年、桃水の主宰した『武蔵野』に『闇桜』を発表。少年少女たちの哀歓を叙情的にえがいた『たけくらべ』で認められたが、結核で死亡した。ほかに『にごりえ』『十三夜』など。

*菱川師宣(ひしかわもろのぶ)（1618頃－1694）

　江戸初期の浮世絵師。安房国（千葉県）に生まれ、江戸にでて狩野派、土佐派などの絵を学び、初めは仮名草子のさし絵をかいた。やがて、絵本の浮世絵や、1枚ずつ独立した浮世絵をえがき、さらに浮世絵版画を考案、浮世絵の祖といわれるようになった。画題にしたものは、すべて町人の社会からとったものであり、肉筆画『見返り美人』は、浮世絵の最高傑作のひとつとされている。多くの弟子によって菱川派が生まれた。

菱田春草(ひしだしゅんそう)（1874－1911）

　明治期の日本画家。長野県飯田の生まれ。1889年に上京し、狩野派を学んだ。1890年、東京美術学校に入り、岡倉天心、橋本雅邦の指導をうけ、卒業制作『寡婦と孤児』で認められた。母校の講師をつとめて、天心が辞職したときには行動をともにし、1898年の日本美術院の創立に参加。横山大観、下村観山らとともに日本画の改革に力をつくし、没骨(もっこつ)描法など実験的な方法ですぐれた作品を残した。代表作に『落葉』『水鏡』など。

人見絹枝(ひとみきぬえ) (1907-1931)

昭和期の女子陸上競技選手。岡山県に生まれ、高等女学校時代、テニスの選手だったが、ふとしたことで陸上競技の試合にでて、走り幅とびで日本記録をやぶった。日本女子体育専門学校に学び、正式なコーチの指導により記録をのばして、国際女子陸上競技大会で活躍するようになる。1928年、第9回オリンピック・アムステルダム大会では800メートルで2位となり、日本女子選手初のメダリストとなった。

日野資朝(ひのすけとも) (1290-1332)

鎌倉末期の公卿。後醍醐天皇に学識を認められて、参議、権中納言となった。同族の日野俊基とともに天皇の政治を助けるうちに、鎌倉幕府を討つ天皇の計画に首謀者として活躍。しかし陰謀がもれて捕えられ、責任を一身に負って佐渡へ流された。1331年、天皇がふたたび討幕をくわだてると、関係者のすべてを処刑するという幕府の命により、翌年5月、配所で切られた。この2度の討幕計画を「正中の変」「元弘の乱」という。

日野富子(ひのとみこ) (1440-1496)

室町幕府8代将軍足利義政の正室。日野重政の娘。15歳のときに義政のもとに嫁ぎ、1459年、男子を出産したが、生後まもなく死亡。1464年、義政の弟義視をあとつぎに決定した。しかし翌年、義尚を産み、山名持豊を後見にたててあとつぎにしようとくわだてたため、義視を支持する細川勝元と対立。義政はもともと政治に介入せず、関銭や米相場で財力をほこる富子が権力をにぎって「応仁の乱」をひきおこした。

*卑弥呼(ひみこ) (?-247頃)

3世紀ころの邪馬台国の女王。中国の歴史書『三国志』の魏志倭人伝によると、呪術にすぐれ、29の小国を支配して弟とともに政治を進めた。239年に、魏の皇帝に使者難升米(なすめ)らをつかわし、親魏倭王の称号をおくられた。死んだときには直径100余歩の墓に奴婢100余人が殺されて埋葬されたと書かれている。邪馬台国がどこにあったかは、畿内説と北九州説とにわかれ、いまだに確証はない。

* 平賀源内（1728−1779）

江戸中期の蘭学者、博物学者、発明家、小説家。讃岐国（香川県）高松藩士の家に生まれ、長崎で医学、本草学を学び、江戸にて物産会を開いて名をあげた。1761年に脱藩、以後、自由の身となって『根南志具佐』などの小説を書き、オランダ製品への興味からエレキテルの製作、火浣布（燃えない布）などを発明。また、鉱山開発にも熱を入れ、『神霊矢口渡』など人形芝居の脚本を発表して戯作者としても活躍。晩年は不遇のうちに牢死。

平田篤胤（1776−1843）

江戸後期の国学者。秋田藩士の家に生まれ、1795年に脱藩して江戸へでた。本居宣長に敬服して門に入ったが、宣長の古道精神を拡大して尊王思想をとなえた。儒学、仏教を批判して復古神道を広め、万世一系の天皇が治める神の国としての日本の優位性を主張。本居門とは対立したが多くの支持者を得て一大学派をなし、尊攘運動に大きなえいきょうを与えた。弟子に佐藤信淵ら、著書に『古道大意』『古史伝』などがある。

平塚らいてう（1886−1971）

大正・昭和期の女性社会運動家。本名奥村明子。高級官吏の娘として東京に生まれ、日本女子大学校を卒業。作家森田草平との心中未遂事件で新しい女性として注目を集め、1911年、青鞜社をつくって雑誌『青鞜』を発刊。創刊号にのせた「元始女性は太陽であった」に始まる一文に多くの支持を得た。1919年、市川房枝らと新婦人協会を結成し、婦人参政権を要求。家庭婦人として婦人運動をおこない、戦後も指導的役割をはたした。

平沼騏一郎（1867−1952）

明治・大正・昭和期の司法官僚、政治家。美作国（岡山県）津山藩士の家に生まれる。帝国大学法科大学卒業後、司法省に入った。検事総長、大審院長などの要職を歴任し、1923年、法相に就任。徹底した日本主義をとなえて社会主義や西洋文明を非難し、1924年、国家主義団体「国本社」をたてて右翼の代表となった。1939年、組閣し、日独伊三国同盟をめざしたが、独ソ不可侵条約によって辞職。戦後、戦犯として終身刑をうけた。

平林たい子（1905−1972）

昭和期の小説家。長野県の生まれ。1922年、上京して無政府主義者と交わり、満州、朝鮮を放浪。帰国後も貧しい生活をつづけた。1927年『文芸戦線』に発表した『施療室にて』が認められ、以後、プロレタリア作家として活躍。しかし組織的な運動に反発し、個人としての生き方を主張して反逆的な姿勢の作品を書いた。戦後は、生への意欲に重点をおき『一人行く』『かういふ女』などを発表、思想的にも反共をとなえた。

平福百穂（1877−1933）

大正・昭和初期の日本画家。日本画家平福穂庵の子として秋田県に生まれ、父に絵を習い、1894年に上京して川端玉章に師事。東京美術学校卒業後、理想派の日本美術院に対抗して、自然主義をとなえた无声会に参加した。写実的な作品をえがきながら、『平民新聞』などにスケッチやさし絵をのせた。また、伊藤左千夫らのアララギ派とも交わり、歌人としても名を高めた。代表作に『予譲』『荒磯』『春の山』、歌集に『寒竹』がある。

広瀬淡窓（1782−1856）

江戸後期の儒者。豊後国（大分県）の生まれ。16歳のころ、筑前の亀井南冥の塾で学んだが、病気のため郷里にもどった。その後、独学で学問をきわめ、1813年、私塾咸宜園を設立。特定の学派にこだわらず、入門をのぞむ者はすべて受け入れたので、弟子の数は3000人にもおよんだ。漢詩や和歌にすぐれ、今日でも詩吟によって親しまれている。弟子に高野長英、大村益次郎ら。おもな著書に『析玄』『遠思楼詩鈔』などがある。

広田弘毅（1878−1948）

大正・昭和期の外交官、政治家。福岡県に生まれ、少年時代から国家主義団体玄洋社に出入りした。東京帝国大学を卒業後、外務省に入り、ソ連大使のときに日ソ間の漁域問題で交渉をすすめ、1932年、広田・カラハン協定に調印。翌年、外相となり、中国大陸での日本の利権拡大につとめた。「2・26事件」後、組閣し、軍部のロボット内閣といわれながら、戦争への道をすすんだ。戦後、軍人以外ただひとり、戦犯として絞首刑になった。

広津和郎（ひろつかずお）(1891-1968)

大正・昭和期の小説家、評論家。東京の生まれ。早稲田大学に入り、葛西善蔵らと同人誌『奇蹟』を創刊。1916年から雑誌『洪水以後』の文芸時評を担当し、小説よりも評論で認められた。1917年に発表した『神経病時代』で、性格破綻者をとおして知識人の自意識の問題をあつかい注目された。戦後、松川事件をめぐって10年も裁判批判をつづけ、被告たちの無罪を訴えて公正判決要請運動に大いに貢献。評論集『作者の感想』がある。

フェノロサ (1853-1908)

アメリカの日本美術研究家。マサチューセッツ州生まれ。ハーバード大学卒業。日本の美術に関心をもち、1878年、動物学者モースの紹介で来日し、東京大学で講師をつとめた。幕末以来、日本画が衰退していることを嘆き、復興のため各地で講演をおこなった。岡倉天心の協力をえて運動をおこし、狩野芳崖らすぐれた人材を発掘。天心の東京美術学校の創立につとめ、帰国後、ボストン美術館東洋部長となって日本の美術を紹介した。

溥儀（ふぎ）(1906-1967)

中国、清朝最後の皇帝。1908年、3歳で即位して宣統帝となった。辛亥革命によって退位したが、紫禁城に住み、年金を支給された。1924年、馮玉祥（ひょうぎょくしょう）のクーデターによって北京を追われ、日本の保護をうけた。満州事変により日本に利用され、1934年、満州国皇帝として即位。まったくの形だけの皇帝であった。戦後、日本亡命の途中、ソ連に捕えられ、1950年、中国にひきわたされた。晩年は一市民として生活。悲劇の皇帝といわれる。

福井謙一（ふくいけんいち）(1918-1998)

昭和期の化学者。奈良県の生まれ。京都帝国大学工学部を卒業。1943年、母校の講師となり、助教授をへて1951年から石油化学教室の教授となった。翌年、アメリカの物理学会の『化学物理雑誌』に「フロンティア電子理論」を発表。物理学の分野での量子力学の計算をもちいて化学反応を体系化したもので、福井理論とよばれて注目を集めた。以後、すぐれた研究をつづけ、1981年、日本人としてはじめてノーベル化学賞を受賞した。

*福沢諭吉（ふくざわゆきち）(1835－1901)

明治期の啓蒙思想家。中津藩士の子として大坂（大阪）に生まれ、父の死後、九州中津にひきあげて貧しい生活を送った。長崎で蘭学を学び、大坂で緒方洪庵に師事。藩の命令で江戸にでて、英学の重要性をいちはやくさとり、独学で身につけた。1860年、咸臨丸に乗りこんで渡米。1868年、私塾を慶応義塾と名づけて人材の育成につとめ、維新後は明六社にも加わって明治の世論をみちびいた。著書に『西洋事情』『学問のすゝめ』など。

福地源一郎（ふくちげんいちろう）(1841－1906)

明治期のジャーナリスト。長崎の生まれ。12歳のときに『皇朝二十四孝』を書くほどの天才で、蘭学を学び、1858年、江戸にでて英学をおさめた。1861年、1865年と2度、ヨーロッパへ留学。1868年に『江湖新聞』を発刊したが、政府にとがめられて入獄。1871年、岩倉具視の使節にともなって外国を視察し、1874年、政府を支持する『東京日日新聞』を創刊。政界でも活躍したが、晩年は文芸、演劇に力をそそいだ。

藤田嗣治（ふじたつぐはる）(1886－1968)

大正・昭和期の洋画家。東京の生まれ。東京美術学校を卒業し、1913年、フランスに留学。第1次大戦で送金がとだえて貧しい生活をしいられたが、絵に情熱をそそぎ、西洋人にまねのできない独創的な絵画をめざした。乳白色の絵肌と面相筆による細い描線で注目をあつめ、しだいに名声を高めた。第2次大戦中、戦争記録画をかいて軍部に協力したため、戦後、非難された。1949年、パリにもどって帰化。代表作に『カフェにて』など。

藤田東湖（ふじたとうこ）(1806－1855)

江戸末期の水戸学派の儒者。藤田幽谷の子。水戸に生まれ、江戸に遊学した。1827年、父のあとをついで彰考館編修となった。藩主のあとつぎをめぐって保守派と革新派が対立したが、革新派を代表して徳川斉昭の擁立に成功、斉昭にとりたてられて藩政の改革を行なった。しかし保守派との対立が激化して幕府にとがめられ、斉昭とともに処罰された。許されて尊王攘夷派の志士たちを指導したが、安政の大地震で圧死した。

藤原惺窩（ふじわらせいか）(1561−1619)

江戸初期の儒者。冷泉為純の子。播磨国（兵庫県）の生まれ。幼いころ出家し、1578年、冷泉家が別所長治におそわれて父が殺されたため、京の相国寺に移った。朱子学を学び、朝鮮出兵のときに日本へつれてこられた朝鮮学士姜沆に師事、純粋な朱子学をうけつぎ、学派にこだわらず幅ひろい研究をすすめた。徳川家康の招きをことわり、弟子の林羅山を推せん。羅山によって朱子学の祖にまつりあげられた。著書に『惺窩文集』など。

藤原家隆（ふじわらのいえたか）(1158−1237)

鎌倉初期の公卿、歌人。藤原光隆の子。和歌を藤原俊成に学んだ。藤原定家にくらべると晩成型の歌人であるが、1193年『六百番歌合（うたあわせ）』や1200年『正治百首（しょうじ）』などに参加してしだいに認められた。定家とならんで新しい和歌をよみ『新古今和歌集』の撰者のひとりにえらばれた。平明な歌風で、晩年まで歌をよむ意欲はおとろえなかったが、病気にかかって1236年に出家。位は従二位までのぼった。家集に『壬二集（みに）』。

＊藤原鎌足（ふじわらのかまたり）(614−669)

飛鳥時代の中央豪族で藤原氏の祖。神祇をつかさどる中臣家に生まれ、初め鎌子といった。家業をつがず、蘇我氏が実権をにぎっていた政治に反発して中大兄皇子（なかのおおえのおうじ）に近づいた。唐から帰った留学生南淵請安のもとに通いながら、蘇我氏を討つ計画をねり、645年、クーデター「大化改新」を実行。孝徳天皇即位とともに内臣となって中大兄皇子（なかのおおえのおうじ）と政治を改革。近江朝でも天智天皇を助けて中央集権国家の基礎をきずいた。

藤原清衡（ふじわらのきよひら）(1056−1128)

平安末期の東北の豪族。父は藤原経清（つねきよ）、母は「前九年の役」で父と争った安倍頼時の娘。父が敗死し、清衡は母の再婚先の清原氏に育てられた。異父兄弟と対立し、源氏を味方にして「後三年の役」をひきおこし、勝って奥州一帯を支配、平泉へ移り、中尊寺を建てて、蝦夷といわれてさげすまれていた東北に、3代にわたる奥州藤原氏の文化をきずいた。中央におとらぬ華やかさで平泉文化とよばれる。遺体は金色堂にねむっている。

藤原公任(ふじわらのきんとう)(966-1041)

平安中期の公卿、歌人。関白太政大臣(だいじょう)藤原頼忠の子。幼いころから学問で才能をあらわし、円融天皇の皇后であった姉の遵子(じゅんし)に皇子ができなかったため、政治権力をあきらめた。藤原道長が栄華をきわめると道長につくし、道長もまた、公任の名門と学才を尊重。詩作、和歌ともにすぐれて当時、最高の文化人とたたえられ、儀式の作法などの学問である有職故実(ゆうそく)の権威でもあった。著書に『金玉和歌集』『和漢朗詠集』『北山抄』。

*藤原定家(ふじわらのさだいえ)(1162-1241)

鎌倉初期の歌人。藤原俊成の子。ていかともよばれる。日本文化史上、代表的な歌人である。父俊成のもとで早くから和歌をよみ、父が撰者をつとめた『千載和歌集』に8首入集。後鳥羽皇に認められて『新古今和歌集』の撰者のひとりになった。新古今風とよばれる幽玄華麗な歌風をきずき、幻想的な美の世界をつくりあげた。『小倉百人一首』をえらんだことでも有名。歌論書『近代秀歌』日記『明月記』などがある。

藤原佐理(ふじわらのすけまさ)(944-998)

平安中期の公卿、書家。太政大臣(だいじょう)藤原実頼の孫。さりともよばれる。名門の出で35歳ですでに参議へ昇進。991年、大宰大弐となって九州大宰府におもむいたが、宇佐八幡宮の神官たちとの争いがもとで京へよびもどされた。しかし正三位までのぼったが政治の中心からはずれていた。書にすぐれ、小野道風、藤原行成とともに三蹟に数えられている。旧様式ともいえる中国風の書風で『離洛帖』『詩懐紙』などの作品が残っている。

藤原純友(ふじわらのすみとも)(?-941)

平安中期の貴族。藤原良範の子。伊予掾(いよのじょう)(国司の三等官)となって現地におもむき、任期が終わっても京にもどらず住みついた。中央に不満をもつ海賊たちの指導者となって瀬戸内海で勢力をかため、939年、備前、播磨の国司をおそって反乱をおこした。朝廷から派遣された小野好古らに追われ、941年に味方の裏切りにあって敗死。同じころおきた「平将門の乱」とともに「承平・天慶の乱」とよばれる。

藤原俊成 (1114—1204)

平安末・鎌倉初期の歌人。藤原俊忠の子。しゅんぜいともいう。和歌にすぐれ、崇徳上皇に重く用いられたが「保元の乱」以後あまり恵まれず、藤原清輔の死後、ふたたび活躍。後白河法皇に認められて『千載和歌集』の撰者となり、古今調の歌風を大成、つぎの新古今調につながる幽玄をおもんじた歌風をきずいた。また、家隆、子の定家、寂蓮らのすぐれた歌人を育て、20以上の歌合の判者をつとめた。歌論書『古来風躰抄』など。

藤原仲麻呂 (706—764)

奈良期の公卿。藤原不比等の孫で武智麻呂の次男。才気あふれ、学者肌で出世はおそかったが、疫病により父を失うと才能を発揮して光明皇后に認められた。743年に参議、749年には光明皇后の紫微中台の長官となって活躍。女婿の大炊王を皇太子にたて、橘奈良麻呂の乱をおさえ、恵美押勝と改名して官名を唐風にあらため、政権をにぎった。光明皇后の死後、孝謙女帝に道鏡が重く用いられると反乱をおこして敗死した。

藤原秀衡 (1122頃—1187)

平安後期の東北の豪族。藤原基衡の子。奥州藤原氏の3代目。鎮守府将軍となって軍事面の権力を、陸奥守として行政権を得て、公的にも奥州の支配がみとめられた。これは平氏が源氏に対抗するために秀衡に与えられたものであり、これによって京の平氏、鎌倉の源氏、東北の藤原氏と全国の勢力が三つに分かれた。無量光院を建て平泉文化の頂点に達したが、源義経をかくまったことで鎌倉と対立、子の泰衡の代で滅んだ。

藤原広嗣 (?—740)

奈良期の貴族。藤原不比等の孫で宇合の子。不比等の四子が疫病により相ついで死亡し、藤原一族の危機をむかえたころ、貴族の一員になった。式部省の次官をへて大和守となったが738年に大宰少弐として九州へ左遷。聖武天皇が藤原氏をしりぞけて吉備真備や玄昉を重く用いたことを不満として、740年、反乱をおこした。1か月後に敗死したが、朝廷を動揺させ、天皇は都を転々と移し、国分寺や東大寺建立の原因となった。

藤原不比等（659−720）

奈良初期の公卿。藤原鎌足の子。幼いころから儒学、法学を身につけ、草壁皇子に信任された。草壁の子の軽皇子が不比等の妻県犬養三千代を乳母としたこともあって宮廷との関係をふかめ、軽皇子が即位して文武天皇となると娘宮子を嫁がせた。さらに娘光明子を天皇の子の首皇子（のちの聖武天皇）と結婚させ、天皇の外戚として政権をにぎった。大宝律令、養老律令を編さんして律令体制を確立し、藤原氏発展の基礎をきずいた。

藤原冬嗣（775−826）

平安初期の公卿。右大臣藤原内麻呂の子。嵯峨天皇の信任あつく「薬子の乱」のあと、天皇の機密文書をあつかう蔵人所の長官に任命された。811年に参議、821年には右大臣に就任。娘の順子を皇太子正良親王に嫁がせて、のちの文徳天皇の誕生によって外戚として権力をにぎる基礎をきずき、825年、桓武天皇のときから43年のあいだ空席となっていた左大臣の地位についた。嵯峨天皇を助け、文化人としてもすぐれていた。

＊藤原道長（966−1027）

平安中期の公卿。摂政藤原兼家の子。995年、疫病の大流行によって兄弟が病死し、政権をめぐっておいの伊周と対立。関白に匹敵する内覧となって伊周を失脚させ、翌年には左大臣にのぼった。娘彰子を、すでに伊周の妹定子を中宮としている一条天皇に嫁がせ、さらに残る二人の娘もつぎつぎと天皇に嫁がせて3代の天皇の祖父として政権を独占。藤原氏の栄華の頂点をきわめた。晩年は阿弥陀仏を信仰して法成寺を建立した。

藤原基経（836−891）

平安前期の公卿。藤原長良の子。おじの摂政良房に子がなかったため、養子となって政治の中央に進出。864年に参議となり、「応天門の変」ののち中納言へ昇進した。清和天皇が陽成天皇に譲位すると摂政となって政治をすすめ、880年には太政大臣に就任。陽成天皇を乱行によって廃位させ、55歳の時康親王を天皇にたてた。さらに宇多天皇が即位すると関白となり、887年の「阿衡事件」によって藤原氏の権力をさらに示威した。

藤原百川 (732−779)

奈良末期の公卿。藤原宇合の子。策謀家として知られ、桓武天皇にはじまる平安時代をひらいた実力者。769年、称徳女帝に愛された道鏡が神託によって皇位をのぞむと、和気清麻呂に阻止させて、流罪となった清麻呂を援助した。女帝の死後、吉備真備がおした文屋浄三をしりぞけ、左大臣藤原永手とくんで天智系ですでに老年の白壁親王を擁立。光仁天皇の即位後、井上皇后と皇太子他戸親王を廃して、のちの桓武天皇をたてた。

藤原行成 (972−1027)

平安中期の書家、公卿。普通、こうぜいとよばれる。摂政藤原伊尹の孫。995年、蔵人頭となり、1001年に参議にのぼった。藤原道長にとりたてられ、官僚としてもすぐれていたが、書家として才能をあらわし、三蹟のひとりに数えられる。小野道風に始まった和様書道を完成させ、世尊寺に住んだことから、のち世尊寺流とよばれる書道の流派を生みだした。道風に似た、落ちついた端正な書風で『白楽天詩巻』などが残っている。

藤原良房 (804−872)

平安前期の公卿。藤原冬嗣の子。父とともに嵯峨天皇の信任を受けて皇女潔姫を妻とした。天皇の崩御後「承和の変」がおこり、謀反をくわだてたとして伴健岑、橘逸勢を流罪にし、妹順子の生んだ道康親王を皇太子に擁立。さらに「応天門の変」で伴善男を失脚させ、正式に清和天皇の摂政となって政権をにぎり、強引な手段で他氏を排斥して「摂関政治」の基礎をきずいた。子にめぐまれず、おいの基経を養子にむかえた。

*藤原頼通 (992−1074)

平安中期の公卿。藤原道長の子。父から与えられるままに若くして高官につき、1017年に内大臣となり、摂政を受けついだ。後一条、後朱雀、後冷泉3代の天皇の摂政、関白をつとめたが、天皇に嫁いだ娘は皇子にめぐまれなかった。外戚関係をもてなかったため、摂関政治は後三条天皇の即位によって終わり、晩年は出家して隠居。極楽浄土をまねして建てた宇治平等院は浄土教美術の傑作であり、鳳凰堂の阿弥陀仏は定朝の作。

藤原義江 (1898−1976)

大正・昭和期のテノール歌手。山口県の生まれ、父はイギリス人。初め俳優をめざして沢田正二郎の新国劇に入団。1918年、浅草オペラに出演し、イタリア留学ののち、ヨーロッパやアメリカ各地でオペラに出演した。山田耕筰の歌劇運動に協力し、1934年に藤原歌劇団を創立。日本に本格的なグランド・オペラを紹介して「われらのテナー」とよばれた。日本のオペラ界に貢献し、日本歌曲を外国に紹介した功績も大きい。

二葉亭四迷 (1864−1909)

明治の小説家、翻訳家。少年時代、ロシアの南下を憂えて軍人をこころざしたが士官学校の試験に失敗、東京外国語学校へ入学した。在学中、ロシア文学にひかれて文学者を志向、1887年に日本最初の言文一致体による小説『浮雲』を発表して名を高めた。その後『めぐりあい』『あひびき』などの名訳を残したが、しだいに文学をはなれて職につき『其面影』『平凡』を書いたのち、ロシアに渡った帰路、ベンガル湾上で没した。

双葉山定次 (1912−1968)

昭和期の相撲力士。35代横綱。大分県の生まれ。回漕業をいとなむ家に生まれ、少年のころ和船の艪をこいだことが強い腰をきたえた。16歳のときに立浪部屋に入り、1932年に入幕。1936年、前にでる積極的な相撲で春場所7日目、瓊ノ浦をやぶってから69連勝の記録をつくった。26歳で横綱となり、昭和の大相撲黄金時代をきずいた。相撲を人生修養の道と考え、引退後は時津風を襲名。相撲協会理事長をつとめ、近代化にとりくんだ。

古河市兵衛 (1832−1903)

明治期の実業家。京都の庄屋の家に生まれたが、没落して貧しい生活を送り、1849年、おじを頼って盛岡にでた。1858年、おじの紹介で京都井筒屋小野店の番頭の養子になり、小野組につとめて手腕を発揮。1874年に独立し、渋沢栄一や陸奥宗光と知りあって政商として出発した。鉱山経営を中心に財をなし、1877年にゆずり受けた足尾銅山によって古河財閥の基を確立。しかし、鉱毒による渡良瀬川の公害で社会問題をひきおこした。

フロイス (1532－1597)

ポルトガル人宣教師。リスボンに生まれ、1548年、イエズス会に入会。インドのゴアで聖パウロ学院に学び、1552年、ザビエルに会って日本布教をめざした。1563年に来日し、1569年に上洛して織田信長の前で日乗と宗教論争をたたかわせ、近畿地方での布教の地盤をかためた。信長の死後、しだいにキリスト教が弾圧され、1590年以後は長崎に住んだが、二十六聖人の処刑を見て、その地で没した。著書『日本史』は貴重な史料である。

ヘボン (1815－1911)

アメリカの宣教師、医者。ペンシルベニア州に生まれ、大学で医学をおさめた。日本の開国によって日本での布教をこころざし、1859年に来日。キリスト教は禁じられていたので英学を大村益次郎らに教え、診療も行なった。1867年、8年間かけてつくった最初の和英辞典を完成。このときのローマ字がヘボン式ローマ字である。維新後、布教を始めて聖書の和訳を進めた。夫人は英語の塾を開き、これが明治学院のきそとなった。

*ペリー (1794－1858)

アメリカの海軍将官、1852年に東インド艦隊司令長官となり、翌年、日本の鎖国をとかせる命をおびて4隻の軍艦をひきいて浦賀へ来航。しかし、このとき幕府の返書は得られず、つぎの年、こんどは7隻の艦隊とともに久里浜港へ来航、艦隊の威力をうしろだてにしながら日米和親条約をむすぶことに成功した。これによって幕府に下田港と箱館（函館）港を開港させ、日本と外国をへだてていた壁を平和的にのぞいた業績は大きい。

ベルツ (1849－1913)

ドイツ人医学者。チュービンゲン大学をへてライプチヒ大学で医学をおさめ、大学病院で日本人を診察したことがきっかけで、明治政府にまねかれて1876年に来日。東京医学校の内科学、生理学を担当し、以後27年間、医学生の教育と患者の治療につとめ、日本の医学の発展に力をつくした。伊藤博文はじめ政治家ともしたしく、日本の近代化を科学的に批判したことは『ベルツの日記』にくわしい。日本女性と結婚、1905年に帰国した。

遍照 (816−890)

平安初期の歌人。六歌仙のひとり。桓武天皇の孫。仁明天皇に愛されて蔵人頭にのぼったが、850年の天皇の死後、出家した。円珍、円仁らに師事し、のち僧正となって元慶寺を創建。歌人としてすぐれ、軽妙でしゃれた歌をよんだ。『大和物語』での小野小町との歌のやりとりは有名。『古今和歌集』に18首おさめられている。小倉百人一首に入っている「天つ風雲のかよひぢ吹きとぢよをとめの姿しばしとどめむ」は遍照の作である。

ボアソナード (1825−1910)

フランスの法学者。パリ大学を卒業し、母校で法律学を教えた。1873年に来日し、司法省などの法律顧問として法律制度の改革につとめる一方、司法省学校、東京法学校などで講義。自然法学説をつたえて日本の法学にえいきょうを与えた。また、拷問の廃止にも力をつくし、条約改正での井上馨の外人判事任用案に反対、さらに民法草案に全力をそそいだ。しかし起草した民法典が法典論争をまきおこし、1895年に帰国した。

北条実時 (1224−1276)

鎌倉中期の武将。2代執権北条義時の孫。父の実泰が病気のため、10歳で小侍所別当をつぎ、1252年には引付衆、翌年、評定衆にくわえられた。執権北条時頼、時宗をたすけて政治にたずさわったが、学問を好み、6代将軍宗尊親王について下向した清原教隆に師事。たくさんの書物を集めて、晩年に建てた称名寺に保管し、金沢文庫の基をつくった。さらに一般に公開して、武士の教養をたかめるのに貢献した。

北条早雲 (1432−1519)

戦国期の武将。前半生について、くわしいことはわからないが、室町幕府の重臣伊勢氏の出と伝えられる。今川義忠の側室となった妹をたよって駿河に入り、おいの今川氏親を守って今川氏の武将となり、興国寺城主となった。1491年、堀越公方足利政知の子茶々丸を殺して伊豆韮山へ移り、1495年には小田原城を手にいれて、関東を支配する基礎をきずいた。後北条氏の祖。『早雲寺殿廿一箇条』は家訓として有名である。

北条高時(ほうじょうたかとき) (1303−1333)

　鎌倉幕府第14代執権。執権北条貞時の子、1311年に家をつぎ、1316年に執権となった。政治的な能力はなく、あそびにふけり、とくに田楽や闘犬をこのみ、鎌倉中の闘犬は数千匹におよんだと伝えられている。1326年に出家して執権をしりぞいたが、得宗として権力をにぎったまま、わがままな政治を進めた。そのため幕府への不満を高めて「正中の変」「元弘の乱」をひきおこし、新田義貞らによって鎌倉幕府は攻めほろぼされた。

＊北条時政(ほうじょうときまさ) (1138−1215)

　鎌倉幕府の初代執権。伊豆国(静岡県)北条の豪族。1160年から、「平治の乱」に敗れて伊豆へ流されてきた源頼朝の監視にあたったが、娘の政子が頼朝とむすばれ、1180年に以仁王(もちひとおう)が平氏打倒の兵をあげると、頼朝を助けて挙兵。壇ノ浦で平氏滅亡後、将軍頼朝の外戚として権力を誇り、さらに頼朝の死後は、第2代将軍頼家の外戚にあたる比企一族を討ち、幕府の実権をにぎった。しかし第3代将軍問題から伊豆に追放されて77歳で没。

＊北条時宗(ほうじょうときむね) (1251−1284)

　鎌倉幕府第8代執権。時頼の子。蒙古から国交を求める国書がもたらされた1268年に、17歳で執権となる。そして、たびかさなる蒙古からの使者を処刑、1274年の「文永の役」と1281年の「弘安の役」を奇跡的な暴風雨に助けられてのりきり、蒙古襲来から日本を守った。しかし、戦勝後、功があった武士や国家安泰を祈願させた神社、寺院への恩賞を与えることができず、1282年に鎌倉に円覚寺を建てたのち、33歳の生涯を終えた。

＊北条時頼(ほうじょうときより) (1227−1263)

　鎌倉幕府第5代執権。時氏の子。1246年に執権となり、前将軍藤原頼経、名越光時らの倒幕計画を未然にふせぎ、さらに三浦泰村をたおして対抗する反勢力をおさえ、北条氏の地位をかためた。1249年、引付衆をもうけて裁判の公正、迅速をはかり、1252年には、藤原氏の将軍を廃し皇族から宗尊親王をむかえて将軍とした。出家後は得宗とよばれる北条氏本家の独裁政治の基礎を確立、諸国をまわって民情をみたという伝説がある。

北条政子（ほうじょうまさこ）(1156－1225)

鎌倉前期の政治家。北条時政の娘で源頼朝の正室。頼家、実朝の母。頼朝の死後、出家し、2代将軍頼家が若かったこともあって政治を大江広元ら13人の重臣による合議制にきりかえた。頼朝の義父の比企能員（よしかず）をたおし、さらに時政の後妻お牧の方の陰謀をしりぞけて父を伊豆に幽閉。弟の義時、大江広元と協力して幕府の政治を動かし、1221年の「承久の乱」がおこったときも難局をきりぬけ「尼将軍」とよばれて手腕を発揮した。

＊北条泰時（ほうじょうやすとき）(1183－1242)

鎌倉幕府第3代執権。義時の子。1221年の「承久の乱」で、幕府軍をひきいて上洛。朝廷に圧勝し、京に六波羅探題をもうけて乱の処理と宮中監視を行なった。1224年、父の急死によって鎌倉へもどり、執権をついでおじの時房を連署に任じ、さらに評定衆をもうけて幕府制度を改革。1232年には朝廷の律令に対して武士の法典とする御成敗式目（貞永式目）を定めて御家人を中心とする鎌倉政権を確立した。

＊法　然（ほうねん）(1133－1212)

鎌倉初期の僧。浄土宗の開祖。美作国（みまさか）（岡山県）の生まれ。父が非業の死をとげると寺にあずけられて出家、比叡山に学んだ。しかしあきたらず、25年の修業ののち源信の『往生要集』のえいきょうを受けて浄土宗を開いた。専修念仏をとなえて「南無阿弥陀仏」を念じる者はだれでも浄仏すると説き、庶民や武士にひろく受けいれられた。しかし専修念仏反対の弾圧を受けて1207年に讃岐に配流。のち許されて京へ帰り、大谷に住んだ。

星　亨（ほしとおる）(1850－1901)

明治期の政治家。江戸の職人の家に生まれ、貧しい生活を送ったが英学をおさめ、維新後、陸奥宗光にひきたてられて政府につかえた。イギリス留学で法律を学び、1881年、自由党に入党。『自由新聞』で政府をはげしく批判し、2度も入獄。1892年に代議士となり、衆議院議長をつとめて妥協をゆるさない強い姿勢で「おしとおる」とよばれた。政治家としてすぐれ憲政党や政友会で活躍したが、汚職の疑惑を受けて暗殺された。

保科正之（ほしなまさゆき）(1611－1672)

江戸前期の大名。2代将軍徳川秀忠の妾腹の子として生まれて保科正光の養子となり、1643年、会津藩主の座について23万石を治めた。『会津家訓』をつくって家臣団をかため、義倉などをもうけて、藩政を整備。また、3代将軍家光の遺言で、つぎの将軍家綱を助けて、10年間、幕政にたずさわり、末期養子の禁をゆるめ、殉死を廃止するなど、家光までの武断政治を文治政治にかえた。朱子学を重んじ、山崎闇斎に師事した。

細井和喜蔵（ほそいわきぞう）(1897－1925)

大正期の小説家。京都府の生まれ。幼いころ父母を亡くし、小学校を中退して紡績工場につとめた。1920年、上京して労働運動に加わり、雑誌『種蒔く人』に小説を発表。1925年、貧しい生活のなかで書きつづけた記録文学『女工哀史』を出版して好評を博したが、1か月後に病死した。『女工哀史』は、当時の女工たちの苛酷な労働条件と、その悲惨な生活をうったえたものである。ほかに『奴隷』『無限の鐘』などの作品がある。

細川勝元（ほそかわかつもと）(1430－1473)

室町中期の武将。1442年、父の死により家をつぎ、幕府の実力者山名持豊の娘を妻にして強いうしろだてを得ると、同じ管領家の畠山持国を持豊と協力して失脚させ、持豊の力によって3度、管領をつとめた。しかし、養子としてむかえた持豊の子を仏門に入れ、赤松氏再興をくわだてて、しだいに山名氏と対立。将軍のあとつぎ争いもからんで悪化し、「応仁の乱」をひきおこした。乱の最中に病死。文化人としても有名であった。

細川ガラシヤ（ほそかわ）(1563－1600)

安土桃山期のキリシタン。明智光秀の子で細川忠興の妻。1582年、父が織田信長に謀反（むほん）「本能寺の変」すると、逆臣の娘として離縁されたが、2年後、豊臣秀吉のはからいで復縁した。のち、大坂でキリスト教に入信し、ガラシヤの洗礼名を受けた。関ヶ原の戦いが始まると、徳川家康に味方して出陣した忠興の留守を守ったが、このとき、石田三成の人質強要を拒絶、自殺は信仰に反するため家臣にのどをつかせて死んだ。

細川重賢（ほそかわしげかた）（1720－1785）

　江戸中期の肥後国熊本藩主。1747年、兄宗孝のもとへ養子に入って熊本藩主となり、第9代将軍徳川家重の重を与えられて名を重賢と改名。以来39年間にわたって藩の政治にたずさわり、財政たてなおしに力をつくした。倹約をすすめ、法制をあらためて検地を行ない、さらに養蚕、植林、治水を奨励して政策は成功。藩校時習館などをおこして教育にも力をいれ、名君とたたえられて、その政治は宝暦の改革とよばれた。

堀田正俊（ほったまさとし）（1634－1684）

　江戸前期の大老。3代将軍徳川家光の命により、春日局の養子となった。若年寄をへて1679年に老中へ昇進、4代将軍徳川家綱の死後、つぎの将軍に綱吉をたてることに成功。1681年に大老となり、下総国古河藩13万石を治めた。剛直な性格で、きびしい政治を行なったため大名からうらまれ、しだいに将軍からもうとまれた。私怨により、若年寄の稲葉正休（まさやす）に城中で刺されて死去。当時、正休に同情する者が多かったといわれる。

堀田正睦（ほったまさよし）（1810－1864）

　江戸末期の老中。下総国佐倉藩主。1825年に家をつぎ、1841年に老中となって「天保の改革」に加わった。改革は失敗に終わり、辞職して藩にもどると藩政のたてなおしを推進。蘭学をすすめて開明的な大名といわれ、1855年、ふたたび老中に就任。阿部正弘のあとを受けて本格的に外国に対処し、ハリスとの交渉をかさね、日米修好通商条約の勅許を得るため上洛。しかし朝廷との交渉は失敗に終わり、井伊直弼に失脚させられた。

堀口大学（ほりぐちだいがく）（1892－1981）

　大正・昭和期の詩人、翻訳家。東京に生まれる。中学生のころから短歌や詩を学び、慶応義塾大学を中退後、外交官の父にしたがってメキシコをはじめヨーロッパ各地で生活。とくにフランス語につうじ、帰国後、近代フランス詩の翻訳、紹介につとめ、1925年に刊行された訳詩集『月下の一群』は新しい感覚で詩壇に大きなえいきょうを与えた。1929年、詩誌『オルフェオン』を創刊、代表作に詩集『月光とピエロ』『砂の枕』。

堀辰雄(ほりたつお) (1904−1953)

昭和期の小説家。東京に生まれ、第一高等学校在学中、室生犀星、芥川龍之介に師事。東京帝国大学に入ってから文学をこころざし、卒業後、病弱な体をいたわりながら文筆活動に入った。龍之介の死を素材に、1930年『聖家族』を書き、さらに鋭い感受性で生と死をつきつめた『美しい村』『風立ちぬ』を発表。リルケ、プルーストのえいきょうを受けたが、のち日本の古典に取材した作品を書いた。ほかに『菜穂子』がある。

＊本阿弥光悦(ほんあみこうえつ) (1558−1637)

安土桃山・江戸初期の工芸家。京都の生まれ。代々刀剣の鑑定、研磨を業とする家柄で、光悦も家をついで名をあげ、一流の文化人と交流があった。陶芸、書道、蒔絵(まきえ)にもすぐれ、茶道の心をもとにした作品を、それぞれの分野で制作。1615年、徳川家康に洛北鷹峯(たかがみね)の地を与えられ、多くの工芸家たちと光悦村をひらき、日本美術史上、大きな足跡をのこした。代表作に『舟橋蒔絵(まきえ)硯箱』楽焼茶碗『不二山』書蹟『立正安国論』。

＊本多光太郎(ほんだこうたろう) (1870−1954)

明治・大正・昭和期の物理学者、冶金学者。愛知県に生まれ、帝国大学理科大学を卒業。長岡半太郎とともに磁気のひずみを研究し、1907年にヨーロッパへ留学。帰国後、東北帝国大学の教授となり、自由な学風のなかで研究をすすめた。住友吉左衛門の寄付により研究所を設置、1917年に強力な磁石鋼を発明。寄付者の頭文字をとってKS鋼と名づけた。1933年には新KS鋼を発明し、日本の科学を世界的な水準に高めた業績は大きい。

本多利明(ほんだとしあき) (1743−1820)

江戸後期の経世家。越後国(新潟県)の生まれ。幼いころから算数を好み、1761年、江戸にでて算学、天文学を学んだ。1767年、江戸で塾を開き、やがて蘭学にすすんで西洋の天文、地理や海外事情を研究した。ロシアの南下政策にもはやくから関心をいだき、1787年の天明の大ききんを見た体験をへて、鎖国体制をこえて貿易による重商主義を主張。一生のほとんどを浪人ですごして『西域物語』『経世秘策』などを著わした。

本多正信(ほんだまさのぶ)(1538-1616)

安土桃山・江戸初期の大名。三河国(愛知県)に生まれ、初め徳川家康につかえたが、三河の一向一揆がおこると一揆方に加わって家康にそむいた。1582年、ゆるされてふたたび家康につかえ、家康の甲州経営に手腕を発揮。1590年、家康の関東支配時代には領地1万石を与えられた。関ヶ原の戦いでも活躍し、家康の引退後は秀忠につかえて家康の意向をよく伝えた。『本佐録』を書いたといわれるが確証はない。

＊前島密(まえじまひそか)(1835-1919)

明治期の官僚、実業家。越後国(新潟県)の生まれ。12歳のとき江戸へでて医者をめざしたが、海防に関心をいだいて英学をおさめ、幕臣となった。維新後、明治政府につかえ、郵便制度の調査のため海外を視察、帰国後、郵便切手の発行や全国統一料金制を採用して近代郵便制度の基礎をきずいた。1872年、郵便報知新聞を発刊。「明治14年の政変」で辞職し、その後、大隈重信の東京専門学校の創立に加わって校長をつとめた。

前田寛治(まえだかんじ)(1896-1930)

大正・昭和初期の洋画家。鳥取県に生まれ、中学校卒業後、上京して白馬会に入った。東京美術学校を卒業して、翌年、フランスへ留学。クールベの写実主義に学び、また、福本和夫としたしく交わってマルクス主義のえいきょうを受け、知的な独自の写実主義をめざした。帰国後、帝展に出品し、1926年には佐伯祐三らと「1930年協会」を設立。制作と理論をとおして活動したが、33歳の若さで没した。代表作『海』『裸婦』など。

前田青邨(まえだせいそん)(1885-1977)

大正・昭和期の日本画家。岐阜県中津川の生まれ。1901年、上京して梶田半古に入門。先輩の小林古径とともに安田靫彦(ゆきひこ)、今村紫紅らの紅児会に加わり、院展、文展に出品した。岡倉天心に認められ、線描をいかして色彩表現に重きをおいた作品を発表。昭和期に入ると、大画面の作品にいどみ、戦後、東京芸術大学の教授をつとめて法隆寺壁画、高松塚古墳壁画の模写再現にもたずさわった。代表作に『洞窟の頼朝』『お水取』など。

前田利家(まえだとしいえ) (1538−1599)

安土桃山期の武将。尾張国(愛知県)の土豪の家に生まれ、幼いころから織田信長につかえた。血気にはやり、信長お気に入りの茶坊主を斬ったことできらわれたが、武功をかさねて許され、1569年には兄にかわって家をついだ。さらに緒戦で武勲をたてて1581年、能登七尾城主となった。信長の死後、賤ケ岳の戦いで柴田勝家が滅んでからは豊臣秀吉に従って五大老のひとりとして活躍。誠実な人柄で、秀吉の死後は秀頼を助けた。

前野良沢(まえのりょうたく) (1723−1803)

江戸中期の蘭学者、医者。豊前国(大分県)中津の藩医の家に生まれたが、幼くして両親を失い、風変わりな医者のおじに育てられた。47歳のとき、オランダ語を青木昆陽に習い、さらに長崎でも学んだ。1771年、友人の杉田玄白らと江戸小塚原で人体解剖を見学。持っていたオランダ解剖書『ターヘル・アナトミア』の翻訳をこころざし、苦心のすえ『解体新書』を完成。蘭学者の先がけとして大槻玄沢、宇田川玄随ら後進を育成した。

前原一誠(まえばらいっせい) (1834−1876)

明治前期の政治家。長州(山口県)藩士の家に生まれ、1857年、吉田松陰の松下村塾に入った。尊王攘夷運動に加わり、戊辰戦争では会津若松城を攻めて活躍。明治新政府には越後府判事としてむかえられ、1869年には兵部大輔(ひょうぶのたゆう)となった。しかし薩摩、長州の藩閥あらそいや木戸孝允の政策に不満をいだき、翌年、病気を理由に辞職。萩に帰り、不平士族の指導者となって1876年に「萩の乱」をおこし、敗れて処刑された。

槇有恒(まきありつね) (1894−1989)

大正・昭和期の登山家。仙台市の生まれ。日本山岳会が結成された1905年、11歳のときに富士登山をしたのがきっかけで山に魅せられ、慶応義塾大学で山岳部を創立。卒業後、コロンビア大学などで学び、のちスイスに滞在した。1921年9月、アイガー峰東北稜からの初登頂に成功し、大反響をよんだ。帰国後、本格的なアルプス登山の技術を伝え、1956年には62歳の高齢ながら、マナスル登山隊の隊長をつとめて成功にみちびいた。

牧野省三(まきのしょうぞう)（1878－1929）

　明治・大正期の映画監督、製作者。京都西陣に生まれ、25歳のときに劇場を経営し、映画企業家横田永之助のもとで監督になった。1908年の『本能寺合戦』が最初の作品。のち日活を代表する監督となったが、1921年に独立。マキノ・プロを設立してスピーディな剣劇物をつくり、日活、松竹の大企業に対抗した。また、すぐれた脚本家や俳優を育てて阪東妻三郎、嵐寛寿郎らを世にだし、日本映画の父といわれた。

*牧野富太郎(まきのとみたろう)（1862－1957）

　明治・大正・昭和期の植物学者。土佐国（高知県）の商家に生まれ、幼いころ父母を亡くして祖母に育てられた。小学校中退後、独学で植物学をおさめて研究をすすめ、1888年から『日本植物志図篇』を自費出版した。東京大学で助手、講師をつとめたが、学歴がないため冷遇され、貧しい生活に耐えて生涯を研究にささげた。1927年、理学博士。新種1000以上を命名した世界的な学者である。著書に『牧野植物学全集』など。

牧野伸顕(まきののぶあき)（1861－1949）

　明治・大正・昭和期の外交官、政治家。薩摩国（鹿児島県）の生まれ。大久保利通の次男。1871年、岩倉具視遣外使節団に同行してアメリカへ渡り、留学ののち外務省に入った。伊藤博文、西園寺公望にみとめられて外相などの要職を歴任。1919年には西園寺とともにパリ講和会議の全権となった。1925年、内大臣となって軍部、官僚、政党の対立調整につとめたが、軍部にねらわれて「2・26事件」でおそわれ、以後、隠退した。

*正岡子規(まさおかしき)（1867－1902）

　明治期の俳人、歌人。松山市の生まれ。早くから文学にしたしみ、東京帝国大学国文科を中退。陸羯南(くがかつなん)の日本新聞社に入って日清戦争に記者として従軍し、帰途、血を吐き、以来ほとんど病床で文学活動を行なった。俳句革新をとなえて俳誌『ホトトギス』を創刊、さらに短歌革新運動を始め『歌よみに与(あた)ふる書』を発表して『アララギ』を発刊。写生を重んじて小説にも影響を与え、高浜虚子ら多くの門人を育てた。

正宗白鳥（まさむねはくちょう）（1879－1962）

明治・大正・昭和期の小説家、評論家。岡山県の大地主の家に生まれ、幼いときから病弱であったため、つねに死の恐怖を感じていた。東京専門学校在学中、島村抱月の指導のもとに読売新聞文学欄を担当、卒業後も7年間記者をつとめた。キリスト教にも近づいたが、人生を虚無的にえがいてニヒリズムの作家とよばれ、代表作『何処へ』『微光』『日本脱出』などを残した。戯曲『人生の幸福』のほか『作家論』も名著として名高い。

松井須磨子（まついすまこ）（1886－1919）

明治・大正期の新劇女優。本名小林正子。長野県の生まれ。2番めの夫のすすめで文芸協会の演劇研究所に入所、大きな体格をみとめられ、離婚後、演劇に専念。26歳でデビューし『人形の家』のノラ役で大スターとなった。演出家で妻子ある島村抱月と恋におち、スキャンダルとなったが、1913年、二人で芸術座を創立。『復活』でうたったカチューシャの唄は大流行した。抱月の死後、あとを追って自殺。劇的な生涯であった。

松岡洋右（まつおかようすけ）（1880－1946）

大正・昭和期の外交官、政治家。山口県の大きな商家に生まれたが、没落しかけて13歳のときに人種差別のはげしかったアメリカ西海岸へ渡り、オレゴン大学を卒業。このときの体験から毅然とした態度の外交をめざして外務省に入り、要職を歴任、1933年、ジュネーブの国際連盟会議で連盟脱退を宣言した。軍部と結んで中国大陸侵略をすすめ、1940年に外相に就任して日独伊三国同盟を締結。戦後、戦犯となり、獄中で病死した。

*松尾芭蕉（まつおばしょう）（1644－1694）

江戸前期の俳人。伊賀国（三重県）の生まれ。17歳のころ藩の侍大将の藤堂家に仕えたが、やがて貞門派の北村季吟に学び、俳諧師をこころざした。江戸へでて、一時は談林派に属したが34歳のころ俳諧宗匠として独立。1680年、深川の芭蕉庵に住み、その後の生涯の多くを旅にすごしながら、さび、しおり、細み、かるみを理念とする、文学性の高い蕉風俳諧を大成した。紀行文に『鹿島紀行』『更科紀行』『奥の細道』などがある。

マッカーサー（1880－1964）

アメリカの軍人。陸軍士官学校を卒業、太平洋戦争が始まるとフィリピンで対日戦を指揮、1944年に元帥となった。1945年、日本の降伏により、日本占領連合国軍最高司令官として来日し占領政策を指導、焦土と化した日本の経済再建と民主化に力をつくしたが、しだいに反共国家としての日本再建にかたむいた。1950年に朝鮮戦争がおこると国連軍司令官に任命されたが、戦争拡大をとなえてトルーマン大統領に解任され帰国した。

松方正義（1835－1924）

明治期の政治家、財政家。薩摩藩（鹿児島県）下級武士の家に生まれ、1865年、長崎に遊学して戊辰戦争のときには長崎で治安維持につとめた。維新後、大久保利通にみとめられて大蔵省に入り、大隈重信失脚後は松方財政とよばれる緊縮政策を実行。日本銀行を設立して通貨の統一をはかり、外国の関与なしでアジアではじめて銀本位制を確立した。以後、しばしば蔵相をつとめて2度首相となり、明治の財政史に大きな足跡を残した。

＊松下幸之助（1894－1989）

昭和期の実業家。松下電器産業の創始者。和歌山県の生まれ。家が没落して小学校中退後、大阪で火鉢屋や自転車屋ではたらいたのち大阪電灯会社の配線工となった。23歳のときに独立してソケットをつくる町工場を始め、努力と経営手腕によってしだいに大きく成長した。使いやすさをモットーに家庭電器製品の各分野に進出、松下電器（現パナソニック）を育てあげた。日本を代表する経営者の一人。ＰＨＰ平和運動もつづけた。

松平容保（1835－1893）

江戸末期の会津藩主。美濃（岐阜県）高須藩主松平義建の子で、会津にむかえられて1852年に藩主となった。1862年、尊王攘夷をとなえる志士たちで無法化した京都に、京都守護職としてのりこみ、治安維持のため、はげしく志士たちを弾圧。孝明天皇にもっとも信頼されたが、戊辰戦争で会津城にこもって官軍に抵抗し、維新後、賊の汚名をうけて幽閉された。晩年は東照宮宮司をつとめて余生を送った。幕末の悲劇の政治家である。

*松平定信（1758−1829）

　江戸後期の白河藩主。田安宗武の子。1774年に白河城主松平氏の養子になり、1783年に藩主となった。田沼意次の失脚後、御三家におされて老中首座となり「寛政の改革」に着手。風俗をとりしまり、石川島に人足寄場をもうけ、朱子学以外を禁止するなどきびしい政策を行なった。さらに旗本の窮乏にたいして棄捐令をだしたが、ことごとく失敗して辞職。晩年は好きな学問にうちこんで『花月草子』など多くの著書をのこした。

松平信綱（1596−1662）

　江戸前期の大名。代官大河内久綱の子。おじの松平正綱の養子となって3代将軍徳川家光につかえた。1623年、伊豆守に任じられて1633年には老中となり、4年後の「島原の乱」を鎮定して川越6万石を与えられ、家光の死後は4代将軍家綱を補佐。1651年には由井正雪が討幕を企図した「慶安事件」をおさえ、江戸の大火などを処理して幕政の確立に力をつくした。才気あふれてすぐれた知略により、知恵伊豆とよばれた。

松平慶永（1828−1890）

　江戸末期の福井藩主。号は春岳。田安家の生まれであるが、越前松平氏をついで1838年に藩主となった。徳川斉昭を尊敬し阿部正弘や島津斉彬のえいきょうをうけ、さらに橋本左内、横井小楠らすぐれた助言者をえて幕政にのりだした。将軍のあとつぎとして一橋慶喜をおす工作をすすめ「安政の大獄」により失脚させられたが、1862年、政事総裁職として復帰した。誠実な人柄で、維新のときには親友山内豊信と徳川家存続につとめた。

松永貞徳（1571−1653）

　江戸初期の俳人、歌人、歌学者。京都の生まれ。和歌を細川幽斎に、連歌を里村紹巴に学び、さらに林羅山ら京の一流の文化人とも親交があった。俳諧の分野でも活躍し、和歌で禁じられている俗語や漢語を俳言とよび、俳言をまじえた連歌を俳諧と規定。また、俳諧の方式をさだめて『御傘』をあらわした。俳壇の中心人物となって貞門派をきずき、広く庶民に普及した。弟子に北村季吟ら。儒学者松永尺五は貞徳の子である。

松永久秀(まつながひさひで) (1510−1577)

戦国期の武将。三好長慶(ながよし)につかえて各地で戦い、1560年には御供衆(おんとも)となって三好一族と肩をならべた。これを機会に大和に勢力をのばして信貴山城を造営。長慶の死後、1565年、三好三人衆とともに京都の将軍足利義輝を暗殺したが、京を三好三人衆がおさめたため対立した。各地で奮戦し、このとき奈良東大寺の大仏殿が炎上した。織田信長の入京後、いちはやく降伏したが、のち謀反(むほん)をおこして自刃。茶人としても有名であった。

松本清張(まつもとせいちょう) (1909−1992)

推理小説作家、評論家。15歳で高等小学校を卒業後、給仕や印刷工見習い修行を経て、30歳の時に新聞社勤務をするかたわら小説を書き始める。1950年に『西郷札』が週刊誌の懸賞小説に入選、3年後に『或る「小倉日記」伝』で芥川賞受賞。その後社会派推理小説『点と線』がベストセラーになると、『ゼロの焦点』『砂の器』などを著して推理小説ブームをおこす。ノンフィクションや歴史分野にも独自の著作を数多く遺した。

*間宮林蔵(まみやりんぞう) (1775頃−1844)

江戸後期の探検家。常陸国(茨城県)の農家に生まれ、算術がとくいで15歳のころ江戸にでて、測量術や地図作成法を学んだ。1800年、幕府の蝦夷地御用掛雇となって蝦夷地(北海道)へ渡り、西蝦夷地を測量。そして1808年、松田伝十郎とともに樺太へ入り、さらに単身で海を越えて黒竜江下流域をも探検、樺太が島であることを発見、のちの世に間宮海峡の名を残した。「シーボルト事件」後は、幕府隠密をつとめたとされている。

*円山応挙(まるやまおうきょ) (1733−1795)

江戸中期の画家。丹波国(京都府)の貧しい農家に生まれ、幼いころから画才をあらわした。画家をこころざして狩野派を学び、生活のため中国をへて日本に入ってきたヨーロッパの眼鏡絵をつくって名声をたかめた。写実主義をとなえて写生図を始め、襖絵、屏風絵の分野で活躍。独自の平明な画風で京都の画壇の中心となり、円山派をおこして近代にまで大きなえいきょうを与えた。代表作に『雪松図屏風』『藤花図屏風』など。

丸山薫（まるやまかおる）（1899－1974）

昭和期の詩人。大分県の生まれ。東京商船学校を病気で中退し、第三高等学校をへて東京帝国大学を中退。三高で三好達治、梶井基次郎らを知り、1932年に処女詩集『帆・ランプ・鷗』を発表。フランス印象派のえいきょうを受けたロマン的叙情詩でみとめられた。1934年、堀辰雄、三好達治らと詩誌『四季』を創刊して編集にたずさわり、中心となって活躍。戦争中は疎開先で教員をつとめるかたわら、詩集『北国』などをあらわした。

三浦環（みうらたまき）（1884－1946）

明治・大正・昭和期のソプラノ歌手。東京の生まれ。めぐまれた環境に育ち、3歳のときから日本舞踊をならった。東京音楽学校に入って声楽を学び、卒業後も研究科にすすんで声楽家をめざした。母校の助手、助教授をへて1914年にヨーロッパへ渡り、ロンドンでデビュー。翌年、はじめて『蝶々夫人』を演じて大好評となり、作曲者のプッチーニに理想的な蝶々さんといわれた。日本の生んだ最初の国際的オペラ歌手である。

三浦梅園（みうらばいえん）（1723－1789）

江戸中期の哲学者。豊後国（大分県）国東（くにさき）の医業をかねた農家に生まれた。幼いときから理智的で、自然のなかで哲学的な思考を育てながら成長、綾部絅斉（けいさい）らに儒学を学び、20歳のころから天文学に興味をもつようになった。そして天体について思索するうちに自然現象には法則があることに気づき、宇宙のしくみを説明する条理学をとなえ、23年かかって『玄語』などを完成した。博学で知られ、詩論、経済論などの著書もある。

三木清（みききよし）（1897－1945）

大正・昭和期の哲学者。兵庫県の生まれ。京都帝国大学哲学科で西田幾太郎らに学ぶ。卒業後、ドイツ、フランスへ留学、ハイデッカーらのえいきょうを受けた。帰国後、法政大学教授となり「人間学のマルクス主義形態」などの論文を発表、人間の価値とマルクス主義をむすびつけた哲学を説いて、人びとに大きなえいきょうを与えた。日中戦争後はファシズムに抵抗、敗戦前夜に投獄されて獄中で病死。『哲学ノート』などがある。

* **御木本幸吉**（みきもとこうきち）（1858－1954）

　真珠養殖家、実業家。志摩国（三重県）鳥羽のうどん屋に生まれ、海産物商をいとなんだのち、32歳のときに真珠養殖を始めた。そして1893年に半円真珠、1905年に真円真珠の養殖に成功、その後は養殖場をふやし、販売網を国内からニューヨーク、パリ、ロンドンなどの海外へも開拓、ミキモト・パールを世界に広めた。1924年、66歳のとき貴族院議員に当選、しかし1年でしりぞき、96歳まで真珠養殖の改良につとめた。

三木露風（みきろふう）（1889－1964）

　明治・大正・昭和期の詩人。兵庫県の生まれ。はやくから文学をこころざして16歳で詩歌集『夏姫』を自費出版。早稲田大学、慶応義塾大学に学び『早稲田文学』『新潮』などに作品を発表した。1909年の詩集『廃園』で耽美的（たんび）な詩を発表してみとめられ、北原白秋とともに詩壇の中心となった。のち、神秘的なふんいきの象徴詩を完成。また、童謡も多くつくり『赤とんぼ』は広く愛唱された。代表作『寂しき曙』『白き手の猟人』など。

三島徳七（みしまとくしち）（1893－1975）

　大正・昭和期の金属工学者。兵庫県淡路島の生まれ。1918年、東京帝国大学工学部を卒業し、助教授をへて1938年に教授となった。この間、磁石鋼を研究して、1931年に鉄、ニッケル、アルミニウムを主成分とする強力なMK磁石合金を発明、世界的に有名となり、1945年、学士院恩賜賞を受賞した。さらにステンレス・スチールや真空管用金属材料など多くの研究を行なって、1950年には文化勲章を受けた。

三島通庸（みしまみちつね）（1835－1888）

　明治前期の官僚。薩摩藩士の家に生まれる。戊辰戦争では東北で活躍し、維新後、西郷隆盛にしたがって明治政府につかえた。1874年、酒田県令となって「わっぱ騒動」をしずめ、1882年に福島県令に就任。道路をひらくために農民を酷使し、さらに河野広中ら自由民権派を弾圧して「福島事件」をひきおこした。栃木県令をかねると「加波山事件」をまねき、のち警視総監となって保安条例によるはげしい弾圧を行なった。

* **三島由紀夫**（1925－1970）

　昭和期の小説家、劇作家。東京の生まれ。学習院をへて東京帝国大学法学部に学ぶ。中学生のころから小説を発表、第2次世界大戦後、自伝的な『仮面の告白』によって作家の地位を確立。その後『愛の渇き』『潮騒』『金閣寺』などの傑作で、ちみつな構成と華麗な文体による三島文学をきずいた。しかし、しだいに過激な国家主義者となって自衛隊の決起をうながし、割腹自殺をとげた。戯曲にも『鹿鳴館』などのすぐれた作品がある。

* **水野忠邦**（1794－1851）

　江戸後期の大名、幕府老中。肥前唐津藩主水野忠光の子。1812年に唐津藩主となったが、幕政への参加を意図して1817年に浜松へ国替えを行ない、寺社奉行をかねた。そして幕閣への昇進工作を進めて1834年に念願の老中となり、将軍徳川家斉の死後「天保の改革」に着手した。商品の独占取り引きをやめさせる株仲間解散令のほか人返し令、倹約令などである。しかし大名たちの反対にあって失敗、失脚して不遇な晩年を送った。

水原秋桜子（1892－1981）

　大正・昭和期の俳人。東京神田の生まれ。東京帝国大学医学部を卒業して家業の産婦人科医をついだ。東大俳句会を結成して高浜虚子に師事。しかし『自然の真と文芸上の真』によって客観写生の『ホトトギス』を批判し、虚子からはなれて俳諧『馬酔木』を主宰、外光の中の自然風景の叙情をたいせつにして美しく純粋なものを求め、新興俳句の道をひらいた。句集に『葛飾』『新樹』などがあり、自然詩人と評されている。

溝口健二（1898－1956）

　大正・昭和期の映画監督。東京に生まれ、葵橋洋画研究所で絵を学び、一時、神戸の新聞社に入社したが、ふたたび東京へもどり日活向島撮影所に入所。第1作は1922年製作の『愛に甦へる日』。自然主義的な手法で人生や愛欲を表現し、新人として注目され、話題作をつぎつぎと発表した。京都撮影所へ移ってからは女の性の描写にすぐれ、戦後、集大成ともいえる『西鶴一代女』を製作して国際的に高く評価された。

*三井高利（みついたかとし）（1622－1694）

江戸前・中期の豪商。伊勢国（三重県）松坂の商家に生まれ、父の死後、江戸にでて兄の店をてつだった。一時、郷里の母のもとで米の売買をしていたが、1673年、江戸で越後屋呉服店を始めた。京都に仕入れ店を設けて江戸で売りさばき、現金安売掛値なしの看板で大評判となり、両替商も開いて大きく発展、さらに大坂にも進出して江戸、京、大坂の3都で財をなし、のちの富豪三井家のきそをきずいた。

箕作阮甫（みつくりげんぽ）（1799－1863）

江戸末期の蘭医。美作国（岡山県）津山藩医の子として生まれ、1822年に藩医となった。江戸にでて宇田川玄真に蘭学を学び、1839年に幕府天文方につかえた。1853年には長崎でロシア使節プチャーチンに応接。翌年、日米和親条約の交渉に加わり、そののち蕃書調所教授などをつとめた。訳書に『外科必読』『産科簡明』などの医学関連のほか、地理、歴史関連の書、兵学、宗教学といった広範囲にわたる100余点が確認されている。

箕作麟祥（みつくりりんしょう）（1846－1897）

明治期の法律学者。阮甫の孫。阮甫について洋学を学び、江戸幕府の蕃書調所につとめた。1867年にヨーロッパへ渡り、帰国後は明治新政府につかえてフランス民法典などを翻訳。また、フランスから来日の御雇外人教師ボアソナードとともに民法、商法などの制定に力をつくし、いっぽうでは啓蒙思想団体の明六社に加わって新思想の啓蒙運動を行なった。のちに司法次官、行政裁判所長官など歴任。『仏蘭西法律書』などの翻訳がある。

南方熊楠（みなかたくまぐす）（1867－1941）

明治・大正・昭和期の民俗学者、植物学者。和歌山県に生まれ、大学予備門などでの学業半ばでアメリカ、イギリスへ渡り、苦学しながら自然科学などを学んだ。14年後に帰国してからは郷里に定住、菌類の研究のほか、植物の歳時記的な研究も進めた。また、民俗学にも深く興味をいだいて、各地に残る伝説や神話などを収集、その考証も行なって、柳田国男と並ぶ民俗学者と評されている。研究業績の多くは没後に発表されたものである。

南淵請安(みなぶちのしょうあん)（生没年不明）

7世紀の学者。漢人系の渡来人で、608年、遣隋使小野妹子に従って留学生として隋（中国）へ渡った。高向玄理(たかむこのくろまろ)、僧旻(そうみん)らとともに学問を学び、隋がほろんで唐にかわってからも大陸にとどまり、640年に帰国。律令体制による唐の中央集権の国づくりを見てきたことにより、その知識を中大兄皇子(なかのおおえのおうじ)や藤原鎌足に教えたといわれる。「大化の改新」後、玄理と旻は国博士となって朝廷につかえたが、請安の記録は全く残っていない。

＊ 源 実朝(みなもとのさねとも)（1192－1219）

鎌倉幕府3代将軍。頼朝の次男、母は北条政子。兄頼家が北条氏に殺され、幼少で将軍職をついだが、実権は北条氏がにぎって執権政治を行なった。妻を京からむかえて朝廷との関係も親密となり、貴族文化をこのんで和歌などにうちこんだ。藤原定家に師事して歌学を学び『新古今和歌集』を完成後すぐ入手。武士からは貴族化を非難され、鶴岡八幡宮でおいの公暁(くぎょう)に暗殺された。万葉調の和歌をよみ、家集『金槐和歌集』を残した。

源 順(みなもとのしたごう)（911－983）

平安中期の歌人、学者。三十六歌仙のひとり。嵯峨源氏の血筋をひき、才能にもめぐまれていたが、官位の昇進はおそく、晩年に和泉守などに任命されて従五位上にとどまった。和歌や学問でみずからをなぐさめ、20歳のころに『倭名類聚抄(わみょうるいじゅしょう)』を著わし「梨壺の五人」のひとりとして宮中で重んじられた。『後撰和歌集』の撰者にえらばれてすぐれた和歌をよみ、また『あめつちの歌』のように言葉のあそびにもたくみであった。

源 高明(みなもとのたかあきら)（914－982）

平安中期の公卿。醍醐天皇の皇子。920年に臣籍にくだって源姓を名のった。藤原師輔の娘を妻にむかえてしだいに朝廷に重く用いられ、967年には左大臣となって藤原氏と対立する大きな力をもった。娘が村上天皇の皇子為平親王の妃であったため、一族の血をひく守平親王をたてる藤原氏と対立。969年、源満仲の密告により、陰謀をくわだてたとされて大宰府に左遷された「安和の変」。のち許されて帰京。有職故実(ゆうそく)にくわしかった。

源 為朝(みなもとのためとも)(1139—1170)

平安末期の武士。源為義の8男。幼いころから腕力に自信があり、弓にすぐれていたが、たび重なる乱暴で父に追放された。九州で活躍、肥後の豪族の娘を妻として各地の豪族と合戦をくりかえし、その乱暴ぶりが京で問題となって父を退官に追いつめた。誤解をとこうと単身上京したが、後白河天皇と崇徳上皇の争いにまきこまれて父とともに上皇方で奮戦「保元の乱」、敗れて伊豆に流され、国司と争って自刃した。

源 為義(みなもとのためよし)(1096—1156)

平安後期の武士。義家の孫で義親の子。朝廷の命を受けた平正盛によって、九州で乱暴した父義親が追討されたあと、源氏の嫡流をおじの義忠がついで為義はその養子となった。1109年に義忠が暗殺され、以後、平氏に対抗して源氏の棟梁として活躍。1146年に検非違使(けびいし)となったが、子の為朝の罪により任をとかれ、嫡子義朝にあとをつがせた。1156年の「保元の乱」で上皇方について敗れ、天皇方の義朝の手で処刑された。

源 範頼(みなもとののりより)(?—1193)

平安末・鎌倉初期の武将。源義朝の6男。遠江国(静岡県)で成長し、1180年に兄の頼朝が兵をあげると、これにしたがった。1183年、弟の義経とともに頼朝の代官として上洛、翌年、源義仲を近江で討った。平氏追討の命を受けて摂津一ノ谷で平氏をやぶり、さらに九州へ渡って壇ノ浦の平氏攻めに力を貸した。鎌倉にもどってからは、頼朝と義経の不和をみて保身につとめたが、謀反(むほん)とうたがわれて殺された。

源 満仲(みなもとのみつなか)(912—997)

平安中期の武将。源経基の長男。諸国の守を歴任して鎮守府将軍となった。969年、源高明らを失脚させた「安和の変」で、陰謀によって密告し、中央政界で重んじられるようになった。藤原氏とむすんで勢力をのばして清和源氏の発展の基礎をきずき、かなり大きな武士団を形成、摂津守に任じられてからは摂津国(大阪府)多田に住み、多田源氏を称した。この多田源氏については『今昔物語集』に記され歴史の好史料となっている。

* **源 義家**(みなもとのよしいえ)(1039－1106)

平安後期の武将。源頼義の長男。元服して八幡太郎と名のる。1051年に始まった「前九年の役」に父に従ってわずか12歳で出陣、武名をあげて、出羽守に任じられた。1075年、父のあとをついで源氏の棟梁となり、1083年には陸奥守に任じられて「後三年の役」に出陣、苦戦のすえ4年後に清原氏を討った。しかし、朝廷からの論功がなかったため私財を投じて家臣をねぎらい、さらに武名を高めて天下一の武勇の士とたたえられた。

* **源 義経**(みなもとのよしつね)(1159－1189)

平安末・鎌倉初期の武将。義朝の9男。「平治の乱」で父を失い、平氏に捕えられたのち京の鞍馬山へ送られた。しかし平氏を討つ野望をいだいて出家せず、15歳のとき、ひそかに奥州藤原氏のもとへ身をよせた。1180年、兄頼朝の挙兵を知って富士川の戦いに参じ、その後、源義仲を討ち、さらに壇ノ浦で平氏をほろぼした。しかし朝廷から官位をもらったことなどから頼朝と対立、奥州へ逃げのびたのち藤原泰衡に殺された。

源 義朝(みなもとのよしとも)(1123－1160)

平安末期の武将。源為義の長男。平氏に圧倒されて源氏が力を失ったころに生まれ、鎌倉で家の再興をめざした。関東でしだいに勢力をかため、長男の義平と力をあわせて軍事力をつよめた。鳥羽法皇の死後、崇徳上皇と後白河天皇が対立した「保元の乱」では父とわかれて天皇方で戦い、父や弟を処刑。しかし平氏一門に恩賞が多く、藤原信西とむすんだ平清盛に不満をいだいて「平治の乱」をおこし、敗走中に長田氏に殺された。

源 義仲(みなもとのよしなか)(1154－1184)

平安末期の武将。源為義の孫。父の義賢(よしかた)が源義平に殺されたのち乳母につれられ木曽で成長、木曽義仲とよばれた。1180年、以仁王(もちひとおう)の令旨(りょうじ)を受けて挙兵し、北陸道から平氏を攻めおとして京へ入った。ところが部下の粗暴な行動や公家に対する無知などで後白河法皇の信任を失ったことから、謀反(むほん)をおこして法皇を幽閉、征夷大将軍として権力をにぎった。しかし源頼朝が送った源義経の軍と近江国(滋賀県)粟津で戦い敗死した。

源 頼家 (1182—1204)

鎌倉幕府2代将軍。頼朝の長男。母は北条政子。1199年、頼朝の死により家督をついだ。しかし、若年を理由に訴訟の親裁権を北条氏にうばわれ、1202年に征夷大将軍の地位についても実権はなかった。1203年、弟実朝に権力を分割される計画を知って、妻の父比企能員とむすんで北条氏と対立。北条氏を討とうとくわだてたが失敗し、比企一族はほろぼされ、頼家も伊豆修禅寺に幽閉され、翌年、北条時政によって殺された。

* 源 頼朝 (1147—1199)

鎌倉幕府初代将軍。義朝の3男。「平治の乱」に敗れて平氏に捕えられ、斬首のところを平清盛の継母池禅尼の助命によって伊豆へ流された。その後、北条政子を妻として北条氏とむすび関東で勢力を拡大、1180年、以仁王の令旨を受けて挙兵。石橋山では敗れたが、義経らを大将にして追いつめた平氏を壇ノ浦にほろぼし、1192年に征夷大将軍となって、その後1333年までつづく鎌倉幕府を開いた。

源 頼政 (1104—1180)

平安末期の武将。源仲政の子。「保元の乱」に天皇方で戦い、「平治の乱」でも源義朝をうらぎって平氏に味方した。和歌にすぐれ、公家たちにとりいって宮中でしだいに地位をかため、平清盛の推挙で昇進。しかし、権勢をきわめる平氏一門をしだいに憎み、反平氏の立場にかわった。1180年、不遇の高倉宮以仁王を説得して平氏追討の令旨をかかせて園城寺で挙兵。敗れて奈良へむかう途中、宇治平等院で自刃した。

源 頼義 (988—1075)

平安中期の武将。源頼信の長男。父頼信は、平忠常の乱の追討を命じられて、以前に主従関係にあった忠常を戦わずして降伏させ、東国に地盤をひらいた。父にしたがって関東に入り、武勇にすぐれ、東国の武士の大半をしたがえて勢力を拡大。奥州で俘囚の長安倍頼時が反乱をおこして1051年に「前九年の役」がおこると、鎮定にあたった。初め大敗したが、子の義家の活躍で平定。晩年、鎌倉に住んで鶴岡八幡宮を建てた。

*美濃部達吉（1873－1948）
みのべたつきち

　明治・大正・昭和期の憲法学者。兵庫県の医師の家に生まれ、東京帝国大学法学部に入って、国家法人説をとなえる一木喜徳郎に師事。卒業後、ヨーロッパに留学、1902年に帰国して母校教授となった。達吉を有名にしたのは「天皇は国家のひとつの機関である」とした天皇機関説、この説は大正デモクラシーの憲法学説の主流となった。軍部の弾圧により国会で反逆者とよばれ著書も発禁となったが、最後まで自由主義をつらぬいた。

*宮城道雄（1894－1956）
みやぎみちお

　明治・大正・昭和期の箏曲家、作曲家。8歳で失明したため、生田流箏曲家の中島検校に師事。父が事業に失敗したので師匠の代稽古などで収入をえて自活。1907年から約10年間は朝鮮で一家をささえ、作曲も行なった。洋楽と邦楽の融合をはかり、むしろ洋楽界から注目され、ラジオ放送に出演して活躍。児童むけの曲もつくって多くの人にしたわれ、また『春の海』などの名曲によって国際的音楽家となったが、列車から転落死した。

三宅雪嶺（1860－1945）
みやけせつれい

　明治・大正・昭和期の評論家。金沢の生まれ。東京大学哲学科に入り、フェノロサのえいきょうをつよく受けた。卒業後も大学の編纂所で研究をつづけたが、1887年に辞職、以後は官職につかず、東京専門学校などで講義。当時の欧化主義に反対して国粋保存の運動をおこし、政教社を創立して雑誌『日本人』を発刊した。1907年、陸羯南の『日本』と合体して『日本及日本人』と改称、評論活動をつづけた。著書に『同時代史』など。

宮崎滔天（1870／71－1922）
みやざきとうてん

　明治・大正期の大陸浪人。熊本県に生まれ、自由民権をとなえる家族のなかで育った。徳富蘇峰の大江義塾、東京専門学校で学び、一時、キリスト教を信仰。やがて中国革命に目をむけ、横浜に亡命中の孫文と会ってフィリピン独立運動や恵州蜂起にも加わった。一時、大陸の革命を浪花節でひろめようと桃中軒雲右衛門に入門。また『三十三年之夢』などをあらわして中国革命派の人びととの交わりを深め、生涯、中国革命を支援した。

宮崎安貞（みやざきやすさだ）(1623−1697)

江戸前期の農学者。安芸国（広島県）に生まれ、仕官していた福岡藩をしりぞいて諸国放浪ののち、福岡で帰農したといわれる。農業をいとなみながら畿内や九州各地をめぐり、さらに和漢の農業書をひもといて農業技術を研究、農事総論のほか作物、家畜に関する『農業全書』を完成した。この農書は印刷、出版されて全国に広まり、その業績は、大蔵永常や佐藤信淵らと並ぶものと評されている。

*宮沢賢治（みやざわけんじ）(1896−1933)

大正・昭和期の詩人、童話作家。岩手県花巻市に生まれ、盛岡高等農林学校を卒業。郷土の自然と農民を愛し、農業指導と農事研究にたずさわりながら、詩と童話を創作、宗教心に裏うちされた心象風景を基調に、独自の文学世界をひらいた。詩集に『春と修羅』童話に『注文の多い料理店』『グスコーブドリの伝記』『銀河鉄道の夜』『風の又三郎』などの名作があり、死後になってとくに名声が高まった。

宮沢俊義（みやざわとしよし）(1899−1976)

憲法学者。長野県に生まれ、東京帝国大学を卒業。1934年に母校の教授となり、天皇機関説事件で職をひいた美濃部達吉のあとを受けて憲法を講義、非合理主義的国家論をきびしく批判した。戦後は、幣原（しではら）内閣の憲法改正案の起草に参加したほか、貴族院勅選議員として日本国憲法制定の審議にも加わり、自由主義の立場から憲法論をとなえつづけた。著書に『日本国憲法』『憲法』があり、戦後における憲法学の第一人者とされている。

宮武外骨（みやたけがいこつ）(1867−1955)

明治・大正・昭和期の文化史家、ジャーナリスト。香川県に生まれ、東京へでて『頓智協会雑誌』『滑稽新聞』などを創刊、反権力とウイットと風刺で多くの読者を得た。しかし欽定憲法を戯画化して不敬罪に問われるなど、筆禍事件は数知れなかった。大正期に入ってからは『私刑類纂』『明治演説史』『文明開化』などを編著、東大明治新聞雑誌文庫の主任をつとめて資料収集に力をつくした。浮世絵、川柳の研究でも知られる。

*宮本武蔵（1584頃－1645）

江戸初期の剣豪。生まれは美作国（岡山県）とも播磨国（兵庫県）ともいわれる。早くから剣術を習い、1600年の関ヶ原の戦いに加わったのち、武者修行の旅にでた。そして、京都で吉岡一門をくだして名をあげ、九州の舟島（巌流島）で佐々木小次郎をたおすまでに、およそ60回の他流試合に勝ったと伝えられている。30歳をすぎてからは仕官をこころざし、晩年は熊本藩につかえて没した。絵、彫刻、書などにもすぐれていた。

宮本百合子（1899－1951）

大正・昭和期の小説家。東京の生まれ。日本女子大学校を中退。わずか17歳で『貧しき人々の群』を『中央公論』に発表して天才少女とよばれた。初婚に失敗して1927年、湯浅芳子とソ連へ渡り、ヨーロッパをまわって1930年に帰国。日本プロレタリア作家同盟に入って創作活動をつづけ、日本共産党の宮本顕治と結婚した。たびたびの検挙にも屈せず、主義をつらぬいて『伸子』『刻々』『杉垣』『播州平野』などを残した。

三善清行（847－918）

平安前期の学者、官僚。きよつらともよむ。幼いころから学問にすぐれ、巨勢文雄に学んで900年に文章博士となった。翌年、改元をもとめて受け入れられ、延喜とあらためられた。905年以来、藤原時平らとともに『延喜格式』の編さんに参加。また、醍醐天皇の「延喜の治」にも加わり、このとき意見を提示した「意見封事12か条」は格調の高さで有名である。著書も多く『円珍伝』『藤原保則伝』などがある。

三好達治（1900－1964）

昭和期の詩人。大阪の生まれ。小学生のころから文学にしたしみ、東京帝国大学仏文科を卒業。萩原朔太郎、室生犀星のえいきょうをうけて詩作にはげみ、1930年に処女詩集『測量船』を発表した。1933年、堀辰雄、丸山薫らと詩誌『四季』を創刊。翌年、朔太郎、犀星、中原中也、立原道造らを同人にむかえて詩壇の中心となった。知性と感性の調和をはかり、端正で清新な詩風をひろめた。代表作に詩集『艸千里』『花筺』など。

三好長慶(みよしながよし) (1522−1564)

戦国期の武将。三好元長の子。管領細川晴元の執事としてつかえ、和泉、河内の代官をつとめた。1549 年、同族の三好政長をたおして晴元をおびやかし、細川氏綱を擁して入京。独裁をめざして幕府と対立し、一時は将軍足利義輝を追放して京都を支配した。1558 年、義輝が六角義賢の援助で反撃にでると、ついに京都支配はあきらめたが、畿内諸国や四国を制圧、三好全盛時代をきずいた。連歌をたしなむ文化人であったという。

三善康信(みよしやすのぶ) (1140−1221)

鎌倉幕府初代問注所執事。明法、算道の家として代々朝廷につかえた貴族で、康信も中宮職の官人として出仕。母が源頼朝の乳母の妹であったため、京の平氏や宮中のようすを伊豆の頼朝のもとに報告して源氏の挙兵を助けた。鎌倉幕府が開かれると頼朝にまねかれ、大江広元とともに幕府行政に参加。問注所で訴訟をつかさどり、北条氏や御家人に重んじられた。「承久の乱」には病気をおして会議に列席し、幕府出陣をうながした。

明　兆(みんちょう) (1352−1431)

室町初期の画僧。淡路島の生まれ。東福寺に入って大道一以に師事した。絵の才能にすぐれ、最初の大作『五百羅漢図』は 32 歳のときにかいたものである。早くから宋元画にふれることができたため、研究をかさねて手法を身につけ、多くの仏画や頂相とよばれる肖像画をえがいた。強い筆づかいで濃い色彩をつかったところに特色があり、新しい水墨画の技法もみとめられる。代表作に『涅槃図』『達磨図』など。

向井去来(むかいきょらい) (1651−1704)

江戸前・中期の俳人。長崎に生まれ、医者をしていた父につれられて京に出た。武芸を学んだが、俳諧の道をこころざし、松尾芭蕉の門に入った。榎本其角と親交をふかめ、京都嵯峨に草庵を建て、落柿舎と名づけた。芭蕉もしばしば立ち寄っている。その誠実で純粋な人柄で芭蕉に信頼され、芭蕉の死後も落柿舎にあって蕉風を守りつづけた。1691 年に凡兆と『猿蓑』を編集。『去来抄』は蕉風の本質を知るうえで貴重な書とされている。

無学祖元（むがくそげん）（1226－1286）

中国、宋の禅僧。杭州で出家し、径山の無準師範に学んだ。元の軍が攻めてきたときも、動じなかったといわれる。蘭渓道隆の死後、鎌倉幕府の執権北条時宗のまねきに応じて1279年に来日。初め建長寺に入ったが、1282年に円覚寺を建てて開祖となり、時宗をはじめ、北条一門や御家人を指導して無学派をきずき、室町時代には禅林の一大勢力となった。弟子に高峰顕日、規庵祖円らがいる。

椋鳩十（むくはとじゅう）（1905－1987）

児童文学作家。法政大学在学中から小説を書き始め、卒業後に、鹿児島の小学校、高等女学校の教師を経て、1947年から鹿児島県立図書館の館長を務める。そのかたわら、児童を対象とした動物小説『大造じいさんとガン』『片耳の大鹿』『マヤの一生』『大空に生きる』など、動物への深い愛情あふれる作品を次々に発表し「日本のシートン」と讃えられた。館長時代に「母と子の20分間読書運動」を提唱し、全国的に広めたことでも有名。

*武者小路実篤（むしゃのこうじ さねあつ）（1885－1976）

明治・大正・昭和期の小説家、劇作家。子爵武者小路実世の子として東京に生まれた。学習院をへて東京帝国大学を中退。学習院時代にはトルストイに夢中になり、1910年、志賀直哉、有島武郎らと『白樺』を創刊した。はじめ、自己中心主義の立場にたったが、しだいに人道主義にかわり、ひとつの理想の村として「新しき村」を建設。素朴で何ものにもとらわれない作風で『幸福者』『友情』戯曲『人間万歳』などをあらわした。

夢窓疎石（むそうそせき）（1275－1351）

鎌倉末期・南北朝時代の禅僧。伊勢国（三重県）の生まれ。初め天台、真言宗を学んだがあきたらず、1294年に上洛して禅宗に入った。一山一寧（いっさんいちねい）、高峰顕日（こうほうけんにち）に師事してさとりをひらき、北条貞時、高時や後醍醐天皇、足利尊氏らの帰依を受けた。南禅寺に住み、後醍醐天皇の死後、冥福をいのるため尊氏にすすめて天龍寺を建立。弟子に五山文学の義堂周信、絶海中津らがいる。造園にもすぐれ、その手になる名園は多い。

＊陸奥宗光（むつむねみつ）（1844−1897）

明治期の外交官、政治家。和歌山藩士の家に生まれ、尊王攘夷運動に加わり、坂本龍馬の海援隊に入って龍馬と行動をともにした。維新後、明治政府につかえたが、西南戦争中、立志社の大江卓らの挙兵計画に加わって入獄。1886年、外務省に入って外交官をつとめ、第2次伊藤内閣では外相として治外法権をとりのぞき、念願の条約改正を実現した。日清戦争の外交に力をつくしたが、過労のため肺病で没した。著書に『蹇蹇録（けんけんろく）』。

武藤山治（むとうさんじ）（1867−1934）

大正・昭和期の実業家、政治家。愛知県の生まれ。慶応義塾に学んだのちアメリカへ渡り、苦学してカリフォルニアの私立大学を卒業。1887年に帰国し、新聞記者をへて三井銀行に入り、1894年、三井の支配下の鐘淵紡績株式会社の発展に力をつくした。温情主義、家族主義をモットーに二流会社から超一流に成長させ、さらに政界にもすすんで政治革新を主張。1932年『時事新報』の経営をひきつぎ、政界の不正を批判して活躍した。

＊棟方志功（むなかたしこう）（1903−1975）

昭和期の版画家。青森市に生まれ、小学校卒業後、家業の鍛冶職を手つだいながら、絵を学んだ。ゴッホの絵に感銘を受けて画家をめざし、25歳ころ木版画に転じた。郷土のねぶた祭りの絵のえいきょうをつよく受けて素朴で力強い作品をつぎつぎと発表。柳宗悦、浜田庄司らにみとめられ、しだいに宗教的な絵が注目されるようになり、1956年、ベネチア・ビエンナーレで国際版画大賞を受賞した。代表作に『釈迦十大弟子』など。

村上華岳（むらかみかがく）（1888−1939）

大正・昭和期の日本画家。大阪の生まれ。生まれつき体が虚弱であったため、好きな絵の道にすすんで竹内栖鳳（せいほう）らに写生画を学び、京都市立絵画専門学校を卒業。新しい傾向をみとめない文展に対抗して、1918年、土田麦僊（ばくせん）らと国画創作協会を結成して『日高河清姫』『裸婦』などの清新な作品をつぎつぎと発表した。しだいに内容の深い宗教的な絵をえがき、画壇からはなれて制作をつづけたが、ぜんそくの発作で死亡した。

* **紫式部**(むらさきしきぶ)（生没年不明）

平安中期の女流作家、歌人。父は歌人としてすぐれた藤原為時。母方も歌人の家系で、高い教養の環境に育ち、漢籍なども身につけた。20歳をすぎたころ、越前守として赴任する父にしたがったが、1年で京にもどり、998年、藤原宣孝と結婚。2年後、夫と死別して、藤原道長の娘で一条天皇の皇后彰子に宮づかえした。著書『源氏物語』は人間の苦悩と心理の描写にすぐれ、王朝文学の最高傑作であり、日本の不朽の名作である。

村田珠光(むらたじゅこう)（1423－1502）

室町中期の茶人。茶の湯の祖といわれる。30歳のころ、一休宗純に参禅したが、しきりに眠くなるので医者に抹茶をすすめられてたしなむようになった。中国から伝わった茶の風習が、中国美術品をはでにかざって行なわれていたことに対し、禅の精神をとりいれた「侘茶」をとなえた。連歌師心敬(しんけい)のえいきょうを受けて茶の湯の理論をきわめ、炉のついた四畳半の茶室を考案。子の宗珠(そうじゅ)があとをついで京に茶の湯をひろめた。

村田清風(むらたせいふう)（1783－1855）

江戸末期の長州藩士。藩校明倫館に学び、1802年に江戸にでた。翌年、ふたたび明倫館に入って頭角をあらわし、右筆(ゆうひつ)などをつとめて江戸と藩を往復。天保年間、藩の体制の矛盾から、各地に一揆などがおこって藩政がゆらぐと、抜てきされて藩政改革に着手、とくに藩債を解消するための商業上の諸策を断行した。しかし過激にすぎたことから失脚。海防論をとなえ、幕末の志士にえいきょうを与えた。藩政に関する著書がある。

村山知義(むらやまともよし)（1901－1977）

大正・昭和期の劇作家、演出家、舞台美術家。東京神田の生まれ。東京帝国大学哲学科を中退し、1921年にドイツへ留学。前衛美術をもちかえり、さらに演劇運動にものりだして、1925年に河原崎長十郎らと心座を結成。翌年、千田是也らと前衛座をつくって左翼運動に加わり、その指導にあたった。1934年には新協劇団を結成、リアリズム演劇の頂点をきずいたが弾圧を受けて解散。戦後、再建して、のちに東京芸術座を主宰した。

村山龍平（むらやまりょうへい）（1850－1933）

明治・大正期の新聞経営者。伊勢国（三重県）に生まれ、維新後、大阪で西洋雑貨商を始めて成功した。1879年、大阪の朝日新聞創業にさいして社主となり、1881年から上野理一と共同経営を進めた。積極的な村山と慎重派の上野のコンビで着実に発行部数をふやし、どの政党にもかたよらない、ニュース中心の新聞をつくりあげた。1918年、米騒動の記事で罪にとわれ、一時、社長を辞任。のちに貴族院議員に勅選された。

室生犀星（むろうさいせい）（1889－1962）

大正・昭和期の詩人、小説家。金沢の生まれ。旧藩士と女中のあいだの私生児として寺の住職に育てられた。高等小学校中退後、裁判所の給仕をつとめるかたわら俳句、短歌、詩をつくり、1910年に上京。萩原朔太郎と親交をむすび、1918年に『愛の詩集』『抒情小曲集』を自費出版した。のち小説にも手をそめ、東洋的な味わいの深い作品を多く残した。代表作に『性に目覚める頃』『かげろふ（う）の日記遺文』『杏っ子』などがある。

室鳩巣（むろきゅうそう）（1658－1734）

江戸中期の朱子学者。江戸（東京）に生まれ、15歳で加賀藩主前田綱紀につかえ、学問の才能をみとめられて京都遊学を命じられた。京で木下順庵の門に入って朱子学を学び、ふたたび加賀藩につかえたあと、同門の新井白石の推せんで幕府の儒官となった。道徳を重んじる学風で、主従関係の忠義によって赤穂義士をたたえるなど、朱子学の立場をまもって古学派に対抗。将軍徳川吉宗の「享保の改革」にも庶民教育の面にたずさわった。

＊明治天皇（めいじてんのう）（1852－1912）

第122代天皇。孝明天皇の子、母は中山慶子。名は睦仁（むつひと）。王政復古によって江戸幕府がたおれると「五箇条の御誓文」を発布して、1869年に東京へ遷都、近代国家への政治を始めた。廃藩置県のあと、大日本帝国憲法、教育勅語などによって国の基本を示し、1890年に第1回帝国議会を召集。その後、日清、日露の戦いを勝利にみちびいて、国威を世界に示し、絶対的な統治権によって明治の新しい国家建設を果たした。

毛利輝元(もうりてるもと) (1553－1625)

安土桃山期の武将。隆元の長男で元就の孫。11代将軍足利義輝の名を一字もらって輝元と名のった。1563年、父の死亡により10歳で家をつぎ、祖父の元就とともに出雲の尼子氏と戦った。山陰、山陽10か国をおさめて元就の死後も領地をよくまもり、織田信長と抗戦。「本能寺の変」後、豊臣秀吉と和解して五大老のひとりとして活躍、関ヶ原の戦いでは石田三成の西軍についたが、敗れて領地をけずられ、出家した。

*毛利元就(もうりもとなり) (1497－1571)

戦国期の武将。1523年に毛利家をついだ。周防(すおう)・長門(ながと)(山口県)の大内氏と出雲の尼子氏にはさまれていたが、1525年に尼子氏との関係をたって大内氏とむすんだ。また次男元春を吉川(きっかわ)氏の、3男隆景を小早川氏の養子にして勢力をのばした。1551年、大内義隆が家臣の陶晴賢(すえはるかた)にたおされると1555年に晴賢を討ち、周防(すおう)、安芸(あき)両国へ勢力を拡大。1566年にはついに尼子氏をほろぼして、一代で中国地方10か国をおさめる戦国大名となった。

最上徳内(もがみとくない) (1755－1836)

江戸後期の探検家。出羽国(山形県)の農家の生まれ。江戸にでて本多利明に天文、地理、測量を学び、1785年、幕府の蝦夷探検隊に加わった。クナシリ島の調査を終えて、翌年、エトロフ島へ渡り、ついで日本人としてはじめてウルップ島を探検。蝦夷地の第一の案内者として知られ、アイヌ人と生活してアイヌ語やロシア語にも通じた。地図作製のほか『蝦夷草紙』などを著わし、1806年には箱館(函館)奉行支配役並となった。

モース (1838－1925)

アメリカの動物学者。ハーバード大学で動物学者アガシーの助手となり、1877年に腕足類の研究のために来日、その後、およそ1年半、政府にやとわれて東京大学で動物学を講義、ダーウィンの進化論を日本に紹介した。また、大森貝塚を発掘して多くの資料をえて論文『大森介墟(かいきょ)古物編』を発表。これによって日本に科学的な考古学や人類学の道をひらいた。日本の陶器にも興味をもち、5000点以上のコレクションで知られている。

以仁王（もちひとおう）(1151−1180)

後白河天皇の第2皇子。摂関家の出ではなかったため、親王宣下（せんげ）を受けられなかった。高い教養をもち、天皇位につくことをのぞんだが、平氏一門の繁栄のために不遇な生活をおくった。安徳天皇即位によってのぞみがたたれ、さらに領地の所有もからんで平氏をにくみ、1180年、源頼政のすすめで平氏追討の令旨（りょうじ）をくだして挙兵。園城寺にこもったが追われて奈良にむかう途中、宇治で敗死した。

*本居宣長（もとおりのりなが）(1730−1801)

江戸中期の国学者、歌人。伊勢国（三重県）松坂の生まれ。医者になるため京にでて学び、契沖の著書をよんで古典の研究に目をひらいた。帰郷して医師をつとめるかたわら『源氏物語』や『古事記』を研究し、1763年に伊勢におもむいた賀茂真淵に入門。生涯をかけて専念した『古事記伝』をはじめ「もののあわれ」の文学観をとなえた『源氏物語玉小櫛（たまのおぐし）』などを著わして国学を大成した。門人に平田篤胤、伴信友らがいる。

本木昌造（もときしょうぞう）(1824−1875)

江戸末・明治初期の実業家。日本の活版印刷の先駆者。長崎に生まれ、オランダ通詞となって外国の技術の知識をふかめ、活字の印刷に興味をいだいた。1848年、友人と共同でオランダ船のもたらした印刷機を購入、1851年ころ、流しこみ活字の製造に成功。1869年、活字技術にくわしいギャンブルをまねき、翌年、長崎に活版所を開き、のち大阪、東京にも進出した。鉛合金活字をつくって洋式本の出版の基礎をきずいた業績は大きい。

元田永孚（もとだながざね）(1818−1891)

江戸末・明治前期の儒学者。熊本藩士の家に生まれ、時習館に学んで横井小楠のえいきょうを受けた。維新後、政府につかえ、1871年、大久保利通の推せんにより明治天皇の侍読となった。のち、侍講、宮中顧問官などをつとめ、天皇の信任あつく、儒教主義による国民教化に力をつくした。欧化政策を批判し、森有礼の啓蒙的な教育政策に反対。道徳を重んじた教科書『幼学綱要』を編さんし、晩年は教育勅語の制定にも加わった。

物部守屋(もののべのもりや)(?−587)
6世紀ころの中央豪族。尾輿(おこし)の子。父の代から仏教の信仰をめぐって蘇我氏と対立していたが、守屋も大連(おおむらじ)として政治の中央で大臣(おおおみ)蘇我馬子とことごとく対立。585年、疫病が流行すると、仏教伝来によって神が怒ったたたりであるとして敏達(びだつ)天皇に廃仏を申しでた。対立はますます激しくなり、用明天皇の死後、穴穂部皇子を皇位につけようと挙兵。皇后(推古天皇)をたてた馬子と戦って敗死、以後、物部氏はおとろえた。

森有礼(もりありのり)(1847−1889)
明治前期の政治家、思想家。薩摩藩(鹿児島県)の生まれ。1865年、藩命でイギリスに留学し、さらにアメリカへ渡って1869年に帰国。新政府につかえて外交官をつとめ、また西洋体験をいかして西洋の思想を日本にひろめようと明六社を結成。福沢諭吉、加藤弘之ら最高の知識人をむかえて啓蒙運動を行なった。1885年に伊藤内閣の文相となり、帝国大学を頂点とするピラミッド型の教育制度の確立につとめたが、業なかばで暗殺された。

＊森鷗外(もりおうがい)(1862−1922)
明治・大正期の軍医、小説家、評論家。津和野藩(島根県)の典医の家に生まれ、東京医学校予科を卒業。4年間のドイツ留学ののち、軍医となって陸軍衛生学の第一人者として活躍するいっぽう、文学にはげみ、1890年、『舞姫』を発表。翻訳や評論にもすぐれ、アンデルセンの『即興詩人』は明治期のロマン主義文学に大きなえいきょうを与えた。大正期に入ると『山椒大夫』『阿部一族』などの歴史小説を多く書いた。

森田(もりた)たま(1894−1970)
昭和期の随筆家。札幌に生まれる。結婚後、森田草平に師事、家庭人のかたわら随筆を書き始め、1932年に『着物・好色』を『中央公論』に連載、1936年に発表の『もめん随筆』によって、日常生活のなかで女性の生き方をこまやかに見つめる随筆家として名を高めた。その後『続もめん随筆』『随筆きぬた』『をんな(お)随筆』『きもの随筆』などを執筆。ほかに小説や童話も書き、1962年から1968年までは参議院議員もつとめた。

森　恪 (1882—1932)

大正・昭和期の実業家、政治家。通称はもりかく。大阪の生まれ。東京商工中学を卒業、三井物産に入り、1914 年、天津支店長となった。また、中国で日本の利益を拡大するために日中合弁機関をつくることをめざし、中国興業（のち中日実業）を創立。三井物産退社後、衆議院議員に当選、政友会に入って政治家としても活躍。田中義一内閣の外務政務次官として東方会議を主宰し、中国大陸における日本の侵略をおしすすめた。

森戸辰男 (1888—1984)

大正・昭和期の社会学者。広島県に生まれ、東京帝国大学卒業後、助手をへて 1916 年に助教授となった。1919 年、経済学部の機関誌『経済学研究』の創刊号に発表した『クロポトキンの社会思想の研究』が右翼団体に攻撃され、危険思想として罪に問われた。翌年、編集発行人の大内兵衛助教授とともに起訴され、大学を追われて、大原社会問題研究所で研究に従事。戦後、日本社会党に入って右派の中心として活躍、文相もつとめた。

護良親王 (1308—1335)

後醍醐天皇の皇子。もりよしと読む説もある。延暦寺に入り、1327 年に天台座主となり、武道にはげんで幕府をたおす祈とうなどをさかんに行なった。「元弘の乱」では僧兵をひきいて後醍醐天皇の挙兵に応じたが敗れ、吉野十津川にかくれた。楠木正成や足利尊氏と呼応してふたたび兵をあげ、1333 年、ついに討幕に成功。「建武新政」では征夷大将軍、兵部卿となったが尊氏と対立し、鎌倉に幽閉されて足利直義に暗殺された。

森本六爾 (1903—1936)

昭和期の考古学者。奈良県の生まれ。中学のころから考古学に興味をもち、卒業後、県の遺跡をひとりで調査した。上京して三宅米吉に師事、1929 年に有志とともに東京考古学会をつくって雑誌『考古学』を発刊。古墳や文献ののこっている歴史時代の遺物の研究など、各方面にわたって活躍した。1931 年にフランスに留学、翌年、病気のため帰国したが、最後まで研究をつづけた。著書に『日本考古学研究』など。

文覚（もんがく）(1139－1203)

平安末・鎌倉初期の僧。初め院につかえる北面の武士であったが、18歳のときにあやまって源渡（みなもとのわたる）の妻袈裟御前を殺したことから出家した。高雄山神護寺の荒廃をみてなげき、再興を計画して勧進につとめ、御白河法皇につよく迫ったため伊豆に流罪。この地で源頼朝にあって挙兵をすすめ、平氏滅亡ののち、頼朝の援助を受けて再建を果たした。さらに東寺の修復につとめたが、頼朝の死後、2度流罪となって配流地で没したといわれる。

柳生宗矩（やぎゅうむねのり）(1571－1646)

江戸初期の剣術家。柳生新陰流の祖の柳生宗厳（むねよし）の子。1594年、徳川家康に召されて新陰流兵法をつたえた父が高齢になったため、父のかわりに家康に出仕。1600年の「関ヶ原の戦い」では伊賀上野城主筒井定次と計画して西軍を乱し、その戦功により2000石を与えられた。翌年、徳川秀忠の兵法師範としてさらに1000石を加えられ、3代将軍家光の代で1万2000石の大名となった。剣で大名に出世したものは宗矩以外に例はない。

安井曾太郎（やすいそうたろう）(1888－1955)

大正・昭和期の洋画家。京都の木綿問屋に生まれる。幼いころから絵をかき、1904年、浅井忠の聖護院洋画研究所に入門。同門に梅原龍三郎がいる。1907年、あこがれのパリに留学し、セザンヌのえいきょうをつよく受けた。帰国後の1914年、留学中の作品44点を発表して日本の美術界に大きな衝撃を与え、以後龍三郎とともに画壇の中心となって活躍。内面にもおよぶ写実主義をとなえて『奥入瀬の渓流』『金蓉』などの名作を残した。

安田善次郎（やすだぜんじろう）(1838－1921)

明治・大正期の実業家。安田財閥の創始者。越中国（富山県）の商家の生まれ、2度の家出ののち、1857年に両親のゆるしをえて江戸へでて、苦労のすえ1864年に独立して両替商を開いた。幕末の乱世に幕府の古金銀買い上げの取り扱いを一手にひきうけ、維新後も貨幣制度の変動をうまく利用して富をきずき、銀行を開業。日本最初の保険会社をつくり、安田銀行を中心に一代で財閥をきずきあげたが、国粋主義者に暗殺された。

安田靫彦（やすだゆきひこ）(1884—1978)

　　大正・昭和期の日本画家。東京日本橋に生まれ、病弱のため小学校高等科を中退。歴史画が好きで、画家をこころざして小堀鞆音（ともと）に入門し、1901年、今村紫紅らと紅児会を始めた。虚弱なため、旅行がほとんどできず、風景画をあきらめて日本や中国の古典に題材をとった格調高いロマンチックな歴史画を制作。1914年の日本美術院再興に加わり、横山大観の死後は理事長をつとめた。代表作に『日食』『平泉の義経』など。

矢内原忠雄（やないはらただお）(1893—1961)

　　大正・昭和期の経済学者。愛媛県の生まれ。1910年、第一高等学校に入学し、キリスト教青年会に入って新渡戸稲造の紹介で内村鑑三の教えを受けた。東京帝国大学で植民政策を学び、卒業後、一時、住友につとめたが1920年に東大の経済学部助教授となった。自主主義を理想とする植民政策を説き、日中戦争を批判したため、1937年に弾圧を受けて辞職。個人誌『嘉信』で平和をとなえつづけ、戦後、復帰して総長をつとめた。

柳沢吉保（やなぎさわよしやす）(1658—1714)

　　江戸中期の大名。5代将軍徳川綱吉の側近。綱吉が館林藩主であったころ小姓としてつかえ、1680年、綱吉が将軍となると幕府にうつり、信任を受けて昇進。1688年に側用人、1694年に川越城主、1704年には徳川一門しか与えられたことがなかった甲斐15万石の城主となった。後世、策謀家として悪名高いが、むしろおろかなほど綱吉に忠実で、その誠実さがみとめられて重用された。学問を好み、教養が深かった。

＊柳田国男（やなぎたくにお）(1875—1962)

　　明治・大正・昭和期の民俗学者。兵庫県の生まれ。1887年に上京して兄の家に住み、学生時代は文学に熱中して田山花袋、正岡子規らと親交をむすんだ。東京帝国大学卒業後、農商務省に入り、1901年に柳田家の養子となった。各地を旅行して伝承を集め、民衆の生活の歴史を研究して日本の民俗学を初めて開拓。雑誌『民間伝承』を発行し、民俗学研究所を設立して、その発展につとめた。著書に『遠野物語』『後狩詞記（のちのかりことばのき）』など。

柳宗悦(やなぎむねよし) (1889−1961)

大正・昭和期の民芸研究家、美術評論家。東京に生まれ、学習院時代に武者小路実篤らと『白樺』を創刊し、ヨーロッパの美術の紹介につとめた。東京帝国大学を卒業して東洋大学で宗教学を教える一方、バーナード・リーチをとおして新進工芸家たちと交流。それまで注目されなかった日常生活に使う工芸品を民芸とよび、その美を追求して民芸運動を行なった。雑誌『工芸』を創刊し、日本民芸館の設立にも力をつくした。

矢野龍溪(やのりゅうけい) (1850／51−1931)

明治・大正期の政治家、小説家、ジャーナリスト。豊後国(大分県)に生まれ、慶応義塾を卒業後、福沢諭吉の推せんにより、大隈重信のもとで政界に入った。「明治14年の政変」で大隈とともに政府をとびだし、1882年、立憲改進党の結成に参加。郵便報知新聞社の社長となって党の機関紙として活用。1883年、自由民権派の政治小説『経国美談』を発表して大成功をおさめ、新しい文学の一面をひらいた。ほかに『通俗新社会』など。

山鹿素行(やまがそこう) (1622−1685)

江戸初期の儒者、兵学者。陸奥国(福島県)会津の生まれ。江戸にでて9歳で林羅山に入門し、15歳のときに兵法家の小幡景憲に師事した。しだいに兵法家として有名になり、松平定綱らの大名をふくめて多くの門人をもった。のち、朱子学を批判して日本にあった儒学を説いて古学派の先がけとなったが、1666年、朱子学批判に対する処罰を受けて赤穂に配流、浅野氏の優遇を受けて学をひろめた。著書に『聖教要録』『中朝事実』など。

山県有朋(やまがたありとも) (1838−1922)

明治・大正期の陸軍軍人、政治家。長州藩の下級藩士として生まれ、高杉晋作の奇兵隊に加わって尊王攘夷運動で活躍した。維新後、ヨーロッパへ渡って各国の軍制を調査し、帰国後、近代軍制の確立、徴兵制の制定につとめた。大久保利通の死後、伊藤博文とともに明治政府の中心人物として要職を歴任。日清、日露戦争をへて元帥として軍部で力をふるい、のち元老となって政界を動かした。しかし皇太子妃選定問題に失敗して辞職。

山県大弐（やまがただいに）（1725—1767）

　江戸中期の尊王論者。甲斐国（山梨県）の生まれ。21歳で家をついで与力となり、加賀美桜塢、五味釜川らに儒学を学んだ。のち江戸にでて大岡忠光につかえ、忠光の死後、塾を開いて門人を育成。「宝暦事件」で追放となった竹内式部とも親交をむすび、門人の小幡藩家老吉田玄蕃（げんば）をめぐる藩の内紛にかかわってとらえられ、不穏の言動があったとして処刑された。著書『柳子新論』は幕府を否定した尊王論の書である。

山片蟠桃（やまがたばんとう）（1748—1821）

　江戸後期の思想家。播磨国（兵庫県）の農家に生まれ、13歳のとき、大坂の豪商升屋の別家をついだ。米相場を利用して升屋の大番頭として大名貸に大成功をおさめ、山片姓を名のった。また、懐徳堂で中井竹山に儒学を、麻田剛立に天文学を学んで広い分野にわたる学問を研究。『夢の代』をあらわして地動説にもとづく大宇宙論を展開し、仏教や神を否定するなど、封建時代に徹底した合理主義をとく独創的な学者として注目を集めた。

山川菊栄（やまかわきくえ）（1890—1980）

　大正・昭和期の婦人運動家。東京の生まれ。開明的なめぐまれた家庭に育ち、女子英学塾を卒業。はやくから平民社の人たちのえいきょうを受けて社会主義を学び、1916年、平民講演会で知りあった山川均と結婚した。1921年、婦人団体赤瀾会を結成して婦人運動を指導。戦後も活動をつづけ、初代の労働省婦人少年局長をつとめて、在職中に4月10日を婦人の日と定めた。著書に『女性解放へ』『婦人問題と婦人運動』など。

山川均（やまかわひとし）（1880—1958）

　明治・大正・昭和期の社会主義者。岡山県倉敷の旧家に生まれ、同志社大学に入ってキリスト教人道主義と共和思想を身につけた。天皇制を批判した論文で投獄され、出獄後、平民社に入り、1906年に結成された日本社会党に入党。1922年、日本共産党結成に加わり『無産階級運動の方向転換』を発表して大衆との結合を説き、山川イズムとよばれた。1928年、党をはなれ、戦後は、日本社会党左派の理論的指導者として活躍した。

山極勝三郎（やまぎわかつさぶろう）（1863−1930）

明治・大正期の病理学者。信濃国（長野県）上田藩の下級藩士の家に生まれ、幼いころから学問にすぐれ、東京の開業医の養子となった。1888年、東京帝国大学医科大学を優秀な成績で卒業し、病理学教室の助手となってヨーロッパに留学。フィルヒョーに師事し、帰国後、癌の研究に着手して人工的に癌を発生させる実験にとりくんだ。1915年、ウサギの耳にタールをぬって癌の発生に成功、世界的にも画期的な業績を残した。

山口誓子（やまぐちせいし）（1901−1994）

大正・昭和期の俳人。京都の生まれ。第三高等学校在学中、俳句にしたしみ、高浜虚子に師事した。東京帝国大学法学部に入って東大俳句会に加わり、卒業後、住友合資会社に入社。1929年、「ホトトギス」同人となったが、1935年、水原秋桜子の「馬酔木（あしび）」に参加して新興俳句運動に力をつくした。句集『凍港』で現代の機械文明を素材化して斬新なスタイルで新風をまきおこし、戦後『天狼』を主宰、ほかに『黄旗』などの句集がある。

山崎闇斎（やまざきあんさい）（1618−1682）

江戸前期の朱子学者、神道家。京都の医者の家に生まれ、1632年に妙心寺の僧になったが、1636年、土佐の吸江寺に移った。南学派の谷時中に学んで同門の野中兼山らと親しく交わり、僧をすてて儒者として身をたてることを決意。1655年、京で塾を開いて、厳格な学風で門人を教え、弟子は6000人をかぞえたといわれる。朱子学を信奉し、晩年には『日本書紀』の神代の巻と朱子学とをあわせて、垂加（すいか）神道をとなえた。

山崎宗鑑（やまざきそうかん）（？−1540頃）

室町末期の連歌師、俳人。生まれや経歴について不明なところが多く、晩年、山城の山崎に住んでいたことから山崎宗鑑といわれている。書にすぐれて多くの写本を残しており、おそらく書道を生活の手段としていたと思われる。1488年の能勢頼能（のせよりよし）興行の千句三物にその名がみえ、連歌師として宗祇らと交わったが、卑俗な俳諧を得意としたという。『犬筑波集』の撰者として後世、俳諧の祖とあおがれた。

山路愛山（やまじあいざん）(1864-1917)

明治期の史論家、評論家。江戸の貧しい幕臣の家に生まれ、東洋英和学校を卒業。1887年に徳富蘇峰が創刊した『国民之友』に感動して手紙をだし、さらに『女学雑誌』にも評論を寄稿した。1892年、国民新聞の記者となり、同紙や『国民之友』にすぐれた評論を発表。北村透谷と親交をむすび、透谷と文学論争を展開した。1898年、信濃毎日新聞の主筆となり、独自の社会主義をとなえた。著書に『現代日本教会史』など。

山下奉文（やましたともゆき）(1885-1946)

陸軍軍人、陸軍大将。高知県に生まれ、陸軍大学校を卒業。陸大教官、オーストリア駐在武官、陸軍省軍事課長などをへて、1940年に航空本部長兼航空総監となる。太平洋戦争初期に第25軍司令官としてシンガポール攻略にあたり、連合軍に無条件降伏を迫ったことで知られる。その後もフィリピン第14方面軍司令官として連合軍と交戦、敗戦後、マニラの軍事裁判で、戦犯として絞首刑に処せられた。

*山田耕筰（やまだこうさく）(1886-1965)

大正・昭和期の作曲家。東京に生まれ、クリスチャンの家庭に育って幼いころから音楽にしたしんだ。東京音楽学校を卒業して、1910年にドイツのベルリン国立音楽学校へ留学。作曲を学んで4年後帰国すると東京フィルハーモニー管弦楽部を創立、日本における交響楽運動を始めた。また歌劇の発展に力をつくし、さらに歌曲、童謡によって日本の国民音楽を育てた。『からたちの花』『赤とんぼ』『この道』などが広く知られている。

*山田長政（やまだながまさ）(?-1630)

江戸初期、シャム（タイ）で活躍した人。駿河国（静岡県）に生まれ、1612年ころ、台湾をへてシャムへ渡った。そしてシャム国王を助けて隣国と戦ううちに、首都アユタヤの日本人町の頭領となり、シャム国の高い官位に昇進。しかし、王の死後、王位をめぐる内乱にまきこまれ、故王のいとこのオヤ・カラホムにだまされて殺された。また、長政の死をきっかけに日本人町も焼きはらわれた。没したとき40歳くらいだったと伝えられる。

山田美妙（やまだびみょう）（1868－1910）

明治の小説家、詩人。東京に生まれる。大学予備門在学中に、尾崎紅葉らと硯友社を結成、機関誌『我楽多文庫』を創刊して処女作『竪琴草紙』を発表、文学活動に入った。一方では詩集も刊行しながら、書き言葉と話し言葉を同じにする言文一致をとなえて『夏木立』『胡蝶』を世にだし、名を高めた。しかし、辞書の編さんにまで手を広げたことなどから、しだいにゆきづまり、晩年は『平重衡』『平清盛』などの歴史小説に専念した。

日本武尊（やまとたけるのみこと）（生没年不明）

『古事記』『日本書紀』にでてくる古代の伝説の英雄。景行天皇の子。九州の熊襲を平定し、さらに東国に遠征して蝦夷を征伐し、天皇から荒ぶる神をしずめる命令をうけて全国で武名を高め、伊勢で死んだと伝えられている。この伝承は、多くの話に分かれ、また長歌、短歌をふくんでおり、長い時代にわたる大和政権の発展のようすを、ひとりの英雄にみたてて語られたものと考えられている。

山名持豊（やまなもちとよ）（1404－1473）

室町中期の守護大名。時熙の次男。将軍足利義教に嫡子持熙が廃されたため、家をついだ。「嘉吉の乱」で将軍義教を殺した赤松満祐を討って、播磨、石見2国を与えられてしだいに勢力をのばした。1450年、子の教豊に家督をゆずって出家し、宗全と名のる。しかし、実権は手ばなさず、将軍のあとつぎをめぐって日野富子の産んだ足利義尚を支持して細川勝元と対立。西軍の総帥となって「応仁の乱」で戦い、陣中で死亡した。

＊山上憶良（やまのうえのおくら）（660－733頃）

奈良時代の歌人。702年、遣唐使に加わって唐（中国）へ渡り、2年後に帰国。伯耆国（鳥取県）の国守や皇太子につかえる役人をつとめたのち、筑前国（福岡県）の国守に任じられて九州へ下り、大宰府の長官大伴旅人としたしく交わった。旅人らと筑紫歌壇をつくって多くの歌をよみ、晩年になって帰京。人間のよろこびや悲しみをよんだ歌が『万葉集』に多くおさめられ、人生詩人と評されている。長歌『貧窮問答の歌』も有名である。

山内一豊(やまのうちかずとよ)(1545—1605)

安土桃山期の武将。尾張国(愛知県)の岩倉城主織田信安の家老の子として生まれ、初め織田信長につかえて朝倉氏との戦いに功をたて、その後、豊臣秀吉のもとで緒戦に参加、近江長浜城主をへて遠州掛川城主となった。「関ヶ原の戦い」では徳川方に味方して、戦勝後、土佐国を与えられ、1603年に新しく築いた高知城へ入城。400石どりのころ、妻が鏡の裏からだしてくれた金で名馬を買った話は武士の妻の美談として有名である。

山内豊信(やまのうちとよしげ)(1827—1872)

江戸末期の土佐藩主。号は容堂(ようどう)。1848年、土佐藩主となり、吉田東洋らを登用して藩政改革を行なった。洋式技術を取り入れ、開明的な大名島津斉彬らと交遊し、将軍のあとつぎに一橋慶喜をおしたが、「安政の大獄」によって処罰された。1860年にゆるされてふたたび幕政に加わり、公武合体派の中心として活躍。坂本龍馬の教えを受けた後藤象二郎のすすめで将軍に大政奉還を建白、徳川家の存続に力をつくした。

山部赤人(やまべのあかひと)(生没年不明)

奈良期の歌人。ごく下級の官人で、聖武天皇につかえていたと思われ、天皇の行幸につきそってよんだ歌が多い。柿本人麻呂とならび称されて、歌風は人麻呂の「ますらおぶり」に対して「たおやめぶり」とよばれた。自然の美しさをたたえた歌にすぐれ、その美しさに知的な優美をひきだして、叙景歌人、または自然歌人といわれる。『万葉集』に長歌13首、短歌37首がおさめられている。

山村暮鳥(やまむらぼちょう)(1884—1924)

大正期の詩人。群馬県の生まれ。神学校を卒業して伝道師として各地をめぐり、詩作にもはげんだ。1910年、自由詩社に加わり、1913年、処女詩集『三人の処女』を発表。北原白秋や室生犀星、萩原朔太郎らと交わり、1915年に『聖三稜玻璃(せいさんりょうはり)』を出して宗教的な象徴詩で注目された。のちドストエフスキーの影響を受けて人道主義にかたむき、『風は草木にささやいた』で生活の匂いのする詩風を示し、民衆詩派といわれた。

山室軍平(やまむろぐんぺい)（1872－1940）

　明治・大正・昭和期の宗教家。岡山県の貧しい農家に生まれ、1886年に上京して印刷工となり、築地でキリスト教の街頭演説を聞いてキリスト教に入信。苦学して同志社で神学を学び、伝道を行なった。1895年、救世軍が来日すると、これに参加、翌年、日本人で最初の士官となり、以後、生涯を日本救世軍の発展にささげた。廃娼運動、無料の職業紹介や貧民のための医療施設など、社会事業に貢献。著書に『平民の福音』など。

*山本五十六(やまもといそろく)（1884－1943）

　海軍軍人。新潟県に生まれ、海軍大学校を卒業。2度、大使館付の武官としてアメリカに駐在、海軍次官をへて1939年に連合艦隊司令長官となる。日独伊三国同盟の阻止につとめたほか、日米開戦にも最後まで反対、アメリカと戦えば1年半で敗れると明言した。しかし、開戦が決まると真珠湾攻撃を立案して成功させ、緒戦を勝利にみちびいた。1943年4月、ソロモン方面を飛行機で視察中に戦死、没後、元帥の階位を贈られた。

山本鼎(やまもとかなえ)（1882－1946）

　大正期の美術教育者、版画家、洋画家。愛知県に生まれる。版画家桜井暁雲に師事し、東京美術学校を卒業、1912年にフランスへ渡って油絵、版画の制作をつづけた。3年後に帰国すると日本美術院の同人となり、1919年、日本創作版画協会を結成。また、長野県の小学校で、手本などによらず、野外での写生を中心とした自由画教育を始めて全国的に大きな注目を集めた。代集作に『サーニヤ』『水辺の子供』など。

山本権兵衛(やまもとごんべえ)（1852－1933）

　明治・大正期の海軍軍人、政治家。薩摩藩（鹿児島県）の藩士の家に生まれ、維新後、海軍兵学寮をへて海軍に入った。海軍も陸軍と同じように参謀部を独立させるべきだと訴えて陸軍と対立。西郷従道(つぐみち)の信任を受けて海軍制度改革を行ない、1898年に海相となって日露戦争の指導にあたった。のち、2度、首相となって軍部大臣現役制の改正などを進めて期待されたが、シーメンス事件、虎の門事件により2度とも辞職した。

山本周五郎(やまもとしゅうごろう) (1903−1967)

昭和期の小説家。本名清水三十六。山梨県の生まれ。横浜の小学校卒業後、東京の山本周五郎質店に住みこんだ。関東大震災のあと、関西で3年間くらし、この間の体験をもとにした『須磨寺付近』が出世作となった。以後、少年読物、大衆小説、戯曲などを発表。封建時代を背景に庶民の哀歓をたくみにえがき、また、純文学と大衆文学の枠をとりはらうことにつとめた。代表作に『樅(もみ)ノ木は残った』『赤ひげ診療譚』『青べか物語』。

山本宣治(やまもとせんじ) (1889−1929)

大正・昭和期の生物学者、社会運動家。京都府の生まれ。1907年にアメリカへ渡り、苦学して1911年に帰国。第三高等学校をへて東京帝国大学動物学科を卒業、京大、同志社大で講師をつとめた。1922年、サンガー女史の来日をきっかけに、産児制限運動をおこして社会運動に参加。初の普通選挙で労働農民党代議士として当選し、議会で治安維持法改悪に反対したが、1929年、右翼団体のメンバーに暗殺された。

*山本有三(やまもとゆうぞう) (1887−1974)

大正・昭和期の劇作家、小説家。栃木県の貧しい商家に生まれ、呉服屋奉公などを経験したのち、第一高等学校、東京帝国大学を卒業。初めは戯曲『嬰児殺し』『坂崎出羽守』などによって劇作家として名を高め、40歳をすぎてからは長編小説『波』をはじめ『女の一生』『真実一路』『路傍の石』などを発表、作品をつらぬく社会正義とヒューマニズムにより多くの読者を集めた。戦後は国語問題にも力をつくし、参議院議員もつとめた。

山脇東洋(やまわきとうよう) (1705−1762)

江戸中期の医者。清水東軒の子として京都に生まれ、山脇玄修の養子となった。古医方の大家であった後藤艮山(こんざん)に医学を学び、医学には実証精神がもっともたいせつなことを主張、1754年に京都の六角獄舎で刑死体の解剖を行った。そして、骨格や内臓を調べて、古来の常識を訂正し、解剖書『蔵志』を出版。解剖反対論がおこったが屈せず実証主義をおしとおして、杉田玄白らにえいきょうを与えた。

由比正雪（ゆいしょうせつ）（1605－1651）

　江戸初期の兵学者。駿河国（静岡県）の紺屋の子として生まれたといわれる。1621年に江戸へでて鶴屋という菓子商に奉公したが、やがて、兵学者楠不伝から軍法を学び、そのあとをついで兵法の塾を開いた。旗本や大名の家臣らに教えて評判になり、3代将軍徳川家光の死後、浪人を集め丸橋忠弥と図って討幕を計画。浪人の救済が目的であったが、事は未然に発覚、駿府の宿で自殺した。芝居や講談にとりあげられている。

*湯川秀樹（ゆかわひでき）（1907－1981）

　昭和期の物理学者。東京の生まれ。父の仕事の関係で京都へ移り、1926年、京都帝国大学物理学科に入学、同期に朝永振一郎がいた。卒業後、大阪帝国大学の講師をつとめ、当時の物理学の謎であった核の研究をすすめ、中間子の存在を理論上から予言。1937年、アンダーソンによって実験的にも証明され、この業績により、1949年、日本で初めてのノーベル物理学賞を受賞した。また、科学者の立場から平和運動にも力をつくした。

横井小楠（よこいしょうなん）（1809－1869）

　江戸末期の熊本藩士。藩校時習館に学び、1839年、藩の命令で江戸に遊学して藤田東湖と知りあった。帰国後、塾を開いて実学党を結成し、藩政改革をめざしたが失敗。諸国をまわって吉田松陰、橋本左内らと交わり、1858年、越前藩主松平慶永にまねかれて政治顧問となった。1862年、慶永が政事総裁職につくと公武合体運動を指導。維新後、新政府の参与となったが、保守派に暗殺された。

横光利一（よこみつりいち）（1898－1947）

　昭和期の小説家。福島県に生まれ、早稲田大学を中退。1923年、菊池寛の力ぞえで『日輪』『蠅』を発表して文壇にでた。その翌年、川端康成、今東光らと『文芸時代』を創刊、『春は馬車に乗って』などの作品をとおして新感覚派の文学運動をおこした。しかし、まもなく心理主義へかわり『機械』『寝園』などによって、流行作家の地位を確立、その後は、純文学と通俗小説の融合も考えた。大作『旅愁』を残して戦後2年めに死去。

横山大観(よこやまたいかん) (1868-1958)

明治・大正・昭和期の日本画家。水戸に生まれ、東京美術学校に第1回生として学び、岡倉天心のえいきょうを強く受けた。1896年に母校の助教授となったが、2年後に天心とともに辞職、日本美術院の創立に加わって、下村観山、菱田春草らと日本画の近代化をおしすすめた。一時、文展の審査員をつとめたが、1914年におとろえていた美術院を再興、気迫のこもった水墨画で画壇に重きをなした。代表作『生々流転』『無我』など。

*与謝野晶子(よさのあきこ) (1878-1942)

明治・大正・昭和期の歌人。大阪府に生まれ、早くから王朝文学にしたしんだ。初めは文芸誌に投稿、やがて与謝野鉄幹主宰の『明星』に加わり、1901年に鉄幹と結婚。このときのはげしい恋が多くの情熱的な歌を生み、歌集『みだれ髪』へ結晶した。以後『明星』を自由奔放な歌であふれさせながら鉄幹と活躍、1904年には反戦歌『君死にたまふことなかれ』を発表して世の注目を集めた。歌集のほか『新訳源氏物語』も残している。

与謝野鉄幹(よさのてっかん) (1873-1935)

明治・大正期の歌人、詩人。京都府の生まれ。1892年に上京し、落合直文に師事して浅香社に加わり、歌論『亡国の音』で旧派を批判して革新の先頭にたった。1899年、新詩社をつくって翌年『明星』を創刊。初めは男性的な詩風で知られたが、晶子との結婚後、ロマン主義の作風にかわって詩壇、歌壇の中心となった。のち、慶応義塾大で国文学を講義、晩年は『日本古典全集』などの編集に力をつくした。代表作に『天地玄黄』など。

*与謝蕪村(よさぶそん) (1716-1783)

江戸中期の俳人、文人画家。摂津国(大阪府)に生まれた。若いころに江戸にでて夜半亭宋阿に俳諧を学び、宋阿の死後、約10年間、関東、東北地方を転々としたのち、京に定住。中国の画法を学んで写生画を始め、日本の風土を生かした独自の画風により、文人画家として池大雅とならび称された。俳諧も、絵画の影響を受けて色彩感がゆたかな句をつくり、のち蕉風の復興をめざした。絵画に『四季山水図』句集『あけ烏』など。

*吉川英治 (1892−1962)
　昭和期の小説家。横浜に生まれる。父が事業に失敗、小学校を中退して働き、印刷工、給仕などをへて東京毎夕新聞社に入社した。同紙に『親鸞記』をのせて文筆活動に入り、大阪毎日新聞社に移って連載した『鳴門秘帖』でみとめられた。初め空想力ゆたかな伝奇小説を書いたが、しだいに人生を深くみつめて生きる道を求める作風にかわり、『宮本武蔵』を発表、国民的な作家となった。ほかに『新書太閤記』『新・平家物語』など。

慶滋保胤 (？−1002)
　平安中期の文人。暦や吉凶を占う陰陽道をつかさどる賀茂家に生まれ、菅原文時に学んで若いころから文才をあらわした。源 順とも親交があり、当時の有名な文人として宮中で重んじられた。日夜、念仏をとなえるなど信仰心があつく、982年『池亭記』をあらわして荒れはてた都のようすを伝え、986年に出家。988年、往生伝『日本往生極楽記』を完成、聖徳太子ら仏教を信仰して往生した42人の伝記を残した。

吉田兼倶 (1435−1511)
　室町後期の神道家。本姓は卜部氏。政治的手腕にすぐれ、古典研究や儒学などの学問をとおして公家にちかづき、天皇や将軍に『日本書紀』などを進講。吉田家に伝わる唯一神道を固有の神道であるとして、これにより神道界を統一しようとこころみた。神祇伯の白川家と対立して日野富子らの勢力を背景に力をのばし、吉田神社に伊勢の神霊が降りてきたと称した。伊勢神宮から攻撃を受けて失敗したが、吉田神道のきそをきずいた。

*吉田兼好 (1283頃−1352頃)
　鎌倉末期・南北朝時代の歌人。本姓は卜部氏。吉田神社の神官の家に生まれ、父が堀川家につかえていたことから堀川具守の娘の産んだ後二条天皇に宮づかえした。天皇の死後、官を辞して出家し、洛北修学院、比叡山横川などに隠棲。草庵をいとなみ和歌や書にしたしみながら、随筆文学の傑作『徒然草』を書きしるした。また、歌人の二条為世のもとへ入門して和歌を学び、二条派の和歌四天王の一人にかぞえられるようになった。

＊吉田茂 (1878－1967)

昭和期の外交官、政治家。自由党員竹内綱の5男として高知県に生まれ、吉田健三の養子となった。東京帝国大学卒業後、外務省に入り、奉天総領事、イギリス大使などを歴任。牧野伸顕の娘と結婚して軍部から親米派とみられ、終戦直前に和平工作を行なって、戦後、政界の中央にでた。5回にわたって内閣を組織し、占領軍とともに経済たてなおしに力をそそぎ、対日講和条約、日米安全保障条約に調印。ワンマンと仇名されていた。

＊吉田松陰 (1830－1859)

江戸末期の思想家、教育者。長州藩（山口県）の藩士杉家に生まれ、兵学師範吉田家をついだ。幼いころから秀才として知られ、1848年に山鹿流軍学の師範となった。江戸にでて佐久間象山に洋学を学び、ペリー再来にあたり西洋文明をたしかめるため国禁の密航をくわだてて失敗。萩の野山獄につながれたが、のち実家へあずけられ、松下村塾を開いて子弟を教育、高杉晋作ら志士たちに大きなえいきょうを与えた。「安政の大獄」で刑死。

吉野作造 (1878－1933)

大正・昭和初期の政治学者。宮城県の生まれ。高校時代にキリスト教に入信し、東京帝国大学政治学科を卒業。1909年、母校の助教授となり、ヨーロッパ留学をへて1914年に教授となった。『中央公論』の政治評論を担当して大正デモクラシーの理論的指導者となり、民衆の意向による政治と言論の自由をうったえて民本主義を主張。東大新人会を指導し、とくに中国、朝鮮の学生を援助した。大正デモクラシーを代表する人物である。

淀　君 (1567頃－1615)

豊臣秀吉の側室。浅井長政の長女、母は織田信長の妹お市の方。1573年、浅井氏が信長にほろぼされると、母や妹たちとともに信長の陣におくられ、柴田勝家と再婚した母とともに越前北庄で暮らした。やがて勝家を討った豊臣秀吉にひきとられ、側室となって男子を産み、権勢をきわめて正室北政所と対立。秀吉の死後、子の秀頼とともに大坂城へ移り、徳川家康としだいに敵対、「大坂の陣」に敗れて自殺した。

米内光政（よないみつまさ）(1880－1948)

大正・昭和期の海軍軍人。岩手県の生まれ。海軍大学校を卒業。海軍の要職を歴任し、1936年、連合艦隊司令長官となり、次官の山本五十六との名コンビでうたわれ、翌年、海相をつとめた。1940年、阿部信行内閣の退陣後、組閣してアメリカ、イギリスと協調する態度をとったが、陸軍と右翼の反対を受けて半年で辞職。のち、戦況が悪化すると海相を歴任し、終戦と海軍の解体につとめ、最後の海軍大臣として戦後処理にあたった。

＊頼山陽（らいさんよう）(1780－1832)

江戸後期の朱子学者。朱子学者頼春水の子として大坂に生まれ、少年時代を安芸国（広島県）ですごしたのち、17歳で江戸へでて昌平黌に学んだ。しかし1年で帰郷、まもなく豪放の性格から脱藩して罪に問われ、25歳ころまで自宅に幽閉、この間に読書にふけり『日本外史』の構想をまとめた。その後、京都に住んで塾を開き、46歳のとき『日本外史』をまとめて幕府に献上。書画詩文にもすぐれ「天草洋に泊す」などの名詩も残している。

雷電為右衛門（らいでんためえもん）(1767－1825)

江戸中期の力士。信濃国（長野県）の農家に生まれる。学問と相撲を学ぶため庄屋にあずけられ、1784年、江戸にでて浦風林右衛門に入門。1788年、雲州（島根県）松江藩にめしかかえられ、1790年土俵入り、21年間、力士をつとめて1811年に引退。この間に25回優勝、勝率96.2%という相撲史上、不滅の記録をつくる。横綱にならなかったことが謎とされているが、当時は大関が最高で、横綱は称号にすぎなかったためと思われる。

ラグーザ (1841－1927)

イタリアの彫刻家。シチリア島の生まれ。少年時代から絵や彫刻を習い、1872年、全イタリア美術展で最高賞を受け、1876年、工部美術学校の開設にさいして政府にまねかれて来日。彫刻科の教授として日本に初めて西洋彫刻をもたらし、日本の美術に大きなえいきょうを与えた。制作にもはげみ、夫人の清原玉をモデルにした『日本の婦人』などを残している。1883年、工部美術学校の廃止により、夫人をつれてやむなく帰国した。

ラクスマン（1766－1806）

帝政ロシアの軍人。ロシアの最初の遣日使節。伊勢の漂流民大黒屋光太夫を世話したキリル・ラクスマンの次男。1792年、エカチェリナ２世の命により光太夫らを護送、オホーツクを出帆して根室につき、さらに箱館（函館）に来航して光太夫らを幕府目付石川忠房らにひき渡し、幕府に国交通商を要求した。しかし、受けいれられず、長崎入港許可証を与えられただけで帰国。著書『航海日記』は貴重な史料となっている。

蘭渓道隆（らんけいどうりゅう）（1213－1278）

鎌倉中期に来日した宋（中国）の禅僧。無準師範らに学んで日本へ渡る機会を待ち、1246年、弟子とともに来日。京都の泉涌寺などに住み、さらに鎌倉にくだって寿福寺に入った。1253年、北条時頼にまねかれて建長寺を開創、のち京都建仁寺に移ったがふたたび建長寺にかえった。その教えは厳格で、弟子をきびしく育成したため中傷されたが、禅の正統を正しくつたえた功績は大きい。円覚寺の創建にも力をつくしている。

柳亭種彦（りゅうていたねひこ）（1783－1842）

江戸後期の戯作者。幕臣として江戸本所に生まれ、14歳で家をついだ。川柳、狂歌などをたしなみ、歌舞伎を愛好し、24歳のときに読本を書いたが当らず、のち合巻に転じた。歌舞伎じたての小説形式が成功して『正本製（しょうほんじたて）』で人気をあつめ、さらに古典の教養をいかして長編合巻『偐紫田舎源氏（にせむらさきいなかげんじ）』を刊行、歌川国貞のさし絵とあいまって大評判となった。しかし「天保の改革」によって絶版を命じられ、不遇のうちに没した。

＊良寛（りょうかん）（1758－1831）

江戸後期の僧、歌人。越後国（新潟県）に生まれる。17歳で出家、4年後に国仙和尚に従って備中国（岡山県）の円通寺へ行き、およそ10年修行をかさね、さらに諸国をまわって1796年に帰郷。その後は近くの国上山（くがみやま）の五合庵や村びとの家に住み、書道、和歌、古典にしたしみながら自由人の生涯を送った。歌は平明、書は洒脱、すべて自由な心につらぬき、歌稿『布留散東（ふるさと）』のほか名筆が残っている。子どもたちを愛したことでも知られる。

蓮如（れんにょ）（1415－1499）
室町後期の僧。浄土真宗本願寺7世存如（ぞんにょ）の長男として生まれたが、母が正妻でなかったため、43歳であとをつぐまで部屋住みの不遇の生活を送った。当時、真宗諸派に圧倒されておとろえていた本願寺派の再興をめざして苦学、門徒をたいせつにしてしだいに勢力を拡大。たびたびの比叡山の弾圧に追われながら越前吉崎、京都山科と拠点を移して布教を進め、1496年、大坂に石山本願寺を建てて真宗隆盛のきそをきずいた。

良弁（ろうべん）（689－773）
奈良期の僧。初め義淵に法相宗（ほっそう）を学び、聖武天皇の皇太子の死をいたんで建てた金鐘寺（こんしゅじ）に住んだ。740年、ここで新羅の審祥（しんしょう）を講師として華厳経講をひらき、日本に華厳宗をひろめた。南都六宗の発展にも力をつくし、また聖武天皇の発願による東大寺創建にあたり、金鐘寺が東大寺のもととなって初代別当に就任。朝廷によくつかえて重んじられ、鑑真とともに大僧都となり、さらに773年には僧正に任じられた。

和井内貞行（わいないさだゆき）（1858－1922）
明治・大正期の養魚事業家。陸奥国（秋田県）の生まれ。魚がまったくいなかった十和田湖に養魚を思いたち、1884年、コイ、フナ、イワナを放流。失敗をかさねたのち、1902年、北海道支笏湖からヒメマスの卵を3万粒以上放流し、苦心のすえ、経営に成功した。このヒメマスは「和井内鱒」とよばれて各地にひろがり、その養殖がさかんになった。また、十和田国立公園の設置に力をつくしたことでも知られている。

若尾逸平（わかおいっぺい）（1820－1913）
明治期の実業家。甲州（山梨県）の農家に生まれ、綿布などの行商ののち横浜へでて貿易業を開始。生糸の輸出、砂糖、綿花などの輸入、甲州産水晶の外人への販売などによって財をなし、製糸工場、若尾銀行、山梨貯蓄銀行を創立して若尾財閥をきずいた。さらに晩年には、東京電灯株式会社、東京馬車鉄道などの大株主となって多くの事業にかかわり、貴族院議員および甲府市長もつとめた。

若槻礼次郎（わかつきれいじろう）（1866−1949）

大正・昭和期の官僚、政治家。松江藩（島根県）の下級藩士の家に生まれ、東京帝国大学を卒業。大蔵省に入り、大蔵次官をへて、1912年、第3次桂太郎内閣で蔵相をつとめ、翌年、立憲同志会に入党。加藤高明内閣の内相として普通選挙法、治安維持法を成立させ、のち2度内閣を組織した。いずれも短命に終わり、軍部におされて弱腰内閣とよばれたが、1930年のロンドン海軍軍縮会議では首席全権として条約締結を果たした。

若松賤子（わかまつしずこ）（1864−1896）

明治期の作家、翻訳家。会津若松の生まれ。幼いころ母を亡くし、横浜の商人の養女となってアメリカ人宣教師の教えを受けて英語を学んだ。フェリス女学校高等科を卒業してただちに母校の英語教師となり、長く教育にたずさわった。24歳のとき、明治女学校長で『女学雑誌』を経営する巌本善治と結婚、同誌に小説や『小公子』などの翻訳をのせた。肺病をわずらい、病床でも翻訳をつづけた熱心なクリスチャンであった。

若山牧水（わかやまぼくすい）（1885−1928）

明治・大正期の歌人。宮崎県に生まれる。早稲田大学に入学後、尾上柴舟の門に入り、車前草社（おおばこ）同人として前田夕暮、三木露風らと交わった。1910年、雑誌『創作』を発刊し、同年刊行した『別離』で青春のいたみを感傷的にうたいあげ、歌人として認められた。旅と酒を愛し、漂泊の旅のなかに近代人の孤独をなぐさめ、牧水調といわれる歌風をきずいて自然主義歌人として活躍。紀行文も多く残した。歌集に『海の声』『路上』など。

ワグネル（1831−1892）

ドイツの科学者。ハノーバーに生まれ、ゲッティンゲン大学などで学ぶ。事業をおこすため来日したが失敗し、有田で陶業の指導にあたったのち、大学南校などの理化学の教師となる。ウィーンやフィラデルフィアの万国博出品や、内国勧業博覧会の指導も行ない日本の殖産興業のために力をつくした。ガラスと陶器釉薬（ゆうやく）の研究も手がけ、工業発達を考えて、東京職工学校（東京工業大学）の設立に果たした役割も大きい。

ワーグマン (1832−1891)

イギリスの画家。ロンドンに生まれ、初め軍人となったが、油絵、水彩画を好み、のちに「イラストレーテッド・ロンドン・ニューズ」の特派員となる。1861年、幕末の日本へ来日、横浜に定住して、多くの歴史的場面の描写と、時代風俗に関するスケッチや文章を残した。月刊誌『ジャパン・パンチ』を発行したほか、高橋由一ら、日本の初期洋画家たちの指導にもあたった。代表作に『婦人像』『自画像』などがある。

和気清麻呂（わけのきよまろ）(733−799)

奈良・平安初期の公卿。備前国（岡山県）の地方豪族の出身。姉の広虫（ひろむし）が采女（うねめ）として聖武、孝謙両天皇につかえたことから朝廷に出仕、武官となって「藤原仲麻呂の乱」で功をたてた。769年、道鏡を皇位につけよという宇佐八幡宮の神託をたしかめるため、姉にかわって派遣され、天皇の血統をまもる心から神託を否定。道鏡の怒りを買って流罪となった。しかし、のちに許されて桓武天皇の信任を受け、平安京の造営に力をつくした。

＊渡辺崋山（わたなべかざん）(1793−1841)

江戸後期の蘭学者、画家。三河国（愛知県）田原藩士の子として江戸に生まれ、1832年、年寄役となって民政、海防などで開明的な政策を行なった。蘭学をとおして高野長英、小関三英らと交わり尚歯会を結成。1837年の異国船打払令によるモリソン号事件で幕府を批判して『慎機論』をあらわし、1939年「蛮社の獄」で捕えられ、のち自殺した。代表作に西洋技法をとりいれた『鷹見泉石像』すぐれた写生の『一掃百態図』など。

和田義盛（わだよしもり）(1147−1213)

鎌倉前期の武将。相模（神奈川県）の有力豪族三浦氏の一族、和田義宗の子。1180年、源頼朝の挙兵にしたがって平氏追討をめざして功をたてた。同年11月、御家人を統率する侍所がもうけられると初代別当となり、頼朝の信任あつく、武勇にすぐれて特に弓の名人として知られた。頼朝の死後、北条氏と対立して挑発にのせられ、1213年、ついに謀反（むほん）をくわだてて挙兵。同族の三浦氏の裏切りなどにあい、敗死した。

度会家行(わたらいいえゆき) (生没年不明)

鎌倉末期・南北朝時代の伊勢外宮の祠官、神道家。1306年、下級の神官である禰宜(ねぎ)となり、北畠親房と親交をむすんで南朝のために力をつくした。度会行忠の教えを受けて伊勢神道をひろめ、1317年に『神道簡要』を、1330年に『神祇秘抄』をあらわして伊勢(度会(わたらい))神道を大成。当時内宮より下位にあった外宮の地位を高めることを主張、儒教、道教思想も加わって一般にしたしまれ、のち吉田神道を生みだした。

和辻哲郎(わつじてつろう) (1889―1960)

大正・昭和期の哲学者、倫理学者、文化史家。兵庫県の生まれ。東京帝国大学哲学科を卒業。学生時代から文学をこころざして谷崎潤一郎らと第2次『新思潮』を創刊、1913年に初めて夏目漱石に会い、同年『ニイチェ研究』をあらわした。1919年『古寺巡礼』を発表して日本の古代美に目をむけ、文化史研究ののち独自の倫理学を体系化して『風土』『倫理学』を発表。京大、東大の教授をつとめ、戦後も国民道徳論の著作を続けた。

王 仁(わに) (生没年不明)

古代の渡来人の伝説上の祖。漢(中国)の高祖の子孫で、4世紀の応神天皇の時代に朝鮮半島の百済から日本へ渡ってきたとされている。『日本書紀』によれば、百済王がつかわした阿直岐(あちき)が皇太子の師となったのち、応神天皇にもっとすぐれた学者として王仁を推せんしたことにより、来日したという。このとき『論語』と『千字文』を伝えたとされている。学問の祖とされ、子孫は文氏(あやし)として文筆をもって朝廷につかえた。

ワリニャーノ (1539―1606)

イタリア人のイエズス会士。バリニャーニともいう。1566年、イエズス会に入り、インドのゴアをへて1579年に東インド巡察使として来日。大友義鎮(よししげ)、有馬晴信らキリシタン大名の援助を受けてセミナリオ、コレジオをもうけて日本での布教を指導した。天正遣欧使節を企画し、1582年、使節団をともなって長崎を出港。2度目の来日のときには印刷機をもちこんでキリシタン版を出版するなど、ザビエルとともに大きな業績をのこした。

「改訂新版」ご利用に当たっての注意事項

日本人名には、通称、姓名の「名」、号、幼名など、一般的によく使われる人が見受けられます。
次の人物につきましては、→の名で調べてください。

犬公方→徳川綱吉　牛若丸→源義経　歌麿→喜多川歌麿　恵心僧都→源信　近江聖人→中江藤樹　大石内蔵助→大石良雄　大海人皇子→天武天皇　越前守→大岡忠相　阿国→出雲の阿国　釈迢空→折口信夫　桂小五郎→木戸孝允　木曾義仲→源義仲　曲亭馬琴→滝沢馬琴　弘法大師→空海　子規→正岡子規　写楽→東洲斎写楽　ジョン万→中浜万次郎　茶々→淀君　伝教大師→最澄　二宮金次郎→二宮尊徳　八幡太郎→源義家　広重→安藤広重　北斎→葛飾北斎　三浦按人→ウィリアム・アダムス　水戸黄門→徳川光圀　ラフカディオ・ハーン→小泉八雲

「旧字」を使用せず、出来る限り「新字」を採用しましたが、簡略体の「鴎」（かもめ）については、学習現場では「鷗」が使用されているため、「森鷗外」などとしました。

日本人名事典

Ⓒ 1982年5月30日　初版第1刷発行
Ⓒ 2012年6月30日　改訂新版第1刷発行

監修・著者　子ども文化研究所
編集発行人　酒井 義夫
改訂版校閲　鈴木れびじょん
印刷　モリモト印刷株式会社
製本　ハッコー製本株式会社

発行所　いずみ書房株式会社
〒181-8648　東京都三鷹市井の頭5-8-30
☎ (0422)48-3601(代表)　FAX (0422)43-7356
http://www.izumishobo.co.jp

万一不良品がとどいた場合、お手数ですが本社サービス部あてお送り下さい。往復送料小社負担にてただちにおとりかえいたします。

©2012 IZUMISHOBO　Printed in Japan　ISBN978-4-901129-56-5